图解股权并购

30个案例
全景解析三板市值增长

何勇军 郭焱◎著

市值
增长

中国经济出版社
CHINA ECONOMIC PUBLISHING HOUSE
·北 京·

图书在版编目（CIP）数据

图解股权并购：30个案例全景解析三板市值增长／何勇军，郭焱著．
北京：中国经济出版社，2017.8
ISBN 978-7-5136-4751-9
Ⅰ.①图… Ⅱ.①何…②郭… Ⅲ.①上市公司—企业兼并—研究—中国 Ⅳ.①F279.243
中国版本图书馆CIP数据核字（2017）第137899号

责任编辑　杨　莹
责任印制　巢新强
封面设计　任燕飞

出版发行　中国经济出版社
印 刷 者　北京科信印刷有限公司
经 销 者　各地新华书店
开　　本　710mm×1000mm　1/16
印　　张　26.75
字　　数　409千字
版　　次　2017年8月第1版
印　　次　2017年8月第1次
定　　价　88.00元
广告经营许可证　京西工商广字第8179号

中国经济出版社　**网址** www.economyph.com　**社址** 北京市西城区百万庄北街3号　**邮编** 100037

前　言

2015年，股市大起大落；2016年，楼市风起云涌；2017年，国家第五次金融工作会议，金融开始脱虚入实。在某种程度上，这三年来国内资本市场的结构性调整可以说催生了另一资本市场的兴起。特别是2015年A股市场的波涛汹涌，让万千股民感受到人生百态，使得资金流转进一步促进新三板市场的发展。自2014年8月起，一直不温不火的股市仿佛打破了平静，开始一路走高，冲到了2015年6月的5178点，中间虽多有回落，却终究是不能阻止大势的发展，这一轮牛市的发展也让股民们见到了中国股市的希望，纷纷进场建仓。这一轮的发展犹如击鼓传花，很多人相信股市能一轮一轮再创新高，然而在5178点的时候，股市止涨下跌，一轮熊市紧随其后，也引得众多股民哀嚎遍野。

在主板市场大起大落的同时，中国的另一个资本市场，中国未来资本市场的重要板块——新三板，渐渐走向成熟，出现在众多的投资者的眼前。2014年，国务院发布《国务院关于全国中小企业股份转让系统有关问题的决定》，即释放出一个信号，新三板未来会成为中国资本市场的重要组成部分，是创新型、创业型、成长型中小微企业的聚集地。而事实证明，市场的发展的确如此，经历了两年多的发展，新三板在挂牌数量上连翻两番达到11314家。分层机制健全发展，将会形成以精选层、创新层、基础层为主的成熟分层体系。同时，也得到了国家极大的重视，在 2017 年的两会政府工作报告中，首次提出新三板，并明确表示将会做为中国多层次资本市场的重要组成部分。

考虑到读者的需求，本书详细地介绍了新三板的历史沿革、市场规模、制度分层等各方面的内容，旨在帮助读者更好地了解新三板，抓住未来新三板的发展机遇。同时，为了更好地理解中国特色资本市场的分层制度，本书将新三板和国外资本市场以及纳斯达克股权交易市场进行详细的对比分析，有助于读者理解国内外资本市场的差异。

“得中小企业者天下”，阿里巴巴董事局主席马云多次在公开场合表示，阿里巴巴要为众多中小微企业服务，并呼吁在全球建立一个 eWTP。在国家经济发展放缓的背景下，新三板则被寄希望于帮助更多中小微企业，解决中小企业融资难、融资贵的问题，带动经济平稳发展，同时作为优质企业向主板市场过渡的跳板。在国家的支持下，资本的培育下，新三板逐步涌现一批技术实力强，发展潜力大的企业。

在资本市场的推动下，新三板上的优质企业一方面被上市公司看好，成为并购的标的企业；另一方面，借助资本市场的助力，他们又是并购中活跃的发起方。自 2015 年起，这种涉及到新三板公司兼并重组案例屡见不鲜，且并购主客体多样，并购目的、支付方式也多有不同。同时，很多新三板企业在并购过程中还是存在很多问题，以至于并购项目不得善终，半路夭折。

本书通过广泛撒网、重点捕鱼，在已经发生过的所有涉及到新三板并购案例中，甄选出看点突出，特点鲜明的部分案例进行详细解读，在类型上覆盖了新三板之间的并购、上市公司并购新三板、新三板并购上市公司、新三板并购未挂牌和未挂牌并购新三板五大类；在并购目的上涵盖了资源整合、借壳上市、多元战略等多个方面。除此之外，本书还囊括了部分并购中失败的案例，重点体现目前新三板并购中存在的违规和其他问题。希望通过本书，让读者对新三板的并购市场有一个全方位、深层次、客观性的认识，对于案例过程进展有一个系统性的理解。

本书旨在达到以下目的：第一，通过本书读者可以系统了解新三板，把握未来资本市场的发展趋势；第二，帮助企业家或者新三板公司负责人认清新三板行业并购发展情况，清扫并购重组路上的障碍。改革开放近40年，中国的企业发展也已经进入资源整合时代，传统生产制造型企业的发展模式已经遇到瓶颈，未来企业发展一定是借助资本市场进行深度的资源整合，企业发展速度取决于资源整合的速度，所以未来并购重组将会成为常态化。

那么，读者应该如何更好地利用本书呢?

首先，读者应该了解相关并购案例的基本事实，找到各个案例之间的普遍性和独特性，进行对比分析。还有一部分案例由于条件所限没有被本书收录，但是依然具有典型性，读者可以简单查阅，作为本书的辅助参考。其次，应该关注案例具体的运作和实施过程，有条件的可以同自己企业实际情况或者亲身经历过的案例相结合。最后，有必要关注这些案例背后所反映的一些新三板企业并购趋势，包括产业并购趋势和战略发展趋势等，这些趋势的把握才是读者在本书中应该掌握的真正价值。每一件案例的发生都是对新三板并购趋势的解读，我们希望将这些案例真实的展示在读者面前，通过对案例的解读抓住这种趋势。

由于撰写时间紧迫，部分案例没有充分展开，言辞也多有瑕疵，难免有不严谨的之处。对此，编者承担相关责任且希望广大读者多多提出宝贵意见。另外，可能有一部分文献未来得及收录，对此我们致以诚挚的歉意。

如广大读者愿意就书中的案例与我们探讨，请和我们联系。

另，本书所有案例中的相关企业资料均来自于全国中小企业股份转让系统、深圳证券交易所、Choice 数据库或 Wind 数据库，如无例外，不再赘述企业及相关行业资料来源。

编　者

2017 年 7 月

于天津科技金融中心

推荐序

非常高兴看到何勇军博士与我校郭焱副教授合作的新作，《图解股权并购》一书能让我这个外行有机会观资本市场风起云涌、察新三板并购奥妙玄机，确实学到了不少。所以，我决定用实际行动去支持两位帮助中小企业成长的事业，故作此序。

作为勇军的硕导、博导，看到他的成长非常高兴，一直以来，他对自己都是高要求、高标准，无论在工作还是在生活中都散发着很多的正能量。现在即使每天的工作再忙碌都会抽出时间学习和思考，无论是对知识的渴望还是对时下资本市场的见解，都让我感到非常欣慰，更重要的是还能将这些思考和随感及时的整理积累，《图解股权并购》一书就是最好的见证。我与勇军经常保持联系，他的动态我也随时关注。从2016年年初起，他便深入企业实地走访，了解企业的需求，实际解决企业经营中存在的问题。最近跟他沟通了解到，他开展的“百企行动”实际走访超过150家企业，已具备一定的相关经验，加上与各类券商、基金、投资机构、会所、律所等机构接触和交流，他对中国多层次资本市场发展和中小企业未来发展的见解可谓是入木三分，具有一定的深度和专业性，在指导和服务企业的过程中起到了良好的作用，同时对活跃天津市资本氛围也起到了良好的效果。

作为郭焱副教授的同事，看到她和我学生的通力合作，共同针对中小企业在资本市场中的痛点和难点进行深度研究，为科技型中小企业在资本市场健康稳健发展提供详尽解决方案和路径，深感欣慰。

我国的新三板企业经过两年的快速发展，无论是从数量上还是从制度上都在逐步完善，市场上从事新三板研究的机构也很多，我也读了很多关于新三板的书籍，但是确少有像这样通过一个一个真实的并购案例去讲述中小企业转型的艰辛历程。随着我国多层次资本市场发展日趋成熟，越来越多的中小企业接触资本市场，新三板以及区域性股权市场企业的数量都有所增长，但是企业登陆资本市场后的发展成为普遍问题，企业经营的思维观念转变困难。勇军通过本书，用产业思维模式为中小企业未来的发展点明了思路。

企业的经营和发展虽然是很复杂的事情，但是通过系统化的总结、逻辑化的梳理并结合典型案例做详细分析还是能洞见其背后的经营奥秘。古人云“以铜为鉴，可以正衣冠；以人为鉴，可以知得失；以史为鉴，可以知兴替”。如今，他们二位通过30个精选案例，详细剖析企业转型升级的诸多方式，并将主板企业、新三板企业、未挂牌公司等进行联系分析，全景呈现了企业发展过程中市值管理的重要性和管理方法。通过并购案例深入浅出地解析了企业市值增长的秘密，是每个企业参与并购的经典范本，企业管理者研读的必选佳作，绝不能错过。

——天津大学管理与经济学部公共管理学院院长、教授　傅利平

推荐语

近年来，新三板市场发展迅速，并购风起云涌，主板、三板、双非公司之间不断上演着“灰姑娘嫁入豪门”“蛇吞象”“麻雀变凤凰”等各类传奇。勇军和郭教授用图解及30个经典案例深入浅出地剖析股权并购的各类传奇故事，从不同的视角阐述了新三板当前的各类并购模式。通读本书，可以清楚地领略到整个三板并购的过去、现在与未来。

——新东方教育集团　俞敏洪

如果说对新三板的认识和思考，对新三板企业的熟悉和了解，特别是对新三板企业创业者内心需要的准确把握，在我认识的专业人士中，何勇军是个出类拔萃者！

因为勇军以他的激情、坚守和开拓，硬是把天津科技金融中心打造成一个紧紧凝聚超过二百家新三板挂牌企业的交流平台。勇军投入大量的时间、精力与这些新三板企业的创业者和团队浸泡在一起，非常了解他们的最迫切的需求，那便是本书的初衷也是魅力所在！

这些创业者最迫切的需求就是：

登陆了新三板之后，下一步何去何从？

未登陆资本市场的企业如何借助资本市场？

资本方如何慧眼识珠助推实体企业，共创辉煌，实现双赢？

《图解股权并购》精选了30个鲜活生动的案例，在抽丝剥茧的案例解剖中，让那些对资本和资本市场混沌茫然的创业者渐悟资本财技的精妙之处。借用当下热词“互联网+”的语式，是让创业者和实体企业掌握“资本+”甚至“资本乘”的能力。这些精选的案例和剖析对“有心人”具有醍醐灌顶的开悟，信心激情的点燃，大有“王侯将相宁有种乎”的感叹！

这是一本没有晦涩难懂的理论阐述，专注于实战操作的“兵书战策”，适合反复阅读揣摩，相信一定可以帮助成功一批有悟性的实体创业者！

给勇军点赞！

——全国政协委员、天津工商联副主席、赛恩集团董事长　左晔

第一次见勇军，还是他独自来访。我们重钢机械是他“百企行动”走访的第56站。那天，他满身风雨，谈吐间，他的朴实和睿智，给我留下了深刻的印象。后来接触多了，越发敬重这位年轻人，他将一个新的社会组织三板同盟会做得风生水起，成为业内学习楷模。他早起长跑背英语单词，每天要组织参加各种政商各界对接活动，精力充沛、精神饱满，身上总有使不完的那么一股劲。他边走边思考，随笔写下了诸多文字，这也绝不是“有心”和“用心”这么简单。《图解股权并购》一书的出版，仅仅是他为企业发展创造价值，勇于担当承前启后历史责任的冰山一角。

期待着何勇军先生的更多作品。

——天津滨海新区中小企业协会会长、重钢机械（430274）

董事长　李坤

《图解股权并购》这本书全书诸多案例用图表的方式清晰地梳理了并购案例进展过程中的股权架构、流程进展，表现生动自然，分析通俗易懂，实战性、实效性、实用性强，是了解股权并购的必需图书。

——中青创投董事长、《社群思维》作者　付岩

看到我校创业导师何勇军博士的新作非常开心，这本书是何勇军博士多年在资本市场的所见、所闻、所思、所想与新三板股权并购结合的作品，深刻诠释了企业通过并购从产品思维向到资本思维转变的蜕变历程。全书倡导的用资本思维发展企业，实现企业市值最大化的理念将影响了很多企业的未来管理模式。

——上海财经大学创业学院院长、教授　刘志阳

随手翻看一、二个案例，不仅大叫“好!”“及时!”从一直专心做实业之企业管理者角度读来，易懂，可借鉴。虽名为“图解”，却不仅仅是使人一目了然的股权解构、并购图，对项目企业乃至行业背景、并购过程、操作分析，以及亮点推荐都有介绍，甚至过程中涉及到的专业术语都有很好的引申与解释，对资本市场的非专业人士实可作为工具书来参考与查询。

——迈达股份（430220）董秘、副总经理　宋学东

新三板可能成为股权并购的战场，不仅是上市公司并购的标的池，制度与机制优势还使新三板公司反向并购上市公司成为可能。本书精选 30 个典型案例，深度剖析，是快速掌握借助新三板进行股权并购不

可多得的佳作。

——国浩律师事务所、工具书《PE 私募股权基金筹备、运营与管理》
作者　刘乃进

时值中国经济转型之际，抓住机遇、审视行业的增长方式，是中小企业发展的关键。这本书通过并购案例向读者阐述了三板企业并购与行业发展愿景的关系。通俗流畅的语言揭示了每次并购背后的宏、微观状况，对提升中小微企业投资敏感度具有很大的帮助。

——混沌大学北京分社负责人　郝志中

勇军是我的师弟，是一位勤思考、重实效、爱钻研、擅协调的好兄弟，也是我们校友群体里的骄傲。国内的新三板建设还任重道远，上新三板的企业也需要继续务实的提升与发展。很高兴勇军做了扎实的思考，有详实的案例，阅读之后，非常有启发。在美国，以硅谷银行为代表的一批金融服务机构为创业企业提供了非常重要的帮助。相信勇军这本书一定会帮到很多朋友，也期待着勇军在特色金融服务领域收获更多成果。

—— AC 加速器创始人、CEO、天使成长营发起人　徐勇

30 个真实典型的故事，30 个简单实用的资本运作案例，令读者对新三板市场的价值发现、价值分析和价值传递有了更深刻的理解。不仅有助于我国生机勃勃的科技中小型企业掌握快速成长的资本运作规

律，也是一本可供政策制定者、研究者、相关专业学习和培训人员研究和学习的难得的好教材。

——南开大学金融学院常务副院长、教授　范小云

新三板作为中小企业超级孵化器，终将通过稳健成长、股权裂变、并购整合孕育出细分市场伟大市值公司，何博士与郭教授的《图解并购股权》对此作了深刻的洞见。洞见企业价值、知行资本未来！

——洞见资本创始人　杜明堂

何勇军博士和郭焱教授对新三板做出了大量的调查与研究、精选出 30 个案例，突出实战。如果你对《图解股权并购》感兴趣，你会喜欢这本书！

——集翔集团董事长　王小东

新三板给国内大多数中小企业带来了逆袭重生的机会，但我们在实践过程中发现，新三板虽然好处诸多，但大多数企业家与董秘却无法很好地充分利用新三板，本质上是因为对新三板认知不够，对产融互动没有实操能力。构建新三板企业的资本经营能力，是大多数企业成长的必然出路。此书对企业家与高管如何建立资本市场认知，非常有帮助，推荐。

——和君咨询合伙人、君为资本创始人　曾乔

这是最好的时代，这也是最坏的时代。新三板足够伟大，让众多中小企业迅速登上资本的舞台；新三板又足够残酷，让每位参与者都

感受到竞争与淘汰的危险。如何开阔眼界提升认知，高屋建瓴的把握市场整体格局，而又不断打磨自身技能，切实的提升自身资本运营水平，我推荐何勇军先生与郭焱教授合作的这部作品——《图解股权并购》。这本书是一位资本战场老兵对于市场的洞察和经验的总结。在快速发展的新三板市场，我们很容易陷入对于资本过度依赖或过于谨慎的极端之中，而这本书，带给我们的是对于资本理性的思考和驾驭资本的无限乐趣。这本书总共呈现30个案例，对于读者来说，可以看成是30个有着无穷想象力的资本游戏。但更重要的是，我们还能从这些案例中准确无误的体会资本战略之深远、资本技巧之精妙，在案例的评析中打磨技能、提升认知、体察资本市场的本质。相信《图解股权并购》一书能帮助企业和投资者在新三板获得更大的成就！

——深圳第一路演网络科技股份公司董事长　高虹

伴随着新三板从初期的“野蛮生长”进入到目前规范发展的新时期，股权并购也逐渐成为新三板市场独具魅力的一道风景，令市场各参与方所津津乐道、乐此不疲。何勇军先生与郭焱教授的新著《图解股权并购》，精选了新三板最典型、最具代表性的股权并购真实案例，图文并茂，自成体系，不仅可读性强，而且对新三板今后的并购重组具有很强的指导和借鉴意义，也给我们提供了一个全新的视角管窥新三板波澜壮阔的发展历程。

——久日新材（430141）董秘、副总经理　郝蕾

未来商业趋势之一就是产融结合。新三板作为一个越来越重要的资本市场未来也将发挥越来越重要的作用。但是目前大多数中国的中小企业，包括已经挂牌新三板的企业经营者，他们对资本市场的认识理解是不到位的，更不懂得如何利用新三板市场进行资本运作。

何勇军博士与郭焱教授的《图解股权并购》一书的出版恰逢其时，用原生态本土的已经新三板挂牌企业的产融互动实践作为案例进行解剖研究、分析总结，一定会给有远大理想、能够顺应商业潮流时尚的中国中小企业家在未来的商业竞争和企业创新中带来更多的启示！

——和君咨询总经理　蔡萌

新三板未来有望成为中国的纳斯达克，但在此之前，新三板无疑会是并购交易的主战场，新三板上优质的挂牌公司不仅是上市公司的并购标的池，而且其还可利用新三板制度优势反向并购上市公司，从而为快速做强做大成为可能。本书精选多个典型案例进行深度剖析，是快速掌握借助新三板进行股权并购知识的佳作！

——知合控股执行总裁（前中科招商集团联席总裁）　敖勇冰

与何勇军先生交往中，感到了他的睿智、他的激情、他的深厚功底和对股权投资领域的独到见解。掩卷回味、收获颇丰，是谓：一本好书，可传导思想、融通理念，激发灵感、连接心灵，而《图解股权并购》一书亦如此。

——天津宝仓集团董事长　徐文友

如果说企业的产业经营和资本运营是一个人的身体和大脑的话，产业经营是基础，而资本运营就是加速器。产业经营和资本运营的良性结合才能使企业价值最大化。收购和兼并作为资本运营的重要手段，在经济资源越来越开放流动的今天，是企业提升价值和资源整合的基础。当企业发行股票后，如何在中国现有资本市场环境下通过股权并购提升产业发展和企业价值，推荐大家读一读这本书，没有教条的理论，从这些案例中简单直接了解企业家们和资本团队的操作经验和商业故事，可借鉴，可玩味。

——华金国际医疗基金高级合伙人、首席风控官、CFA、CPA　王晨

在经过20多年的发展后，我国多层次资本市场已然形成。位于“塔尖”的沪深交易所彰显企业流动性与价格发现，处于“塔基”的新四板突出孵化培育企业的优势，新三板承上启下，是企业借助资本市场发展的新蓝海。在新三板市场有着丰富经验的何勇军博士，用通俗易懂的语言，图文并茂的表现，以股权并购为切入点，视角独特地诠释了新三板促进企业融资发展的特色，突出实战方法，阐述细致到位，通篇读完，让人豁然开朗，受益匪浅。

——天津滨海柜台交易市场总经理　周华敏

从这本书中既可以读到一个学者的专业高度，也可以体会到一个中国新三板从业者的情怀与思考。全书架构系统且清晰，内容基于案例，有利于进入新三板市场中经验尚不足的企业家和从业者对新三板市场资本运作中的并购重组形成相对系统完整和宏观的认知。

——天友设计（430183）董秘、副总经理　王菲

新三板市场作为一个新兴的资本市场，制度日趋完善，流动性逐步提高，并购数量也显著增加，但相应的参考案例屈指可数，《图解股权并购》这本书填补了新三板并购市场的空白，案例经典、分析透彻、表达形象生动，绝对新三板并购方向的参考样本。

——天风证券天津分公司总经理　张嘉棋

何勇军秘书长致力于中小微企业的科技金融服务，此前通过走访、论坛、活动等多种方式让我们管理企业的思维有了很大的提升，切实地增强了天津科技金融的氛围。何秘书长通过《图解股权并购》一书更好地传达了新三板市值管理、资源整合的理念、工具和方法，并辅以案例支撑，将助力中小微企业更快发展。

——董秘一家人创始人、南北天地（430066）董秘、财务总监　崔彦军

初识何勇军先生时，被他的激情和睿智吸引，交往过程中，更被他的坚定和执著打动。作为企业管理者，我初入资本市场，一片茫然，有幸在何勇军先生资本理念和思想的指导下快速成长，受益极深。当下，多层次资本市场发展日趋成熟，企业做好市值管理尤为重要。本书将主板企业、新三板企业、未挂牌企业等联系分析，全景呈现了企业市值管理的重要性和管理方法，通过并购案例深入浅出，详解企业市值增长的秘密，是每个企业管理者争先研读的好书，不可错过。

——逸群股份（838513）董事长　马传铎

深度剖析，洞见未来——读何老师与郭教授的《图解股权并购》一书有感。经历过中国股市的大起大落，奋斗在未来中国资本市场重要板块——新三板的一线，读到何老师的这本书时，我深有感触。中国多层次的资本市场纷繁复杂、风云变幻，而新三板正在以破竹之势

迅速崛起。该书亦深亦浅、亦浓亦淡，从新三板的基础知识出发，以例为证，数据充实，观点鲜明、直击痛点，将并购这项极具难度的工作阐述的通透、流畅，非常值得一看。

——天津创始生态景观建设股份有限公司（430159）

董秘、副总经理　安振

我国多层次资本市场发展日趋成熟，企业市值管理更为重要。本书将主板企业、新三板企业、未挂牌公司等联系分析，全景呈现了企业发展过程中市值管理的重要性和管理方法。通过并购案例深入浅出地详解了企业市值增长的秘密，是每个企业管理者都必须优先研读的一本书，不可错过。

——赞普科技（831405）董事长　张寿权

目　录

第一章

构会甄释，择善而从——洞见新三板并购之势

2016年是新三板并购火热的一年，作为一个新兴资本市场，新三板成为国家和市场越来越多的关注对象。本章将从新三板的发展历程及有待完善之处，对三板中并购趋势的原因进行分析。现在，让我们一起步入三板并购之旅吧。

第一节　三板发展历程——满身风雨，我从海上来

20 世纪 90 年代，为改善资本收益率低而陷入低谷的国有企业，股份制改革全面铺开，并设立当时的场外市场 STAQ、SET（以下简称“两网”）以解决国企股份不在二级市场流通的流动性问题。然而两网并没有快速发展，1998 年爆发金融危机后，被我国金融监管层停运。那么，“两网”企业要何去何从？

2001 年 6 月，为解决“两网”企业去留问题，经中国证监会批准，成立股权代办转让系统（俗称“旧三板”），承接两网公司和退市公司。2001 年的三板，初具雏形却备受冷落。

2006 年，无人问津的三板迎来了转机。为研究我国多层次资本市场体系中场外市场的建设模式，探索利用资本市场支持高新技术等创新型企业的具体途径[①]。国务院发布了《证券公司代办股份转让系统中关村科技园区非上市股份有限公司股份报价转让试点办法》及相关配套文件：“将北京市中关村科技园区内具备规定资质的非上市高科技公司纳入代办股份转让系统中实现融资，北京中关村园区非上市股份有限公司‘代办股份转让系统’开始进入试点。”在《国务院关于实施〈国家中长期科学和技术发展规划纲要（2006—2020 年）若干配套政策的通知〉》中第十九条提出：“要推进高新技术企业股份转让工作，

---

① 关于中关村代办股份转让试点的政策解读-中关村上市公司协会 http：//www.zlca.org/_d276003690.htm.

启动中关村部分企业进入系统进行股份转让的试点工作"，"新三板"成立[①]。

2012年，经国务院批准，决定扩大非上市股份公司股份转让试点，首批扩大试点新增上海张江高新技术产业开发区、武汉东湖新技术产业开发区和天津滨海高新区。

2013年12月31日起，股转系统面向全国接收企业挂牌申请。

2014年8月25日，新三板启动做市制度，开启新时代。

2014年10月，国务院对全国股份转让系统的定位在《国务院关于全国中小企业股份转让系统有关问题的决定》（以下简称《决定》）中明确提出："全国股份转让系统是经国务院批准，依据证券法设立的全国性证券交易场所，主要为创新型、创业型、成长型中小微企业发展服务。"同时《全国中小企业股份转让系统业务规则（试行）》2.1中表明："股份有限公司申请股票在全国股转系统挂牌，不受股东所有制性质的限制，不限于高新技术企业，但也需要满足一定条件"。

第二章 股票持牌

2.1 股份有限公司申请股票在全国股份转让系统挂牌，不受股东所有制性质的限制，不限于高新技术企业，应当符合下列条件：

（一）依法设立且存续满两年。有限责任公司按原账面净资产值折股整体变更为股份有限公司的，存续时间可以从有限责任公司成立之日起计算；
（二）业务明确，具有持续经营能力；
（三）公司治理机制健全，合法规范经营；
（四）股权明晰，股票发行和转让行为合法合规；
（五）主办券商推荐并持续督导；
（六）全国股份转让系统公司要求的其他条件。

图1-1 《全国中小企业股份转让系统业务规则（试行）》挂牌要求

---

① 易姣娇．郑州大学西亚斯国际学院．《我国"新三板"发展历程及其现状》．合作经济与科技．2015-11.

2016 年 6 月，新三板分层制度落地。将新三板挂牌公司分为基础层和创新层。

截至 2017 年 6 月 30 日，新三板挂牌企业数量最终以 11314 家收关。新三板挂牌数量得到大幅提升，挂牌企业比 2015 年年底的 5129 家增加了 6185 家；其中有 1392 家做市转让，9922 家协议转让。截至 2017 年 6 月末，新三板挂牌数量是 2015 年末的 2 倍多，挂牌数量是 2014 年末的 6 倍，而总市值的增长更为惊人，2017 年 5 月底总市值 47，863. 30 亿元，是 2015 年年末的 1. 6 倍。回顾新三板发展，2016 年是新三板疯狂生长的一年，挂牌数量野蛮增长，融资规模扩大，同时市场也趋向于理性。年底公司挂牌趋于平缓，新三板市场也由量变向质变转变。

<table>
<tr><td rowspan="2">挂牌总数
11,314</td><td>做市1,536</td><td>协议9,778</td></tr>
<tr><td>创新层1,392</td><td>基础9,922</td></tr>
<tr><td colspan="3">总股本：6,651.01亿股</td></tr>
<tr><td colspan="3">流通股本：3,035.08亿股</td></tr>
</table>

图 1-2　新三板挂牌企业粗略概况统计

资料来源：全国中小企业股份转让系统。

在地区分布上，新三板挂牌企业数量排名前五的地区分别是广东、北京、江苏、浙江、上海，占比分别为 15. 64%、14. 57%、12. 27%、8. 84%、8. 76%，前五个地区的挂牌企业总数已超过全国挂牌企业的 60%。北上广江浙地区的新三板数量稳居全国前列，也可以看出地区新三板企业的发展跟当地总体经济发展有着密不可分的联系，无论是政策支持还是资源整合上对企业来说都是利大于弊的。

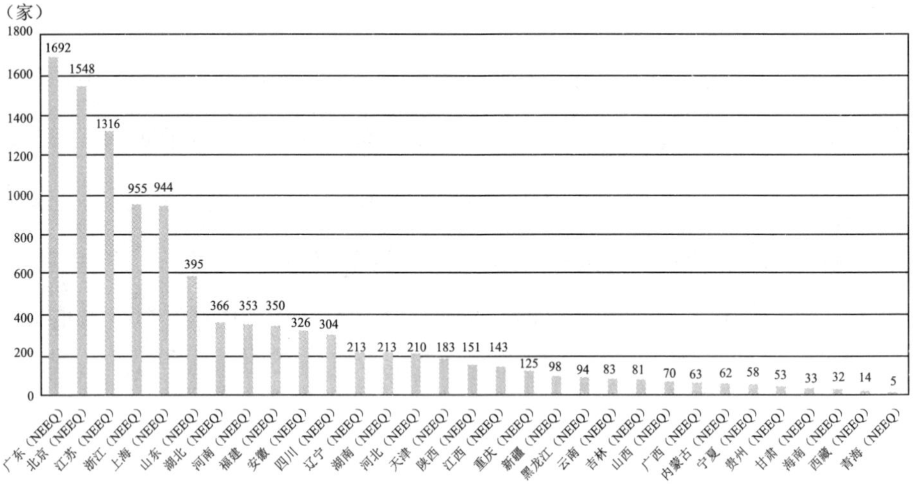

图 1-3　新三板企业地区分布情况

资料来源：全国中小企业股份转让系统。

在行业分布上，新三板挂牌企业总共分为18个行业。其中行业数量最多的五个行业是制造业，信息传输、软件和信息技术服务业，租赁和商务服务业，批发和零售业，科学研究和技术服务业。总市值最高的五个行业是制造业，信息传输、金融业，批发和零售业，租赁和商务服务业。实际支撑国家大部分的GDP的制造业，在新三板市场也表现得相当活跃，达到了5432家，占据了新三板的半壁江山。

市盈率最高的五个行业是文化、体育和娱乐业，居民服务、修理和其他服务业，批发和零售业，信息传输、软件和信息技术服务业，住宿和餐饮业。随着国家经济稳步发展，人均收入提高，中产阶级基数增加，文娱产业和服务业的发展前景也是不可限量。新三板也将是除了主板以外新兴产业发展的又一“高地”。

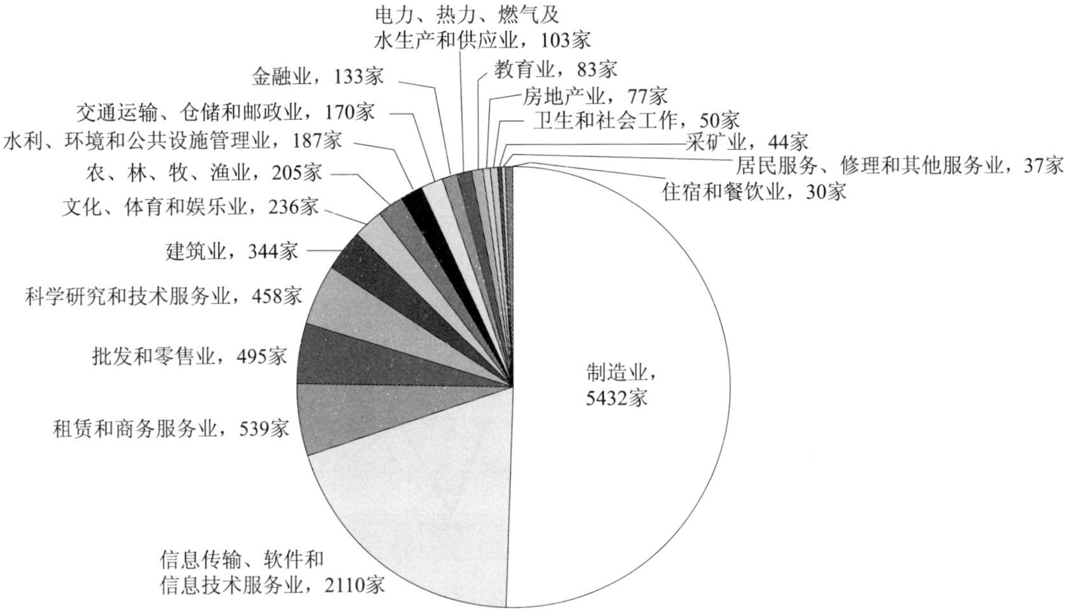

图 1-4　新三板企业行业分布情况

资料来源：东方财富 Choice 数据库、Wind 数据库。

在券商分布上，2016 年共有 86 家券商督办、辅导公司挂牌新三板的工作。负责挂牌公司数量前五名的券商有安信证券、申万宏源证券、中泰证券、兴业证券和东吴证券。

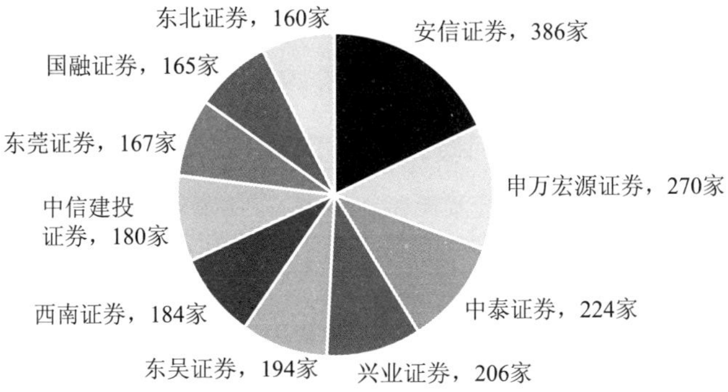

图 1-5　券商辅导挂牌新三板企业数量

资料来源：东方财富 Choice 数据库、Wind 数据库。

股票发行情况，截至2016年12月31日（以发行日期计），新三板挂牌企业总共发行股票308.49亿股，募集资金1,471.58亿元。

股票增发情况，2016年有3585家新三板公司增发股票，总共增发4396次数，发行537亿股，募集资金2,669亿元。

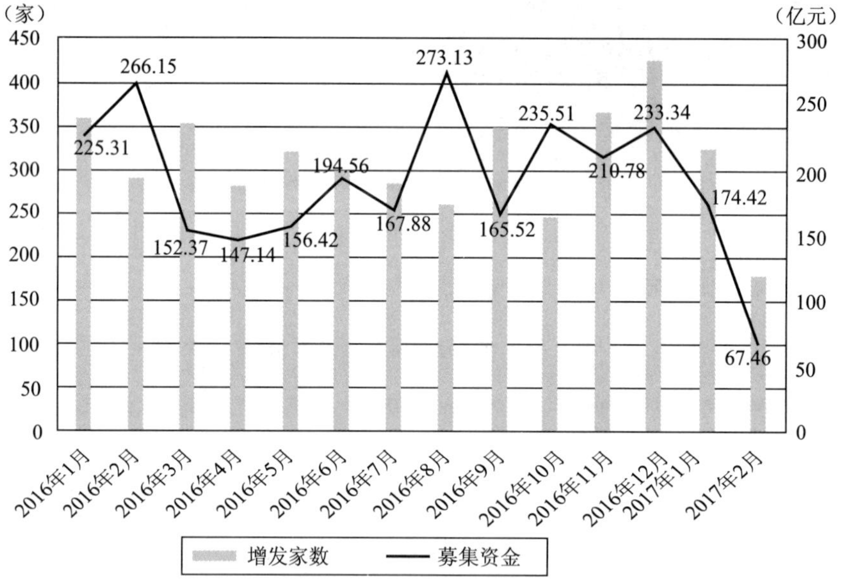

图1-6　2016—2017年2月新三板企业股票增发情况

资料来源：东方财富Choice数据库、Wind数据库。

三板成指在2016年从年初的1,448.29点下降到8月4日的1,139.99点，之后震荡前行，11月底回暖，震荡上升，年底收1,243.61点，截至目前，收报1,220.68点。

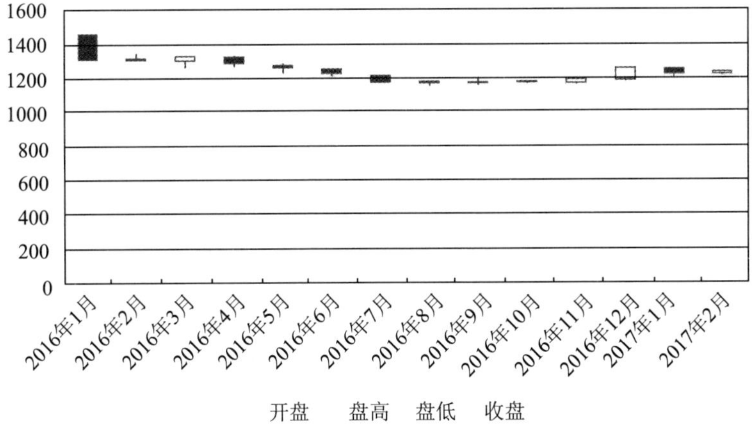

图 1-7 2016—2017 年 2 月新三板成指指数

资料来源：东方财富 Choice 数据库、Wind 数据库。

三板做市指数从年初的 1,438.01 下降至 1,073.47，后趋于平稳，截至 2 月末，收报 1,132.34。

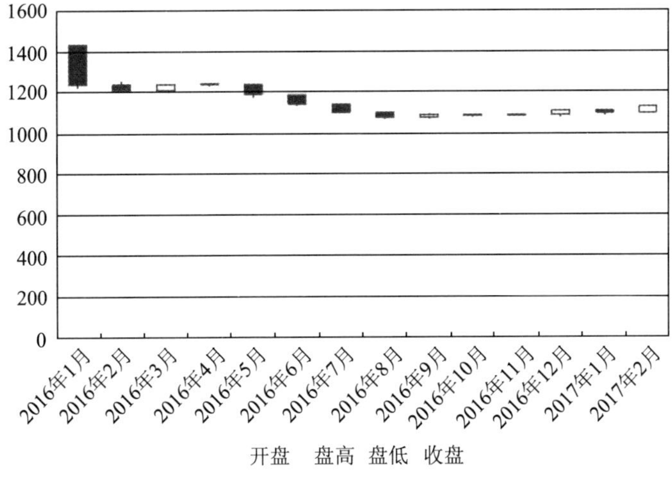

图 1-8 2016—2017 年 2 月新三板做市指数

资料来源：东方财富 Choice 数据库、Wind 数据库。

第二节　新三板与纳斯达克结缘
——隔海相望，平行相交

一、创新创业试点 新三板成为中国版纳斯达克消息频出

目前，我国多层次资本市场体系的主体结构基本搭建完成，以主板、中小板、创业板、新三板、柜台交易为主体的多层次资本市场体系正式形成。

新三板作为国家创新创业试点领域，接受着国家多方面的关注，以服务高新技术企业、促进中小企业融资为目的与美国的纳斯达克市场如出一辙。一时间，“新三板将成为中国的纳斯达克（NASDAQ）的推论”遍布网页各个角落。券商、投资机构、财经新闻等发布的报告中都会出现“中国版纳斯达克”的影子，资本市场渴望从这样的言论中来分析和论证新三板的未来发展，以期在激励自身的同时，打动市场。

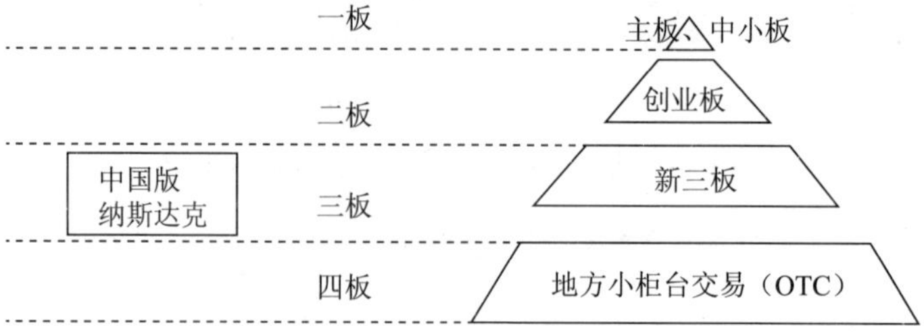

图 1-9　中国多层次资本市场体系

二、新三板与纳斯达克发展初期相似境况

作为世界上最主要的几个股票市场中成长速度最快的市场——纳斯达克起源于 1968 年的场外交易证券体系自动化工程。

1971 年正式运营，纳斯达克综合指数基点设为 100。同年，英特尔挂牌纳斯达克，成功融资 820 万美元，纳斯达克综合指数 103.9。英特尔的登入并没有带来“开门红”。

1971 年，刚刚起步的纳斯达克市场并不受欢迎，公司质量差、流动性低是当时纳斯达克的主要特点。缺乏优秀企业，一枝独秀难以留住投资者。

1980 年，苹果公司登陆纳斯达克成为其发展转折点。苹果公司登陆当天以每股 22 美元的价格，公开发行 460 万股并且以每股 29 美元收市，市值达 17.78 亿美元。公司高层产生了 4 名亿万富翁和 40 名以上的百万富翁[①]。纳斯达克有了“培养亿万富翁的温床”俗称。可以说，苹果公司的“造富效益”与“市值效益”瞬间打通了纳斯达克的资本之路，纳斯达克开启了硅谷模式。随着大批优秀企业开始走进纳斯达克，资本的目光也不断聚焦于此。

2000 年前后，全球迎来了互联网浪潮，互联网公司陆续登陆纳斯达克才点燃了这个市场火花：2000 年 4 月，新浪网登陆纳斯达克；6 月，网易登陆纳斯达克；7 月，搜狐登陆纳斯达克。纳斯达克综合指数突破 5000 点，达到历史最高。

2002 年，Netflix 上市。

① 王志．科普中国–科技创新里程碑《1980 年 12 月 12 日 苹果公司在纳斯达克上市》．

2003 年 12 月，携程登陆纳斯达克。

2004 年 5 月，盛大网络登陆纳斯达克。

2004 年 8 月 19 日，谷歌在纳斯达克上市之后，成为巨大的造富机器。

2005 年 8 月，百度、思科登陆纳斯达克。

2010 年 6 月，特斯拉登陆纳斯达克（2013 年取代甲骨文成为纳斯达克首个成分股）。

2012 年，全球最大交友网站——FaceBook 登陆纳斯达克①。

可以说，高科技、互联网、概念化时代的到来刺激了企业与投资机构的野心，然而伴随着网络泡沫的破灭，纳斯达克综指骤跌。在投资者的心态回归平稳以及纳斯达克开始改革之后，纳斯达克推出超级蒙太奇系统，走向了成熟。

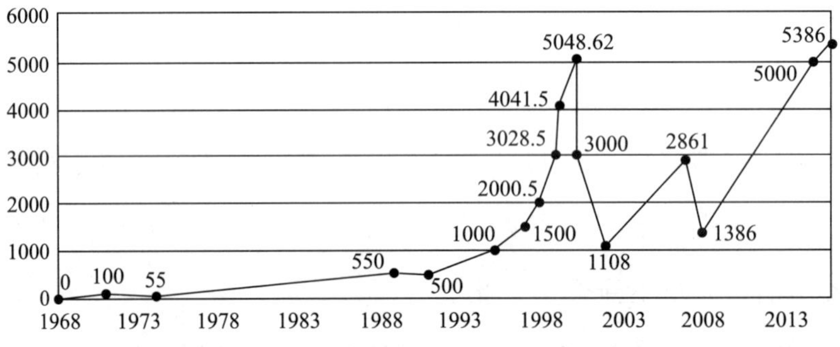

图 1-10　1968—2013 年纳斯达克综合指数

资料来源：东方财富 Choice 数据库、Wind 数据库。

① 杨宝忠．纳斯达克真相：23 年 1.3 万家公司退市［EB/OL］．新浪博客 http：//blog.sina.com.cn/s/blog_6571b4ad0102vwmm.html.

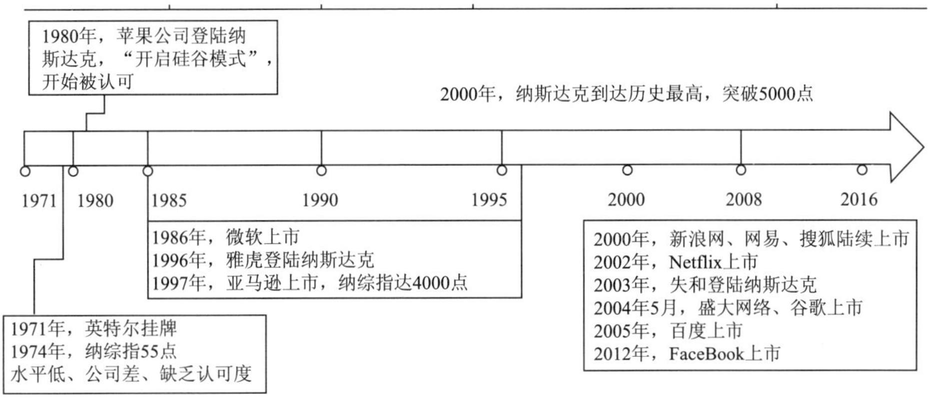

图 1-11　纳斯达克发展史

纵观纳斯达克的发展历程，它的总市值持续走高是伴随着明星企业（明星企业指世界知名企业，如百度、微软等）登陆产生的。2015 年 8 月，纳斯达克市场规模 7.9 万亿美元合 49 万亿元人民币左右，累计上市公司 2570 家左右。不到前 5%的苹果、谷歌、亚马逊、微软、facebook 等超级明星公司占据了 70%以上的市值①。

企业与资本是一个相互吸引、互相促进的关系。对于投资机构，只有当一个市场上的企业有成长价值，投资机构才愿意来。对于企业而言，期望通过上到这个市场以解决自身对资本的渴求，只有在市场上有投资机构，有资本，企业才愿意来。换句话说，上市寻求的是一个双向的发展关系，光靠单一的发展是没有多大意义的。

在纳斯达克成立初期，纳斯达克上优质企业占比少，机构与企业认识少、沟通少，双向发展的意识并没有形成。今天成就如此辉煌的纳斯达克也有遭遇冷眼的时候。苹果的造富效应，让双方都看到了纳斯达克市场对自身的价值，企业可以在这里快速找到资本，资本愿意

① 光大证券．兼与创业板数据对比：纳斯达克（NASDAQ）市场的数据分析．

肯定纳斯达克上的中小企业的成长价值。双向沟通就此形成。

当下的新三板还在发展初期，就像是一个“穷小子”，与纳斯达克起步时一样并没有得到大多数人的认可与目光。“口袋”里缺乏明星企业和优质资本，在成为亿万富翁之前需要明星企业的入驻或者通过培育出明星企业从而形成“明星效应”，即通过一个成功案例达到不断吸引企业和资本进入新三板市场，以促进资本与企业良好有效的沟通。

三、新三板分层制度推出，新三板与纳斯达克可比性加强

“中国版纳斯达克”言论在 2016 年 6 月，监管层推出期待已久的分层制度时达到了沸腾。

纳斯达克分层

在纳斯达克上市企业体量逐渐庞大的过程中，为了改善内部管理，竞争最好的资源，纳斯达克不断地改良自己的体系，推出了分层制度。从时间轴上看，纳斯达克一共经历了三次分层①：

第一次，1975 年，纳斯达克为了区分场外交易，提出上市标准，区分场外市场。

第二次，对纳斯达克有重大影响的应该从这一次分层开始，1982 年，苹果造富效益迅速提高挂牌量，纳斯达克推出全国市场系统，本次分层实施了简单粗暴的制度，将企业区分为两个级别：纳斯达克全国市场和小型资本市场。

第三次，2006 年，再次从全球市场从挑选出更为优秀的企业进入纳斯达克全球精选市场，与上两次分层的目的不同，这次分层后的全

① 柴瑞娟，朱士玉．从美国纳斯达克市场分层评价我国新三板分层［J］．改革探索，2016 年第五期．

球精选市场是与纽交所直接 PK，拥有目前来说全球最为严格的上市标准。

至此，纳斯达克形成了完善的层次体系。

新三板分层

2016 年，新三板挂牌体量渐趋庞大。在资本市场还在望眼欲穿地等待时，股转系统于 6 月发布确认实施分层制度的消息。此次分层将新三板内部分为创新层与基础层以实现海量市场规模、差异化资源配置与监管：《全国中小企业股份转让系统挂牌公司分层管理办法》设置了三套并行标准。标准一侧重于挂牌公司的盈利要求，以满足盈利能力较强、相对成熟挂牌公司的分层需求；标准二侧重于挂牌公司的成长性要求，以满足处于初创期、高速成长的中小企业的分层需求；标准三侧重于挂牌公司的做市市值要求，以满足商业模式新颖、创新创业型企业的分层需求。

表 1-1 新三板创新层分层标准及考核目标

	新三板创新层	标准侧重点
标准一	最近两年连续盈利，且平均净利润不少于 2000 万元（净利润以扣除非经常性损益前后孰低者为计算依据）	盈利能力
	最近两年平均净资产收益率不低于 10%（以扣除非经常性损益前后孰低者为计算依据）	
	最近 3 个月日均股东人数不少于 200 人	
标准二	最近两年营业收入连续增长，且复合增长率不低于 50%	成长能力
	最近两年平均营业收入不低于 4000 万元	
	股本不少于 2000 万元	

续表

	新三板创新层	标准侧重点
标准三	最近3个月日均市值不少于6亿元	市值要求
	最近1年年末股东权益不少于5000万元	
	做市商家数不少于6家	

表1-2 纳斯达克第二次分层标准及考核目标

	纳斯达克全国市场	标准考察点
标准一	一个财政年度或者近3年里的2年中拥有100万美元的税前收入	三个标准均从财务指标、做市商个数或股东人数考察公司盈利能力、持续经营能力、公司规模、流动性。
	股东权益达1500万美元，公众持股的价值达800万美元	
	3个做市商	
标准二	至少有400个持100股以上的股东	
	股东权益达3000万美元，公众持股的市场价值达1800万美元	
	3个做市商	
标准三	市场总值为7500万美元，或者资产总额及收益总额分别达7500万美元	
	至少有400个持100股以上的股东，公众持股的市场价值达2000万美元	
	4个做市商	

新三板的分层方式与纳斯达克第二次分层相似：多项指标并行考察企业的盈利能力、持续经营能力、流动性。方便不同发展类型企业依据不同标准挂牌，具有较大的灵活性和创造性。

2017年2月，权威媒体陆续报导关于新三板监管层正在积极考虑于创新层上再设置“精选层”，并且将在精选层上实施竞价交易。众多资本人士认为，如此一来，精选层的企业准入标准将提高、投资者门槛将降低，市场的流动性将得到推动。

纳斯达克市场实施混合交易制度（并行做市与竞价交易），满足了不同企业的不同流动需求。精选层的成功开设将是新三板向“纳斯达克”的又一次借鉴，同时，也是新三板市场发展成为包含于我国多层次资本体系中更加完备的小型多层次资本体系进程中的一个大迈步。可以预见，我国新三板未来也将如纳斯达克一般，成为新兴企业聚集的资本市场。

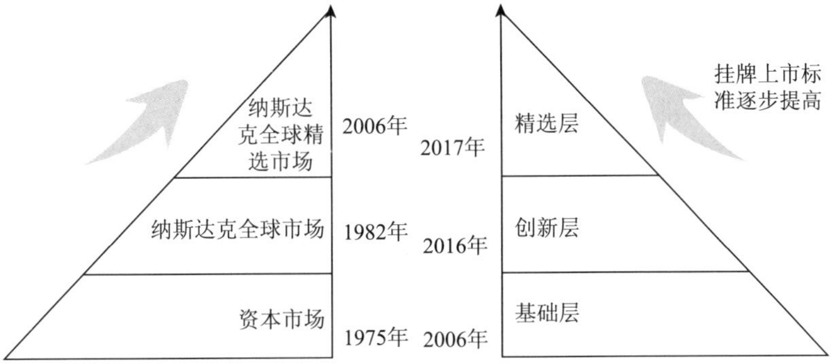

图 1-12　新三板与纳斯达克分层市场

第三节　新三板与纳斯达克对比与借鉴——他山之石，可以攻玉

无论是在设立目的、发展初期境况还是在分层管理上新三板与纳斯达克都有诸多的共同点。那么，新三板真的是纳斯达克吗？

从创业板的推出开始，人们就乐此不疲的将它与美国纳斯达克市场做比较。1999 年，纳斯达克市场风靡全球，台湾、香港、内地都打起了向纳斯达克学习的号角。然而随着纳斯达克在 2001 年的金融危机中受挫，各地看到了纳斯达克暴露的弊端，纷纷止住脚步。2009 年 10 月 23 日，我国创业板历经 10 年筹备，终于成立，首批 28 家企业登陆交易，当日市值超 1300 亿元。截至目前，创业板的发展良好，但是显然由于运行机制、依靠政府背书等原因，被赋予“中国纳斯达克”期望早就消失了。

此后，如我们所知的一样，作为又一个国内推出的专注为中小型高科技企业服务的新三板市场接下了“中国版纳斯达克”的接力棒。

然而，新三板与纳斯达克在资本市场上的地位并不一样。新三板是场外市场，而纳斯达克是具备公开发行（IPO）功能的交易场所，是一个二板市场。同为二板市场的创业板都没能担起重任，新三板可能吗？所谓的“中国版纳斯达克”是一个名词，也仅仅是一个名词，它表达的不是创业板或者新三板要完全复制纳斯达克市场的意思，任何一个市场都不可能一模一样地出现在第二个国家，更何况我国实行的

是中国特色社会主义经济制度，我们拥有不同特征的资本市场。此外，纳斯达克的产生及发展环境是全市场化的，是市场需求的作用力推动了纳斯达克的诞生与发展。而新三板市场的发展在现阶段更多地通过政府自上而下的制度推动。“中国的纳斯达克”表达的应是国内企业、机构所需要的一个专门为中小型企业提供的，且服务能力、水平和发展方向能够同纳斯达克有相通之处的资本市场的期望。

我们一直把纳斯达克与三板对比，究其原因还是初始目的的一致性（高科技、中小企业的融资平台）以及发展初期遭遇到的类似状况（都采取分层方式来解决挂牌企业数量庞大、良莠不齐，发展初期流动性差的情况）使得两者的发展具有可借鉴之处。

我们还可以从转板制度、做市商制度进行对比。

一、“北京股转中心”文章揭秘新三板注册与转板制度

新三板分层制度实施后，由于众多三板企业被划分到基础层，创新层与基础层公司数量的比例悬殊。这直接导致资本目光集聚在了创新层，创新层的公司优先得到资本目光，享受政策红利。而位于基础层的公司则“被”一刀切，“被”认为质量差，“被”资本抛之门外。

事与愿违，这与监管层和资本大众所期待的结果“解决挂牌企业体量庞大、企业质量良莠不齐导致的新三板流动性差问题”相差甚远。

在投融资活动低迷期间，一则“北京股份转让中心”朋友圈文章横空出现，一天之内转发量上万。

文章称：“国务院最新决议将新三板晋升为全国性证券交易所，将成为与上证所、深交所齐名外的第三个全国性证券所；同时，符合上市条件的，无需证监会审核直接上市”。

这篇文章就像是一剂鸡血，一时间，三板市场欢呼雀跃，感叹自己所做的事业更上一层楼；挂牌企业、拟挂牌企业也是喜出望外，“奔走”相告。

而这个导致“喜大普奔”的消息随即被澄清与否定——全国股份转让系统（简称：股转系统）作为中国多层次资本架构中的一部分，为创新型、创业型、成长型中小微企业发展服务的定位不会改变。股转系统作为经国务院批准的、依据证券法设立的全国性证券交易场所，任何拟挂牌公司只要符合挂牌条件，均可按照流程向股转系统提交申请材料，经全国中小企业股份转让系统有限责任公司审查，最后获得中国证监会挂牌批准[①]。

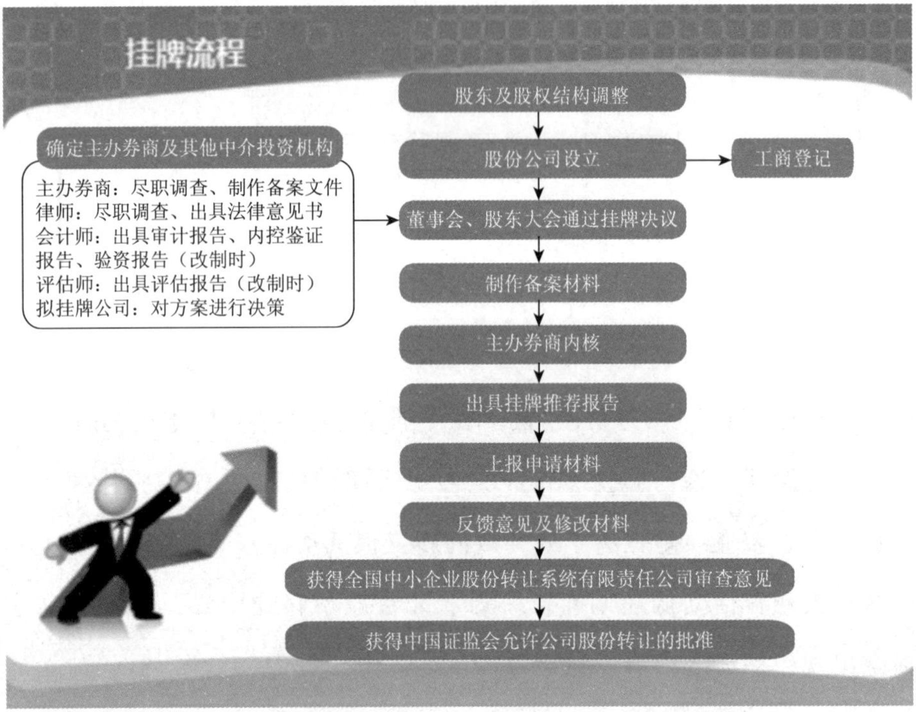

图 1-13　新三板挂牌流程

① 吕琦伟．澎湃新闻 http：//www. thepaper. cn/newsDetail_ forward_ 1323376.

理智上，大众知道流言不可信；情感上，人类又需要一定的精神寄托。在三板流动性没有达到预期，政策利好无疑将是一剂强心剂。

“北京证券交易所”的无稽之谈不论是不是为博取眼球的动作，文章确实精准地把握住了资本市场焦躁不安的心理。尤其是在当下，新三板注册制和转板制度还没有正式推出之前，来自各方都抱有很高的期待和揣测。注册制与转板制是什么，新三板与纳斯达克的相关制度对比，两种制度能够给新三板带来什么？

注册制

注册制，是指证券发行申请人必须依法将与证券发行有关的全部公开资料及信息完备无误地递交主管机构即审查，主管机构的职责是审核发行申请人提供的信息和资料是否履行了信息披露义务。其最重要的特征是：主管机构对证券发行申请人的营业能力和前景不做实质性审核与价值判断。秉持“市场选择及注意”概念，当提交的法律文件通过了法定审核时间，则视为申请自动生效。

但是，我国证券市场长久以来，为管控发行证券公司质量，一直实行核准制，证券发行核准制又称为实质审查制，指依照证券发行核准制的要求，证券的发行不仅必须遵循信息披露原则，充分公开真实情况，还必须符合证券监管机构制定的若干适于发行的实质条件。主管机构会对申请人的营业性质、财务状况、发展前景作出价值判断。符合条件的发行公司，经证券监管机关机构批准后，方可发行证券①。

注册制就像是现代自由恋爱，只要看对眼，“闪婚”也是没有问题的。注册制的实施意味着将省去核准制的“繁文缛节”，可以强化市场

① 资料来源：百度百科关于注册制、核准制相关资料。

化机制，减少投融资成本。

转板制度

与注册制一样，在资本市场舆论前端的还有转板制度。

转板机制是连接多层次资本市场中各个层次的桥梁，转板机制的建立对于融资能力、流动性、企业挂牌动力具有关键性作用。

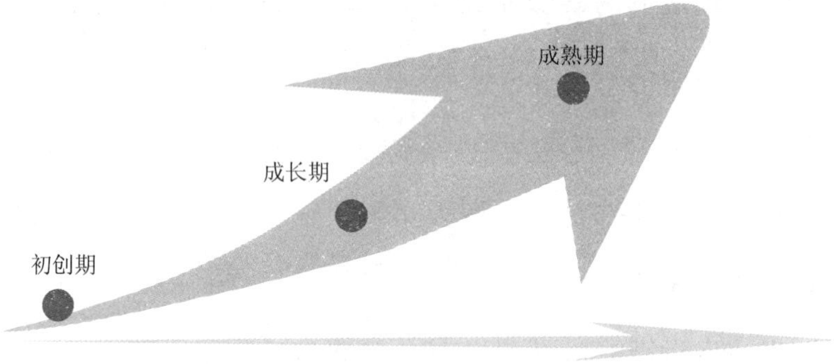

图 1-14　流动性对企业的带动作用在不同阶段的重要性

初创时期的企业更多需要风险投资，企业追求投入资金的稳定性，投资人谋求初创企业的后期发展，此时，对流动性几乎没有什么要求；伴随着企业的成长，需要不断的补充资金，这时，针对企业不同发展阶段的投资机构如PE投资，就会大力投入。而大量资金投入又是有前提的：我们都知道，资本是逐利的，企业需要流动性带动投融资；在企业成熟期，企业的原有投资需要退出时，需要较高的流动性溢价帮助资本成功退出。

新三板与纳斯达克注册制与转板制差异

在纳斯达克市场中，注册制和转板制已经成熟且广泛运用，新三板和纳斯达克市场在注册制和转板制上的差异如下表：

表 1-3 新三板与纳斯达克注册制、转板制、退市制度对比

	新三板	纳斯达克
注册制	核准制	注册制
转板制度	目前无转板制度，现有转板公司，并不是真正意义上的转板：首先，我国的资本市场还不是全市场化的；其次，目前转到中小板或创业板企业都是经过 IPO 排队或通过借壳上市。	升级转板，场外市场转板上市； 平级转板，不同交易所之间的转板，常发生在纳斯达克与纽交所的竞争中； 降级转板，交易所转到场外交易； 交易所内部转板，这一部分的转板又可分为升级和降级①。
退市制度	被兼并； 主动摘牌； 强制终止挂牌。	公司转板； 私有化； 被兼并； 不能满足持续上市的需求而被动退市。
未来转板可能性	企业融资需求要求；政策支持。未来转板制度推出只是时间问题。	

资料来源：①转板机制探讨之一：美国转板不易［EB/OL］. 观点频道_ 财新网 http：//opinion. caixin. com/2014-06-18/100692032. html.

自新三板成立以来，到十八大再次把注册制与中国梦联系起来，不乏相关人士发表观点：作为改革试点，新三板将成为注册制推行的试点。

另一方面，国家层面对于转板制度的建立也在不断地推进中。

2008 年，《国务院办公厅关于当前金融促进经济发展的若干意见》第十一条提出："采取有效措施，稳定股票市场运行，发挥资源配置功能。完善中小企业板市场各项制度，适时推出创业板，逐步完善有机联系的多层次资本市场体系"。

2016 年 3 月 17 日，《中华人民共和国国民经济和社会发展第十三个五年规划纲要》发布，"十三五" 金融规划七大议题再提发展多层次资本主义市场。文件中明确提出：健全金融市场体系。积极培育公开透明、健康发展的资本市场，提高直接融资比重，降低杠杆率。创造条件实施股票发行注册制，发展多层次股权融资市场，深化创业板、新三板改革，规范发展区域性股权市场，建立健全转板机制和退出机制。

2016年10月10日，国务院发布《关于积极稳妥降低企业杠杆率的意见》中提出“加快完善全国中小企业股份转让系统”，并提出“研究新三板公司转板创业板相关制度。”

目前，我国多层次资本架构基本搭建完毕。新三板作为多层次资本体系的基础部分，转板制度虽未正式实施，市场方面已经有数家三板公司成功“转战”主板。

随着2015年IPO扩容加速，江苏中旗、拓斯达以及三星新材分别于2016年、2017年先后从新三板转创业板。

表 1-4　挂牌公司（已有交易）“转板”主板情况

转板前			转板后					
代码	名称	挂牌日期	代码	名称	上市板块	上市日期	总股本（万股）	发行价格（元）
831645. OC	三星新材	2015-01-07	603578. SH	三星新材	主板	2017-03-06	8，800. 00	12. 26
831535. OC	拓斯达	2014-12-24	300607. SZ	拓斯达	创业板	2017-02-09	7，246. 78	18. 74
831223. OC	江苏中旗	2014-10-28	300575. SZ	中旗股份	创业板	2016-12-20	7，335. 0000	22. 2900
430018. OC	合纵科技	2007-09-19	300477. SZ	合纵科技	创业板	2015-06-10	27，976. 8466	10. 6100
430040. OC	康斯特	2008-12-26	300445. SZ	康斯特	创业板	2015-04-24	16，563. 1800	18. 1200
430049. OC	双杰电气	2009-02-18	300444. SZ	双杰电气	创业板	2015-04-23	28，337. 1200	12. 1300
430030. OC	安控科技	2008-08-20	300370. SZ	安控科技	创业板	2014-01-23	59，917. 6645	35. 5100
430045. OC	东土科技	2009-02-18	300353. SZ	东土科技	创业板	2012-09-27	51，693. 8160	20. 7500
430012. OC	博晖创新	2007-02-16	300318. SZ	博晖创新	创业板	2012-05-23	82，148. 1858	15. 0000
430008. OC	紫光华宇	2006-08-30	300271. SZ	华宇软件	创业板	2011-10-26	64，448. 2388	30. 8000
430023. OC	佳讯飞鸿	2007-10-26	300213. SZ	佳讯飞鸿	创业板	2011-05-05	28，733. 2509	22. 0000
430001. OC	世纪瑞尔	2006-01-23	300150. SZ	世纪瑞尔	创业板	2010-12-22	54，000. 0000	32. 9900
430006. OC	北陆药业	2006-08-28	300016. SZ	北陆药业	创业板	2009-10-30	32，599. 3251	17. 8600
430007. OC	久其软件	2006-09-07	002279. SZ	久其软件	中小板	2009-08-11	54，149. 1950	27. 0000
400003. OC	粤传媒 5	2001-08-08	002181. SZ	粤传媒	中小板	2007-11-16	116，105. 8174	7. 4900

资料来源：东方财富 Choice 数据库。

[案例一] 2016年第一例新三板过会转板成功案例——江苏中旗

江苏中旗作物保护股份有限公司（以下简称：江苏中旗）是化学原料和化学制品制造业的生产商，拥有丰富的许可证资源、突出的技术能力、优质而稳定的客户以及“多品种、适批量”的柔性生产体系，为大型跨国农药企业（如陶氏益农、拜耳作物科学、先正达、巴斯夫农化等）及国内知名农化企业提供对环境友好的高效、低毒、低残留的新型农药产品。公司通过向客户直接销售的方式开拓业务，收入来源是产品销售。

2015年1月13日，江苏中旗挂牌新三板；2015年2月，进行了首次公开发行股票招股说明书报送。

2016年12月2日，经过500多天，江苏中旗发布首次公开发行股票在创新板上市的提示公告。12月20日，正式登陆创业板以简称中旗股份(300575)，以价格22.29元/股公开发行新股，市盈率为18.12倍。由此江苏中旗成为2016年第一例新三板过会转板成功的案例。

[案例二] 2017年第一例新三板过会成功案例——拓斯达

广东拓斯达科技股份有限公司（以下简称：拓斯达）于2014年12年24日挂牌新三板，是一家专业为下游制造业客户提供工业自动化整体解决方案及相关设备的高新技术企业。公司销售以直销为主、经销为辅。

公司的主要产品及服务包括工业机器人应用及成套装备、注塑自动化供料及水电气系统、辅机设备三大系列，广泛应用于3C产品、家电、汽车零部件、精密电子、医疗器械等众多领域。经过多年发展，公司在工业机器人集成应用、工业自动化方案设计及自动化装备制造等方面已积累了丰富的成功经验。目前，公司已获授权发明专利 5 项，实用新型专利 62 项，软件著作权 6 项，外观设计专利 2 项。截至 2016 年 6 月 30 日，实现营业收入 155,792,723.81 元、归属于挂牌公司股东的净利 30,096,649.78 元。

2015 年 6 月 30 日，拓斯达发布公告称公司首次公开发行股票并在创业板上市的申请已被中国证监会受理。

2016 年 12 月 26 日，拓斯达在全国股转系统发布公告表示，12 月 23 日，广东拓斯达科技股份有限公司（首发）获中国证券监督管理委员会审核通过。

2017 年 2 月 8 日，拓斯达上市公告期；2 月 9 日，拓斯达正式上市。

[案例三] 三星新材

浙江三星新材股份有限公司（以下简称：三星新材）于 2015 年 1 月 9 日挂牌新三板，主要从事各类低温储藏设备玻璃门体及深加工玻璃产品的设计、研发、生生产与销售。公司采用直销模式，为青岛海尔、青岛海荣、海信容声、星星集团等下游大型家电企业配套供应各类酒柜、冰箱、冷柜用的中空或单层玻璃门体及其他玻璃深加工制品。公司 2015 年实现营业收入 238,432,716.48 元，较 2014 年同期增长 1.24%；实现营业利润 31,029,013.25 元，较 2014 年同期增长 1.48%；实现归母净利润 37,724,638.19 元，较 2014 年同期增长 9.55%。

2015 年 3 月 31 日，公司收到《中国证监会行政许可申请受理通知书》（150580 号），首次公开发行股票并上市的申请被中国证监会受理；

2017 年 1 月 9 日，三星新材获主板发审委审核通过；

2017 年 2 月 23 日，三星新材在新三板上终止挂牌；

2017 年 3 月 6 日，三星新材主板上市，开盘价格 12.26 元/股。

按照《证券法》和新《公司法》规定，上市的股份有限公司股东人数没有上限，非上市股份有限公司在设立时的股东人数不得超过200人，因为股东人数200人以上的股份公司为公众公司，必须经国务院证券监督管理机构或国务院授权的部门核准。江苏中旗、拓斯达以及三星新材转板前，都采用协议转让方式，避免了做市转让方式可能带来的超过200名股东情况。

而从最近的市场情况来看，目前正在进行上市辅导的三板公司不少，其中采取做市转让的公司数量可观。

2016年，持续有做市企业转为协议企业，原因都在于希望转板主板时不会因为股东人数的问题影响进程。

所以这些做市公司是否成功转板，对于挂牌公司肯定和采纳做市转让方式会起到的非常大的助推作用。

二、做市商制度对比

纳斯达克在经过了曲折的数年，最终采取混合做市商制度（即在原有做市商制度基础上引入竞价交易）对做市商产生了压力，促进了做市场的积极性，提高了市场流动性。

目前，新三板采用了协议转让和做市转让，未来拟推出竞价交易方式。与纳斯达克做市制度进行对比，新三板的做市制度还很不完善，未来的发展空间也很大。

表1-5　新三板与纳斯达克做市制度对比

	新三板	纳斯达克
做市商数量	截至2017年3月27日 做市商90家	>500家

续表

	新三板	纳斯达克
做市商资格	证券公司申请开展做市业务，应当具备以下条件： 具备证券自营业务资格； 设立做市业务专门部门，配备开展做市业务必要人员； 建立做市业务管理制度； 具备做市业务专用技术系统； 全国股份转让系统规定的其他条件。	全美证券商协会会员； 达到一定的最低净资本要求； 拥有做市业务需要的软硬设备[①]。 具体又分为： 主做市商（Primary Market Maker） 普通做市商（Market Maker）
报价制度	每个转让日 9∶15—11∶30，13∶00—15∶00 必须不断申报保持该股票维持在 1000 股以内的买卖盘，申报间隔不超过 5 分钟； 做市商每个转让日提供双向报价的时间不少于做市转让撮合时间的 75%； 但是在做市商持有库存股票不足 1000 股时，可以免除卖出报价义务；库存达挂牌公司总股本 20%时，免除买入报价义务。	每个交易日 9∶30—16∶00 必须保持持续双边报价（包括买卖数量和价格），并且报价必须是确定的，报价不可撤销且必须符合实情； 只有在特殊情况下（如设备故障、自然灾害），做市商才可临时取消报价，并且还需提前向纳斯达克市场运行部递交材料。
成交报告	成交信息每天披露一次。	成交 90 秒内进行报告以全国最优报价为基准，成交自动确认系统将检查报价是否在合理水平，需要时，做市商应参考全国最优报价依据设计好的比例重新报出价格。
做市成交	做市转让下，投资者只能采用限价委托方式委托主板券商买卖股票； 股转系统按照价格优先、时间优先原则自动撮合成交。 成交价均以做市申报价格为准； 限价申报之间，做市申报之间不能成交。	股票市场交易活跃，做市商经常会采用经济方式交易。股票市场交易清单，价差较大，允许做市商采用自营方式[②]。 做市商的买入报价必须低于另一做市商的卖出报价，卖出价格必须高于另一做市商的买入报价。
做市商 监管措施	建立持续记录及评价体系，同时设置：约见谈话；要求提交书面承诺；出具警示函；责令改正；通报批评；公开谴责；暂停、限制直至终止其从事做市业务；向中国证监会报告有关违法违规行为，并记入诚信档案。制度保障做市商依法规履行义务。	被取消资格，消极不作为退出两种途径保证做市商履行义务。

续表

	新三板	纳斯达克
最低要求报价规模限制	每笔交易数量应不低于1000股，及1000股或其整数倍，但若在余额不足1000股时，可将不足1000股一次性报价卖出。	交易单位更为灵活： 纳斯达克全球市场交易单位有1000股、500股、200股三类。
限制竞争	规定两个以上做市商之间无法直接在做市申报时成交。	避免锁定及交叉市场。
持续库存股票数量多少	库存股票数量大，最大上限可达总股本的20%，同时做市场获得和持有库存股票的成本低，做市商报价及服务的不积极将严重影响公司报价，从而赚取高额差价利润。	为防止市场价格波动超过买卖差价而造成损失，做市商需持有较少股票[③]。

资料来源：

①百度百科关于“纳斯达克”相关内容。

②纯干货！新三板做市商制度全解析［EB/OL］搜狐易三板研究院 http：//mt. sohu. com/20151112/n426193765. shtml.

③毫厘之差，千里之别——NASDAQ与新三板做市商制度比较，美国龙门资本董事总经理朱丽洁，资本投资者关系专员洪正阳，资本市场分析师童克非。

三、新三板与纳斯达克对比带来差异与期待

上一节与本节，我们分析了新三板与纳斯达克发展的相同点，以及两者在注册制、转板制、做市制度上的不同点，结合当前新三板发展状态，它的发展还欠缺很多，总结来说，共有以下几点：

第一，在分层制度落地之前，全国股转公司有关负责人：“挂牌公司分层不是将挂牌公司简单地分为‘好与坏’‘优与次’……基础层挂牌公司同样是新三板的挂牌企业，同样能获得与其发展阶段、发展需求相适应的资本市场服务，同样能赢得成长空间。”[④] 但在分层后，不免暴露出一些问题：创新层公司明显得到了市场的偏爱，良性循环机

④ 全国中小企业股份转让系统．《全国股转公司有关负责人就挂牌公司分层答记者问》．

制没有真正落地……

第二，转板制度推出的时间不确定。尽管监管层和市场一再提及转板制度的推进，但是由于目前新三板的市场化程度稚嫩、流动性低以及监管成熟度不够，贸然实施转板的行为，无异于拔苗助长，很大可能性将引发投资机构和挂牌公司操纵市场、财务造假的行为。在新三板市场拥有强大的监管和稽查力度以防止挂牌公司财务造假、操纵市场等风险之前，转板机制落地依然缓慢。

更可怕做市转让带来200以上股东怎么办？

第三，做市商制度在初期阶段，目前的政策给做市商带来了更多的保护，市场化有待提高。

第四，注册制什么时候实行？这可能是场持久战。

第五，明星效应，不是说有就有，目前很多新三板优质企业出走的问题。现阶段，不少企业挂牌三板却没有交易，仅将三板作为跳板，这样的企业虽然优秀，但是对于活跃三板市场却没有较大作用。

第四节　内部发展不平衡催生并购重组
——破而后立，开辟新天地

鸡蛋总是从内被打破的！蜕变必经历痛苦，三板市场的短期阵痛不可避免。但从长远角度来看，正如唯物辩证法所说的“任何事物都是有矛盾，矛盾是事物发展的根本动力”。

美国 NASDAQ 是世界上主要的股票市场中成长速度最快的市场，取得今天的成绩花了 45 年的时间，在明星效应之前，纳斯达克的受关注度低、流动性差，英雄也有遭遇冷眼的时候。新三板市场，成立 10 年，花了不到纳斯达克 1/4 的时间已经完成了自有电子交易系统的搭建、分层制度。虽然，目前存在不足，但是成长的速度已经交了一个满意的答卷了。

回顾新三板发展，2016 年是新三板疯狂生长的一年，挂牌数量野蛮增长，融资规模扩大，同时市场也趋向于理性。年底公司挂牌趋于平缓，新三板市场也有量变向质变转变。

在新三板市场不断改革，努力做大做强的同时，也激发了一个并购重组的“隐形市场”。通过并购重组已经有相当部分的三板企业或完成了全产业链的整合，或吞并主板企业，创造蛇吞象的逆袭。

三板上越来越火热的并购重组除了三板企业并购主板公司，完成蛇吞象的雄心壮志，还有主板公司对三板企业的并购、三板公司之间的以及三板企业与未挂牌企业之间博弈。

新三板并购概貌

2015 年是新三板并购元年，新三板并购无论是数量还是金额都呈并喷态势，符合重大资产重组的并购交易达到 146 起，涉及金额 434 亿元。进入 2016 年，新三板并购热度不减，2016 年，达到重大资产重组标准的并购交易为 165 起，交易金额为 416.81 亿元。

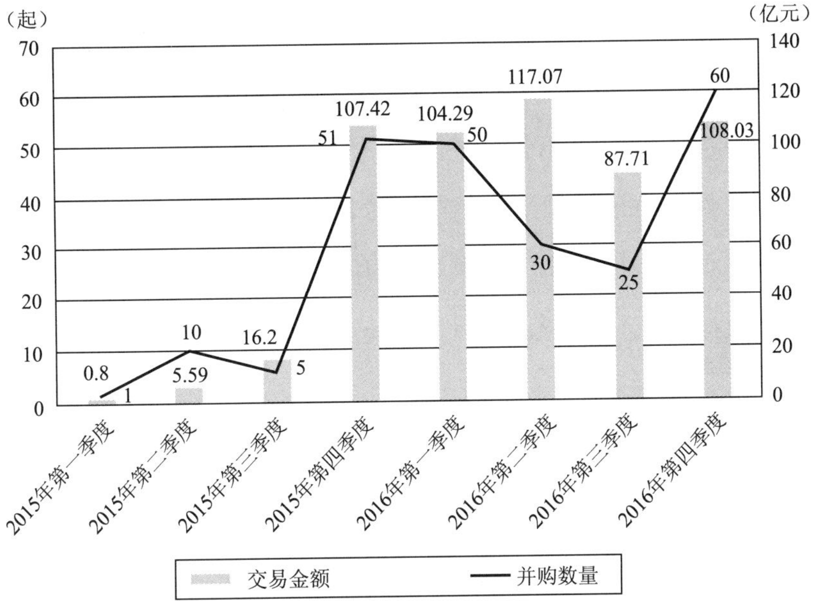

图 1-15　2015—2016 年新三板各季度并购数量及交易金额

资料来源：东方财富 Choice 数据库。

与 2015 年相比，2016 年新三板并购市场呈现以下几大特征：

第一，以三板企业被并购为主，上市公司并购新三板企业交易数量增加。

第二，新兴行业是热门并购标的，产业相关依然是目前并购的主要目的。

第三，在支付方式上，股份+现金支付依然是主流。

2016 年至今上市公司并购新三板企业概貌

2016—2017 年 2 月末，根据 Choice 数据显示，共有 149 家上市公司披露并购新三板公司意向（以首次公告日为准），并且，有 29 例并购已经完成，涉及金额157亿元。其中，南洋股份斥资57.5亿元并购天融信高居榜首，成为新三板上涉及金额最多的并购案。

已经完成并购的上市公司中有3家公司在上交所挂牌，有26家在深交所挂牌，其中创业板公司有12家，中小板公司有13家。中小板和创业板的公司在新三板企业并购中占86.2%，是上市公司并购新三板的中坚力量。

大部分创业板和中小板的企业虽然已经挂牌上市，拥有充足的资金，企业也处在高速成长期，但是业务体系和市场份额依然还有不足，所以继续通过并购拓展业务领域和市场，如此一来出现上述情况也并不为奇。所以在并购目的上大部分都是产业相关的并购，仅有部分是多元化跨界并购。

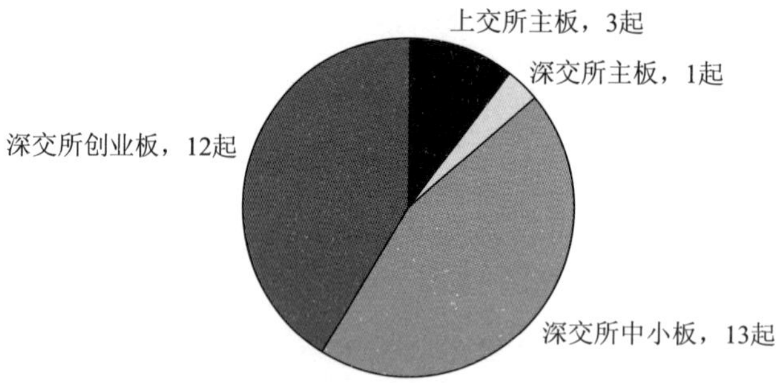

图1-16 并购新三板的上市公司所在板块数量

资料来源：东方财富Choice数据库。

在支付方式上，有22起并购案例采用现金支付，7起采用股份+现金的支付方式，没有一个上市公司采用纯股份支付的方式。

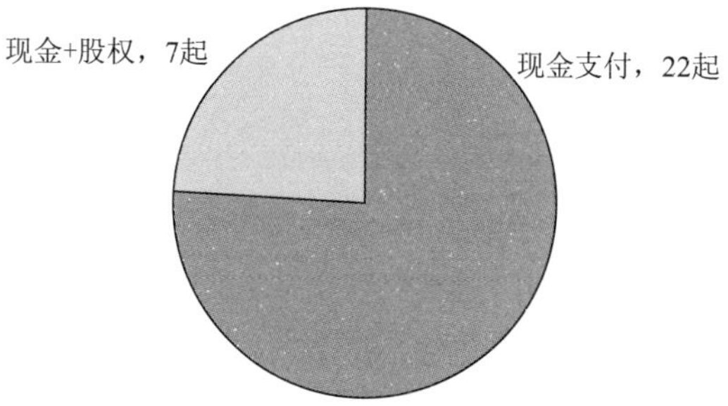

图 1-17　上市公司并购新三板支付方式及数量

资料来源：东方财富 Choice 数据库。

在占股方面，上市公司控股新三板企业依然占主流。参股企业的案例有 10 起，控股企业的案例有 19 起，其中有 8 起案例 100%收购新三板企业。

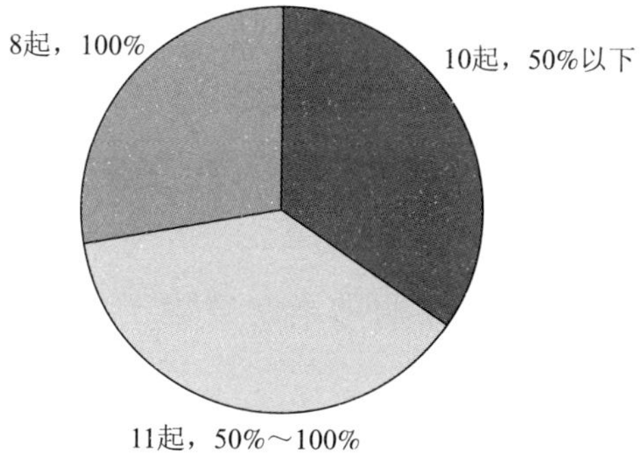

图 1-18　上市公司并购新三板企业占股情况

资料来源：东方财富 Choice 数据库。

第五节 新三板并购态势发展原因
——风起云涌，缘起于何

通过上一节，我们感受到了如火如荼的新三板并购态势，新三板对于中国的资本市场来讲不过是个刚满“三岁”的孩童。那么，究竟是什么原因让三板公司并购之拳的力度只增不减？新三板如何成为了上市并购的标的池？何以越来越多的公司信任新三板？

在这一节，我们将从新三板并购政策、新三板上并购双方的利得，以及新三板企业的特有性质几个方面与您分享我们的所思所想。

一、新三板并购政策助力三板企业并购之拳

近年来在新三板市场，并购重组制度趋于完善，政策则倾向于支持和鼓励新三板企业的并购重组。

2008年12月，《国务院办公厅关于当前金融促进经济发展的若干意见》中，提到“要求加强货币政策、信贷政策与产业政策的协调配合……支持中小企业发展”，将中小企业的发展放在了重要位置；并且在第十一条、十七条提出：

支持有条件的企业利用资本市场开展兼并重组，促进上市公司行业整合和产业升级、减少审批环节、提升市场效率、不断提高上市公司竞争力。

允许商业银行对境内外企业发放并购贷款。研究完善企业并购税

收政策，积极推动企业兼并重组。

2014 年 6 月，股转系统相继发布《非上市公众公司收购管理办》《非上市公众公司重大资产重组管理办法》《公司债券发行与交易管理办法》，7 月 25 日，为进一步规范股票在全国中小企业股份转让系统公开转让的公众公司重大资产重组的信息披露和相关业务办理，股转系统又发布了《全国中小企业股份转让系统非上市公众公司重大资产重组业务指引（试行）》（以下简称《指引》）。

在此之前，新三板并购重组应制度不够完善与明确，有新冠亿碳、久日化学、蓝天环保、指南针、中讯四方、瑞翼信息、金豪制药和屹通信息 8 家公司因并购重组申请而导致不得不暂停或终止挂牌①。

《指引》及其配套指南的发布，无疑将化解此前新三板公司遇到的干扰问题。并且，证监会正式发布的《非上市公众公司收购管理办法》和《非上市公众公司重大资产重组管理办法》两个办法突出股东自治原则和市场化的约束机制，制度设计上以市场化为导向，进一步放松管制，强化事中、事后监管，构建有别于交易所市场和上市公司的并购重组制度体系。

两个办法围绕简便、透明、高效和降低成本作了探索和创新，如：

（1）非上市公众公司不实施强制全面要约收购制度。

（2）对自愿要约价格、支付方式、履约保证能力进行适度放宽，给予收购人多种选择。

（3）丰富重大资产重组支付手段，除发行股份外，还可使用优先股、可转换债券等支付方式。

---

① 新三板并购重组细则落地政策扶持力度出乎预料_ 漳州新闻_ 新浪闽南 http：//mn. sina. com. cn/city/zhangzhou/food/2014-08-06/17128374. html.

（4）充分发挥市场主体作用，允许交易各方自主协商定价。

（5）大幅简化权益变动的报告书类型，除控制权发生变更的披露收购报告书外，其他权益变动只需披露权益变动报告书。

（6）简化申报文件，不强制要求提供评估报告和盈利预测及编制备考报告；减少申报文件，精炼信息披露内容。

（7）简化发行股份购买资产的重大资产重组程序，不设重组委、缩短审核期限，等等。

2016年9月，国务院印发《关于促进创业投资持续健康发展的若干意见》，又着重提出：“完善全国中小企业股份转让系统交易机制，规范发展专业化并购基金”。包括引入做市商制度和可能的竞价交易制度，这使得新三板与主板、创业板比较，并购重组制度具有很强的便利性，释放出了明确的政策信号——鼓励新三板公司使用多种融资工具，通过并购重组做大做强。随着新三板的并购制度不断完善，政策红利不断释放，新三板公司的并购能力和赢面加大加强。

表1-6　新三板与上市公司并购重组制度体系对比

三板并购重组制度体系		上市公司并购重组制度体系
法律法规	《中华人民共和国公司法》	
	《中华人民共和国证券法》	
规范性文件	《国务院关于进一步优化企业兼并重组市场环境的意见》（2014-3-7）	
	《国务院关于全国中小企业股份转让系统有关问题的决定》（2013-12-13）	《上市公司监管条例（征求意见稿）》
部门规章	《国务院关于开展优先股试点的指导意见》	《上市公司重大资产重组管理办法》
	《优先股试点管理办法》（2014-3-21）	《上市公司收购管理办法》
	《非上市公众公司收购管理办法》（2014-6-23）	《上市公司回购社会公众股份管理办法》

续表

三板并购重组制度体系		上市公司并购重组制度体系
部门规章	《非上市公众公司重大资产重组管理办法》(2014-6-23)	
	《公司债券发行与交易管理办法》(2015-1-15)	
业务规则	《全国中小企业股份转让系统非上市公众公司重大资产重组业务指引》(2014-7-25)	《交易所业务规则》
	《全国中小企业转让系统优先股业务指引(试行)》(2015-9-22)	《登记结算业务规则》
业务指南	《全国中小企业股份转让系统重大资产重组业务指南第1号：非上市公众公司重大资产重组内幕信息知情人报备指南》(2014-7-25)	
	《全国中小企业股份转让系统重大资产重组业务指南第2号：非上市公众公司发行股份购买资产构成重大资产重组文件报送指南》(2014-7-25)	
	《挂牌公司并购重组业务问答》系列(2016年上旬)	

资料来源：天津科技金融中心。

二、三板企业自身实力强是其发起并购的重要原因

当代，我们不停地用“食物链”一词来形容商业战场上的残酷竞争，一场场公司吞并让这个战场更是硝烟四起。想要继续生存的企业无不练就了一身本领。

新三板企业中不乏练就“十八般武艺”的好汉，他们不断创新企业商业模式，挖掘前景行业，站在资本的风口、并购的擂台上施展拳脚。如以下具有典型意义的案例：

天津新三板创新层企业——赞普科技（831405），强势收购三家千万级公司，完成了横向整合。

英雄互娱借力三板，收购赛尔塞斯，布局手游行业。

百合网并购世纪佳缘晋升世界第一红娘。

三祥科技跨境并购通用汽车供应商，完善海外布局。

九鼎集团（430719）并购中江地产（600053）、和君商学（831930）并购汇冠股份（300282）、百合网（834214）跨境并购世纪佳缘（NASDAQ：DATE）……

这些"蛇吞象"案例无不宣誓着新三板公司与日俱增的实力和强势出拳的意愿。"失败的原因各不相同，成功的原因总是很相似"。除了新三板并购政策的开放性，新三板公司自身优秀的经营成绩才是是公司不断挑战自我、突破局限的根本原因。

通过并购，三板企业可以实现诸多好处，例如：提升流动性；通过并购上市公司，打出了一副大牌，快速提升知名度和业绩；提高估值，为资本提供了退出通道；提高融资能力。

三、流动低洼造就并购标的池

在新三板公司不断发起并购的同时，目前新三板市场的低流动性也吸引着主板公司、非公众公司对其发起并购行为。

首先，新三板可以降低上市公司寻找标的的成本。2016年6月推出的分层制度，将三板的企业进行初次筛选。2016年年底，新三板的10，163多家挂牌企业中包括基础层企业9211家，创新层企业952家。上市公司可以根据自身选择的标的的要求寻找不同层次、不同产业、不同规模的标的。同时，新三板企业也需要持续披露企业的经营状况，对上市公司来讲可以更加透明的了解企业的盈利能力，未来发展等相关指标。

其次，新三板自成立以来，低市盈率和流动性就一直是人们诟病和怀疑的对象。目前，全部股转系统的股票平均市盈率为29.05倍，相比中小企业板和创业板的估值，新三板企业仍具有一定吸引力。根据流动性溢价理论，以及资产的定价与其流动性有密切关系，且流动性越强，资产定价越高。同理，在股价的计算上，**股价=股票内在价值+流动性溢价+驱动事件**。

如此一来，大量公司被低估值，新三板成为价值低洼。资本，尤其是上市公司的资金则顺势为找到被低估的优质股，期待未来高增长。

低价格买高品质，物美价廉不再是个传说。不乏有主板上市公司表示：新三板的低流动性使得其在并购谈判中占据优势。而站在三板公司的角度，被低估值的确不是一件令人高兴的事，一些挂牌公司有意通过上市公司并购来提高估值，这也引发了新三板市场的并购热潮。

用一句话概括流动性对并购趋势的作用力，即A股公司发现三板公司物美价廉，积极并购三板公司；三板公司不满被动地位，奋起反抗，“蛇吞象”一般并购A股公司，寻求认可。

四、三板企业高新技术特质促成并购行动

“桂实生桂，桐实生桐”，事物的本质属性影响着未来的发展，基因不绝对造就命运，却影响事物的生长过程。企业同样具有“基因”，我们称为“企业基因理论”（由美国管理大师、密西根大学商学院教授Noel Tichy提出的），企业作为一种活的非自然生物体，与生物一样有

自己的遗传基因。正是这个基因，决定了企业的基本稳定形态和发展、乃至变异的种种特征。

就拿国企改革来说，国企拥有大量资源，但管理层级复杂累赘，发展步伐有待提高。国有企业的当下与未来，就犹如吃得太胖而跑不动的孩子，原属于还在的朝气蓬破都被这硕大的体格给耽误了。要改变“体格庞大而跑不动”的状态，必须激发企业的“狼性基因”。

在瞬息万变的资本市场，“狼性基因”意味着不满足现状，不断创新企业技术、盈利模式；全公司的人员都拥有创业精神；公司管理层能够一直与行业前沿保持沟通……而这一切对于新三板上的高新技术企业来说，都是他们的自身属性。回顾新三板发展历程，新三板市场从推出起就立足于“中关村”，2012年扩充试点同在高新技术企业集聚地，为园区公司股份提供报价服务。无论和政策上还是地理位置上说，新三板的挂牌企业大都是高科技企业。

拥有“狼性基因”与“创新基因”让新三板企业吸引了资本的关注目光：

中规中矩的学生是老师、学校眼里的好孩子，却不一定是社会的好精英。观察主板上市公司，会发现，大多数都“好孩子”，碍于上市公司必须满足的一系列端正品行的条例，他们都待在各自的经营圈层中，制度化导致的思维禁锢终于还是发生在了他们的身上。反观在新三板上野蛮生长的企业就像是坏孩子，有最不羁的性格，又有放浪形骸的勇气。

“文章合为时而著，歌诗合为事而作”，上市公司寻找到他们，并购他们成为一体进行发展，就是寻求坏孩子具备的意识和技术，补足自身短板，强化自身盈利能力，或寻求新的发展领域，避免在发展浪潮中失去地位。

综合来看，并购可以给上市公司带来以下几大类的利好：横向并购，提高市场占有率；跨界并购，实现多元化发展，谋求新生机；纵向并购，实现全产业链整合，“减少中间商赚差价”；减少企业税务，节约成本。

第六节　并购解析——兵无常形，法有定论

一、并购的概念

并购，集兼并和收购为一体，是在一定的财产权利制度和企业制度条件下进行的，在并购过程中，某一或某一部分权利主体通过出让所拥有的对企业的控制权而获得相应的受益，另一个部分权利主体则通过付出一定代价而获取这部分控制权。企业并购的过程实质上是企业权利主体不断变换的过程。

正所谓，男婚女嫁有父母之命，媒妁之言。并购作为股价和产业驱动的一场集体婚嫁，也需要满足一系列的规则。关于新三板并购的规则，著名管理学家杜拉克对于企业并购就提出了五项基本原则：

二、并购原则

（1）并购企业必须能为被并购企业作贡献。并购企业只有彻底考虑了他能够为被购并的企业做出什么贡献，而不是被购并企业能为购并企业做出什么贡献时，购并才可能会成功。对并购企业的贡献可以是多种多样的，包括技术、管理和销售能力，而不仅仅是资金。

（2）企业要想通过并购来成功地开展多种经营。需要由一个团结的核心，有共同的语言，从而将他们合成一个整体，也就是说，并购与被并购企业之间在文化上要能够整合，要有共同的文化基础，至少要有一定的联系。

（3）并购必须是情投意合。购并企业必须尊重被购并企业的员工、产品、市场和消费者。

（4）并购企业必须能够为被购并企业提供高层管理人员，班组被购并企业改善管理。

（5）在并购的第一年之内，要让双方的管理人员大部分都得到晋升，使得双方的管理人员都相信，并购给公司带来了机会。

三、并购目的

新三板上并购，无论是新三板与主板、新三板之间抑或是新三板与未挂牌企业之间的并购都来自于企业强烈的发展意愿。一般说来，并购的目的分为五大类：

第一类，消除同业竞争，巩固行业地位；

第二类，扩大业务规模；

第三类，多元化经营战略；

第四类，借壳上市；

第五类，引进战略投资者。

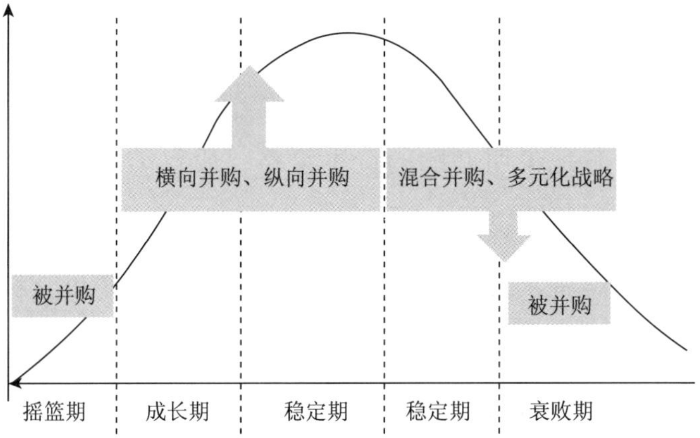

图 1-19 新三板并购的战略目的

四、并购的流程和要素

（一） 并购的流程

围绕并购目的，并购企业必须抓住自身经营战略的核心，实施并购一般分为五大步[①]：

第一步，分析与准备阶段。并购公司应对自身所处环境（宏观及竞争环境）、经营状况进行详尽调查与分析，从企业发展战略的高度，明确公司的并购是出于何种目的：为了扩大产业成就一定的垄断效应，还是行业进入夕阳期，需寻求新的主要经济来源？是为战略人才储备，还是标的公司的独有专利或技术？根据并购目的，并购公司制定关于并购的资本策略，调整股权结构、准备交易工具。

并购标的的选择。根据企业发展战略量体裁衣制定并购战略，勾画出目标企业的轮廓，如行业、资产规模、技术能力等，可根据蓝图寻找并购标的。

第二步，设计与决策阶段。根据前一步骤标的选择结果，并购公司综合考虑自身的条件限定及目标企业的状况和意图，设计多个供选择的并购方案。

并购方案清楚地说明并购的资本策略，股权结构调整、交易工具准备、支付方式的选择、税务及债务安排、会计处理等。

选择不同的融资手段、支付方式，需要交易工具和股权结构调整也不尽相同。并购方需要谨慎考虑。通过统筹规划、甄选、修改并购方案，最后确定具体可行的并购方案，也可在并购方案设计和决策时

① 并购-MBA智库百科．http：//wiki.mbalib.com/wiki/%E5%B9%B6%E8%B4%AD.

提供一个备用方案。

融资手段
一般分为内部融资与外部融资，由于内部融资的渠道窄，受企业自身条件约束大，一般来说，企业主要用外部融资手段获得资金。外部融资又可分为债务融资，要求公司有较高的偿债能力；权益融资，包括发行股票、换股并购与以权益为基础的融资；混合融资，主要以杠杆收购为代表，兼具债务融资与权益融资的特点。

支付方式分类（不同支付方式带来的税务也不一样）
现金支付：通过向目标企业股东支付一定的现金，取得标的企业的控制权。此种方法简单快捷，但要求并购方强大的现金流作为支撑。 股份支付：通过发行本公司股票，并按照一定的换股比例换取标的公司股票。股份支付的现金压力小，不影响企业现金流，标的企业股东依然享有并购后企业的价值增值。缺点是容易稀释原并购方大股东的股份，要注意实际控制权是否发生变化。 混合支付：一般来说，混合支付是目前数额较大并购的首选。并购方以现金、股份、债券等多种支付工具并行来支付并购对价以取得目标公司控制权。

第三步，收购书制作与谈判阶段。以并购方案为核心制定收购建议书或意向书，作为并购双方的谈判基础。若符合并购双方利益要求，则可进入签约阶段，否则，在并购方案被拒绝的情况下，并购重回起点。

第四步，并购实施及并购后管理。在实施并购后，企业进行整合，并购方需要在资产、人员、技术、业务等方面对两个公司进行整合。

第五步，风险管理。风险存在于并购前、中、后的每个阶段，从规划并购时就已经有必要进行风险管理。同时，不可忽视组织文化，组织文化是员工工作的向心力，在并购正式实施前、并购中、并购后都需要对组织文化进行了解和调控。

（二） 并购行为要素

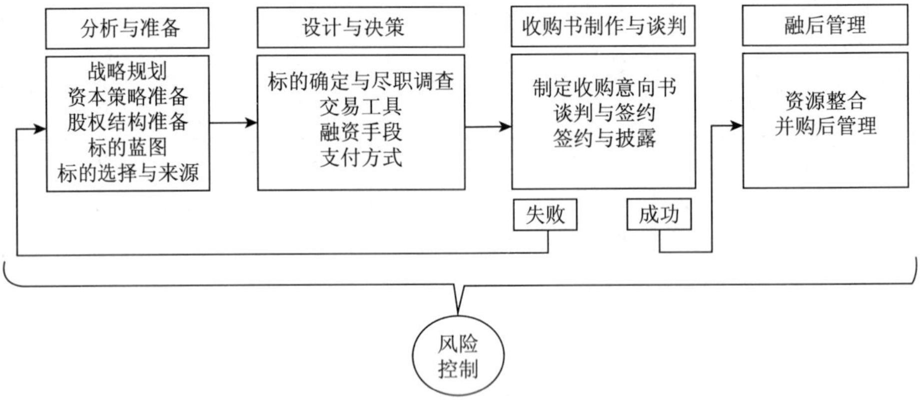

图 1-20 并购的流程及各阶段主要工作

五、并购中的风险及注意事项

并购不是并购金额支付完成就可以了。在企业并购的过程中，除了四个步骤，还有风险控制一直渗透在每个步骤中，具体表现为：

并购前，并购企业对标的的选择和确定过程中，对标的进行尽职调查对于并购中定价估值、交易方案的结构和设计、投融后管理具有重要的影响作用。一般来说，并购双方面临着信息不对称风险，在尽调中的占据主要地位的就是对标的公司的财务报表、年度报告、等披露信息进行详尽的查阅，这些信息是否全部透明，完全值得信赖？并购方不可一味依赖于标的方已披露的信息，不能偏重于业务或财务等某但一方面，应综合考虑。需要理解标的公司估值或财务预测的基本假设以及公司运营的潜在风险，还需对标的公司的法律情况（是否涉及重大的诉讼或法律纠纷）、债务问题、资产情况（是否存在日后可能产生纠纷的归属不明的资产）、其他历史遗留问题（一厂多制等）进行详细的了解①。

并购方案的设计和实施过程中，也还需要对宏观和市场环境、监管环境进行详细了解：企业经营面临的经济环境变化万千，并购实施的时机是否正确，并购实施的时间是否过长，导致措施行业良机；并购操作是否符合监管层面对主体资格等方面的要求，程序是否符合规则。

并购后，双方企业资产整合，公司的规模扩大。首先，公司需对资源、生产要素等进行有效的调整已达到最优化生产或投资组合；其次，处理目标公司的人员也需要谨慎对待，并购行为对公司员工的安全感会产生一定的冲击，留住公司战略人才是关键，为保证人员流失现象，并购方人力资源部门要早做打算；最后，文化决定公司的软实力，以看不见的方式影响双方公司的员工工作心理及发展规划，注意双方公司的文化融合，注意“和而不同”“求同存异”。在互联网盛行的当下，通过舆论和新媒体为并购行为造势，树立公司形象，不失为可供参考的对策。

① 实操指南：并购尽职调查应如何进行，以中金与 Morgan Stanley 为例-华尔街见闻 http：//wallstreetcn. com/node/253212.

第二章

并购无国界，细数跨境并购弄潮儿——三板跨境并购

资本无国界，企业无边界。国内企业想要壮大发展，有必要借助国外优秀企业资源来拓宽自己的业务或是产业渠道。取其精华，去其糟粕，国外企业有好多不适合国内企业的经验，但是也有好多值得我们学习借鉴的经验。

据相关媒体报道，根据商务部数据显示，2016 年中国企业对外投资并购交易额达 1072 亿美元，2016 年是海外并购的大年。在并购队伍中，不少三板企业将目光聚焦于国外，在国际资本市场浪潮中寻找适合自己的优秀企业，国际化并购在三板市场中频频出现，可见我们三板企业的国际化金融视角正逐步出现。

迎合国家化资本，放眼世界谋求发展，企业才能做大做强，享受新三板带来的融资便利，相信会有更多的三板企业跨境购买“洋公司”。

第一节　约伴传媒并购美国旅行社——走出国门，布局海外业务

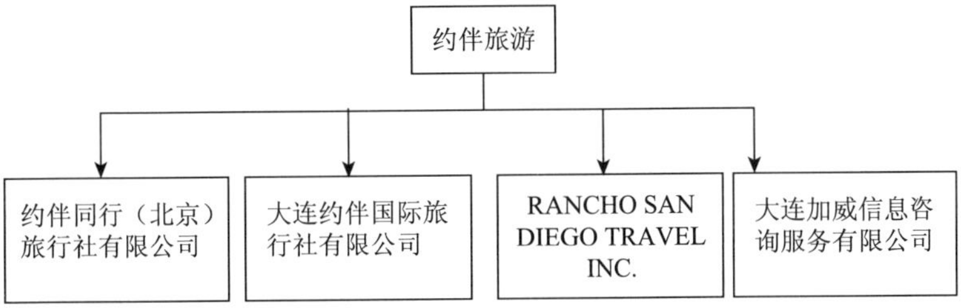

图 2-1　并购后约伴旅游下属公司

资料来源：全国中小企业股份转让系统。

2015 年 5 月，约伴传媒仅仅耗资 1 万美元（折合人民币 62,207.00 元）收购 RANCHO SAN DIEGO TRAVEL INC.，并将业务快速布局拓展到了海外。约伴传媒通过收购当地旅行社，实现硬件设施和人力资源在美国的直接布局，是约伴旅游积极拓展海外版图，从横向拓展业务范围和纵向挖掘旅游业产业利润的关键一步。近年来，约伴传媒海外业务增长迅猛，2015 年国际旅游业务收入占比总营业额 80.43%，较 2014 年增长 288.31%。

一、事件亮点

（1）并购金额小，本次并购案，涉及金额仅10000美元，这是三板里目前发现并购金额最小的一笔。

（2）跨国标的，此次并购方约伴传媒精准选择了位于美国圣地亚哥的个人标的公司。

（3）并购速度快，并购过程精简速度快，不但节约了并购的成本，而且实现并购方业绩增长，实现海外业务的快速布局。

二、并购背景

并购方：约伴传媒①

大连约伴传媒股份有限公司（以下简称：约伴传媒830812），于2014年6月20日，挂牌新三板。公司是旅游业的服务提供商，为游客提供国内及国际自助游、半自助游、跟团游等多样化的旅游方式。公司一直致力于以传统旅游服务业务为基础，大力发展半自助游业务，积极打造自助游约伴平台，将网络营销与线下旅游服务相结合，利用移动云计算、互联网等新技术，借助便携的移动终端上网设备，让游客主动感知旅游相关信息，并及时安排和调整旅游计划，构建“网络+地面”新的服务模式。

公司主营业务按收入来源可以分为旅游服务业务、广告业务，公司本部目前以广告业务为主，下属子公司以旅游服务业为主，其中，旅游服务业是公司的核心业务。2014年，公司开始国际旅游业务之后，

---

① 资料来源：全国中小企业股份转让系统、Choice数据库“约伴传媒”披露公告。

国际旅游业务在公司的总营收占比持续走高。

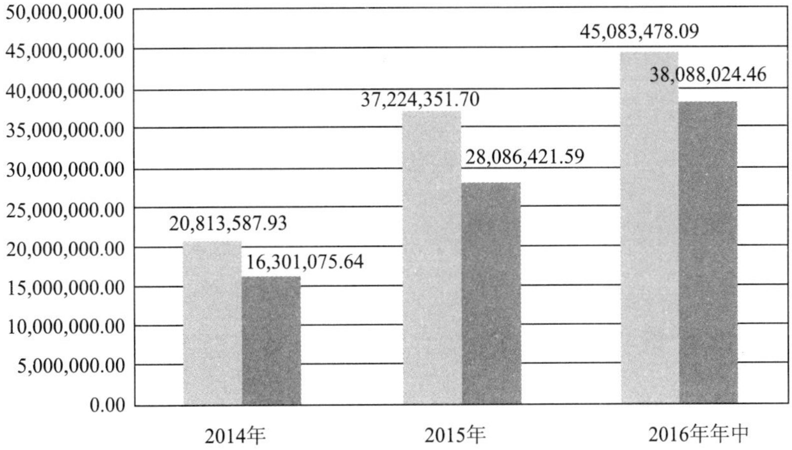

图 2-2 收购前后约伴旅游资产额度变动

资料来源：全国中小企业股份转让系统。

标的方：RANCHO SAN DIEGO TRAVEL INC.

RANCHO SAN DIEGO TRAVEL INC. 为美国当地旅行社，于 1977 年 4 月 5 日注册，位于美国圣地亚哥，是一家个人持有的独资公司，持有人为沈永帆。RANCHO SAN DIEGO TRAVEL INC. 除常规旅行社业务，近几年，推出游轮业务代理，因新颖独特的业务，在同行业中占据了很大的市场份额。RANCHO SAN DIEGO TRAVEL INC. 拥有自己的车队和专职的翻译导游人员，且全部业务是一手操作，当地业务量较大，成本较低。2014 年度的财务状况：资产总额：27632 美元；负债总额：22288 美元；净资产：5344 美元；营业收入：2652573 美元；净利润：-25900 美元。

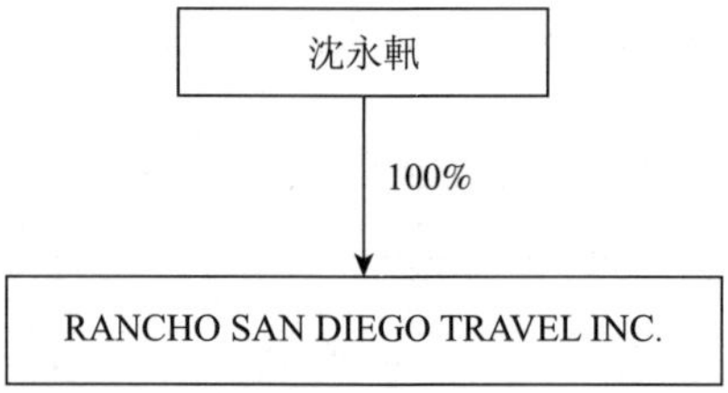

图 2-3　RANCHO SAN DIEGO TRAVEL INC. 公司股权结构图

资料来源：全国中小企业股份转让系统。

行业背景

近年来，我国旅游行业快速发展，产业规模不断壮大，逐步成为我国国民经济第三产业中的重要力量。科学技术、文化创意、经营管理和高端人才对推动旅游业发展的作用日益增大。多种高新技术在旅游业的应用更加广泛，产业体系的现代化成为旅游业发展的必然趋势，预计到2020年，我国旅游业收入将达到7.00万亿元，发展前景相当可观。不过，由于传统旅游行业进入门槛相对低、投入资金少，旅游行业中的企业数量也急剧增加。截至2015年年底，全国共有旅行社27000多家[①]。

在传统旅游业发展难度加大的背景下，约伴传媒致力于发展半自助游，该业务模式在我国属于起步阶段，是未来旅游细分市场的发展方向。随着游客对半自助游认知程度的提高、市场规模的扩大，行业内具有一定规模实力的企业也通过各种方式发展半自助游。为了保持公司的持续经营能力，约伴传媒决定通过自身优势进行并购来开拓美国市场。通过收购RANCHO SAN DIEGO TRAVEL INC.，可以有效地提

① 资料来源：《“十三五”旅游业务发展规划》。

高其境外旅游直接接待能力，保证公司开拓国际市场的核心竞争力，进一步提高公司的实际经营能力。

三、并购事件发展

1. 董事会决议通过

2015 年 4 月 29 日，约伴旅游发布董事会决议，同意授权公司总经理以总额 1 万美元（折合人民币 62,207.00 元）的价格收购 RANCHO SAN DIEGO TRAVEL INC. 公司 100% 股权的事宜。本次交易以 RANCHO SAN DIEGO TRAVEL INC. 公司账面价值为定价依据。

2. 收购快速实现并完成

2015 年 5 月初，约伴传媒完成对 RANCHO SAN DIEGO TRAVEL INC. 收购，RANCHO SAN DIEGO TRAVEL INC. 成为约伴传媒全资子公司。约伴传媒共支付对价 62,207.00 元，购买日，被购买方账面净资产公允价值为 174,795.09 元，支付对价低于净资产公允价值部分调整长期股权投资账面价值相应计入对方科目营业外收入。

四、案例及亮点分析

亮点：标的轻小、并购无压、业绩增长

在被约伴传媒收购完成后，RANCHO SAN DIEGO TRAVEL INC. 同时拥有了中国国内的游客资源，又拥有当地原有的业务资源，从而得到了很好的发展机会。2014 年 RANCHO SAN DIEGO TRAVEL INC. 资产总额：27632 美元；负债总额：22288 美元；净资产：5344 美元；营业收入：2652573 美元；净利润：-25900 美元。约伴旅游之所以选择

并购 RANCHO SAN DIEGO TRAVEL INC.，是因为该公司总资产小，对于约伴旅游来说，不会构成资金压力，不构成重大资产重组，重组可以快速进行。同时，通过收购当地旅行社，直接拥有了现成的硬件设施和人力资源在美国的直接布局。

RANCHO SAN DIEGO TRAVEL INC. 营业增长的同时，约伴旅游使游客在当地参团得到便利，节约了成本的同时，国际旅游客户量不断上升，境外的优质线路的陆续开发，海外分支机构的设立也成了区分约伴定制游与普通定制游的行业标杆。公司营业收入大幅上涨。2015年国际旅游业务收入占比总营业额80.43%，较2014年增长288.31%。

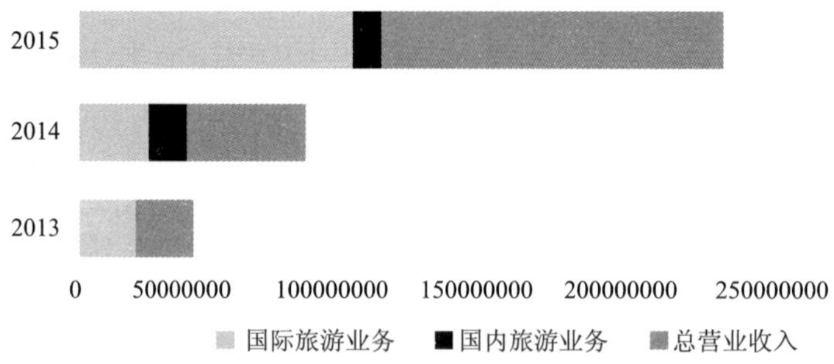

图 2-4　约伴旅游国际旅游营业收入所占比重

资料来源：全国中小企业股份转让系统。

五、案例小结

事虽小，不可不为。本次收购是约伴旅游积极拓展海外版图关键一步，在收购 RANCHO SAN DIEGO TRAVEL INC. 前后，约伴旅游也在不断加强与境外批发商的合作，进一步拓展了各国旅游线路，如美国、加拿大、澳大利亚、新西兰、印尼等国，开发出多条自由行及半自由行产品线路，特别是私人定制等高端游项目，形成了一批稳定的优质客户群体。

2015 年 9 月，约伴旅游收购大连加威移民公司后，迅速拓展了海外业务，形成了移民、签证、游学、海外房产、海外体检、海外安家服务等一站式出国服务。约伴旅游又通过定向增资方式吸引了新的股东进入，进一步增强了公司资本实力。所以说，收购 RANCHO SAN DIEGO TRAVEL INC. 是约伴传媒进军新型旅游业，进军国外市场的敲门砖，走出了这一步，约伴传媒的业务开始 向国外拓展。

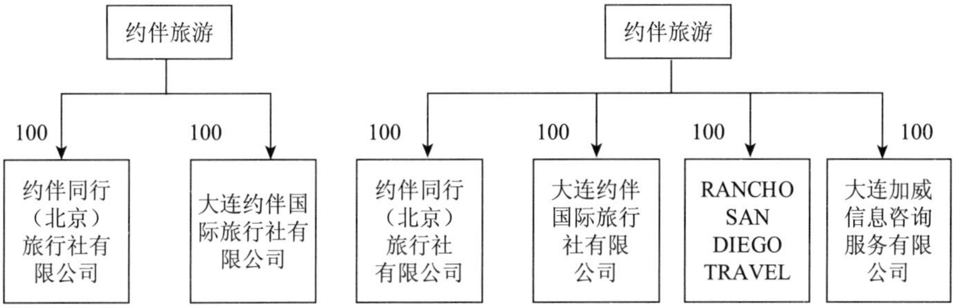

图 2-5　约伴旅游并购前后下属公司

资料来源：全国中小企业股份转让系统。

总　结

新三板企业并购可以考虑国外的公司标的，一方面可以满足企业自身急于扩张，增加营收，提高业绩的迫切需求，另一方面还可以享受经济全球化的红利，逐步拓展海外业务，快捷获取海外市场资源。在经济全球化的大的时代背景下，越来越多的企业走进国际舞台，并且我国当前跨境并购频发，新三板公司通过并购方式走出国门，快速布局海外业务也不失为一种选择。当然无论我们愿意与否，新三板企业走出国门收购国外公司的风头已经刮起，国际化的金融视角已经开始在三板市场中普及开来。

第二节　喜乐航豪购纳斯达克 GEE
——小资本撬动大企业

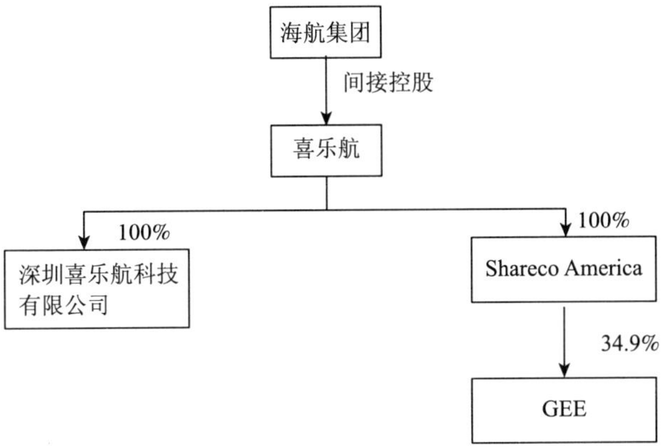

图 2-6　喜乐航股权结构整体变更图

资料来源：全国中小企业股份转让系统。

喜乐航通过设立全资子公司 Shareco America 以商业银行借贷和债务融资的方式筹集资金，并耗资 4.15 亿美元，约为 28.06 亿元人民币控股美航空服务公司 GEE。通过此次并购，喜乐航将实现主营业务基本覆盖国外航空领域，拥有冲刺全球航空第一股的实力，是其完成全球产业链布局的关键一步。

2016 年并购在三板市场频频发生，其中蛇吞象的并购让人回味无穷，蛇吞象的跨境并购更是吊人胃口。航海系公司喜航乐（北京喜乐航科技股份有限公司）在三板挂牌不到半年，就向纳斯达克上市公司公司全球鹰娱乐公司（Global Eagle Entertainment Inc. 以下简称 GEE）发出并购信号，以账面资金不足百万的身板撬动了28亿并购案，将成为首例新三板企业投资控股美股公司，此次跨境并购也是新三板市场上最大的海外投资。

一、事件亮点

（1）蛇吞象，实现重大资产重组——每股股价溢价180%，28亿资金高于喜乐航最近一个会计年度经审计的合并财务会计报表期末资产总额的50%，构成重大资产重组。

（2）大杠杆，小资本撬动大企业，喜航乐2016年半年报显示其货币现金为98万2262元，与28亿相差2850倍，真是相差甚远，对于其流动总资产1亿多来说也有28倍资金的悬殊差距，此次并购再次凸显资本市场上的四两拨千斤。

（3）跨境企业文化完美融合，对于企业并购来说，在并购初期，企业文化，人员调整等都容易导致企业前期发展业绩受到一定影响，而对于喜航乐来说，国际并购都没有对他产生文化冲突的负面影响，这确实是超级企业运作高手的杰作。

（4）世界航空第一股的冲刺赛程——此次并购通过横向整合促进协同效应，完整喜乐航全球产业链布局的关键一环。

二、并购背景

并购方：喜乐航

北京喜乐航（837676）成立于2012年8月9日，于2016年6月22日挂牌新三板，是海航集团下属二级海航云商投资有限公司的控股公司。

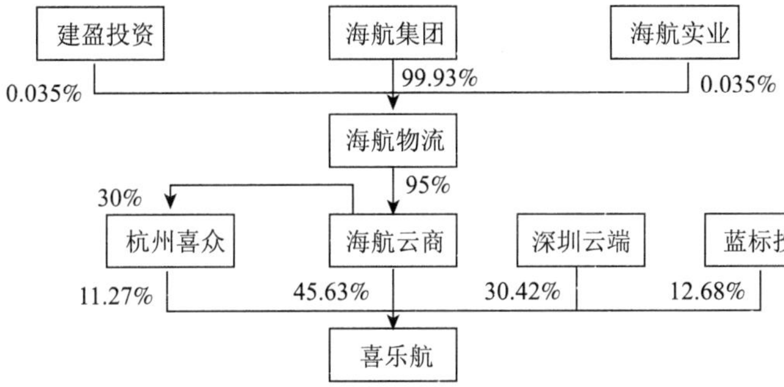

图 2-7　喜乐航股权结构图

资料来源：全国中小企业股份转让系统。

喜乐航定位为客舱生态系统运营商，专注于构建用户个性化需求网络平台，追求在平台生态内进行价值交换和利益最大化。喜乐航拥有自主研发的软硬件一体化智能终端，机载个人移动终端（IFE 系统）和航空互联网（IFC 系统），并通过自主研发的产品建立以客户为中心的航空客舱生态系统，通过提供数据定制服务、渠道代理等进行盈利。主要服务范围为中国大陆。

根据喜乐航发布的相关公告，由于公司一直处于业务规模高速扩张中，且2016年同时更新运营终端，故喜航乐2013—2016年净利润为亏损状态。但是，喜乐航所处的航空互联网行业在国内尚处于一个新兴的行业，航空领域因为受到政策以及安全等因素影响，互联网还没有实现真正的拓展和普及。但毫无疑问，基于国内航空2015年、2016年已高达4亿人次，预计2017年将达5.06亿次的年旅客运输量作为基础①，这定将是一个充满机遇和前景的行业。

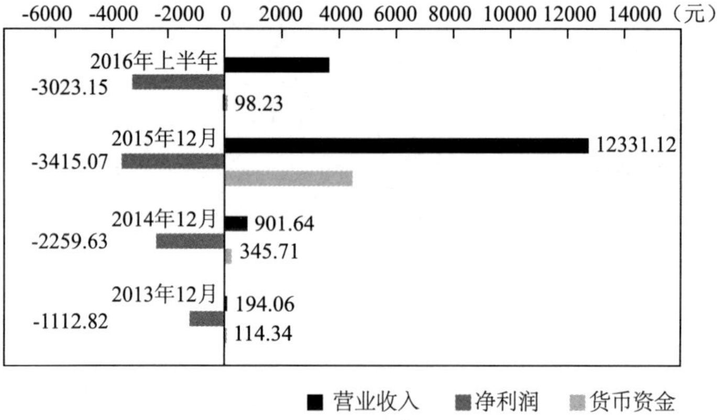

图2-8　喜乐航盈利能力以及资金图表

资料来源：全国中小企业股份转让系统。

标的方：GEE

GEE是纳斯达克上市公司，股票代码ENT。成立于2011年2月，是一家娱乐服务公司。GEE的主营业务涵盖内容服务、连接服务、数字媒体解决方案及航空公司运营数据解决方案等，具备为航空公司提供航空互联网全链条服务的核心能力。GEE已服务于全球200余家航空公司，安装、运营飞机超过700架，年覆盖旅客数约1.5亿。公司在北美、亚洲、中东、欧洲、非洲、大洋洲和南美均已完成网络布局。GEE也是目前世界上最大的航空内容服务分发商，提供包括电影、电视、音频、游戏等在内的各种航空版权内容，特别是在游戏领域处于

① 全国中小企业股份转让系统“喜乐航”披露公告。

绝对垄断地位。截止到2015年年底，GEE公司共有约1000名员工，其中1/3在美国。

公司主要股东为机构投资者，且PAR Investment Partners，L. P. 为最大股东，掌握控股权。（GP：普通合伙人）

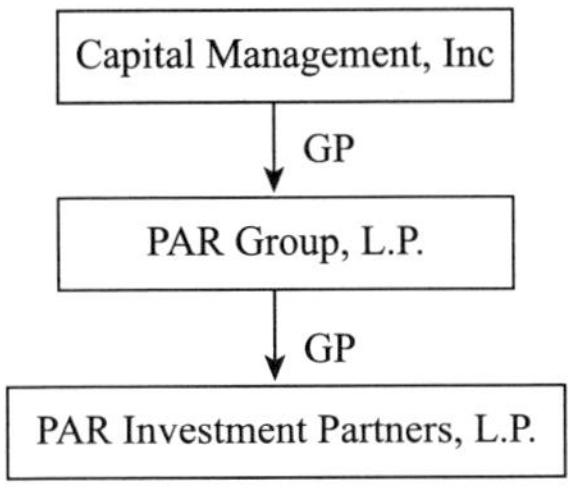

图 2-9　PAR Investment Partners，L. P. 的实际控制人结构

资料来源：全国中小企业股份转让系统。

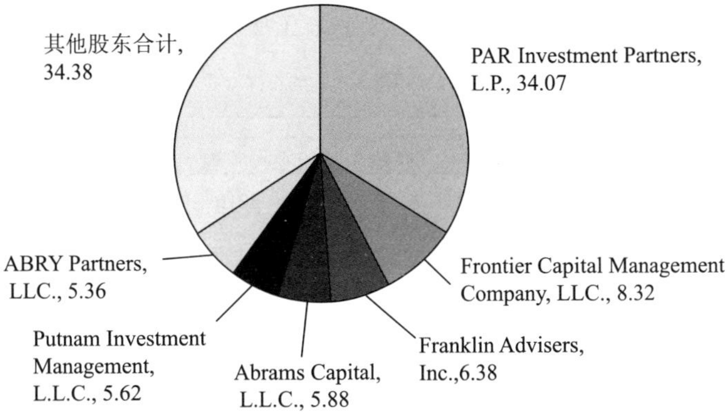

图 2-10　GEE 股权结构图

资料来源：全国中小企业股份转让系统。

行业背景

近年来电商销售模式在移动互联网的大环境下飞速发展，但是航空客舱中的互联网并没有得到普及。在实现空中互联网开放后，乘客将从完全“封闭”的客舱环境中解脱出来，获得与外界实时联网交换信息的能力，届时航空互联网将成为崭新的尚未开辟的新兴互联网市场，同时，现今日益增长的航空旅客规模则为机上互联网行业的爆发式增长提供了绝佳良机。

根据2014年度国内移动互联网市场数据，我们估算移动互联网市场的整体规模将相当于空中互联网市场的约603.95倍，参照2014年年末的移动互联网各主要商务模式的用户规模，以及2015年、2016年客流量，未来空中互联网行业盈利空间可观，具体如下①：

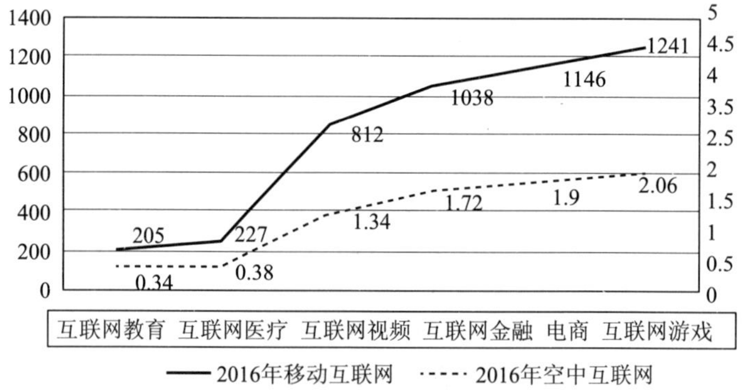

图2-11　空中互联网市场规模预测

资料来源：全国中小企业股份转让系统，喜乐航披露公告。

为了争夺全球市场，产生资源和优势互补的效应，具体互补效应体现在内容和硬件设施上：

内容上，根据喜乐航发布的《公转书》：2016年上半年，公司实现空地互联。其后，公司利用空中互联网入口构建“平台、推广、内容”的空中互联网生态圈，其中“平台”指航空公司自建空中互联网互联

① 全国中小企业股份转让系统“喜乐航”披露公告。

平台，“推广”指以乘客流量为基础的媒体投放，“内容”包括空中互联网内容提供商的视频、搜索、机票预订、酒店、租车、旅游等服务，三大体系相结合将实现空中互联网巨大的入口价值。而 GEE 作为全球最大内容供应商，与喜乐航的发展规划不谋而合。

硬件上，GEE 公司可通过其卫星宽带服务，为全球绝大多数的常规航线提供机上无线网络、电视直播、娱乐点播、短信收发以及购物等服务。同时，GEE 公司与宽带供应商 Hughes（一家有全球网络运营业绩的公司）有很好的合作关系，可以为客户提供更快空中网络服务。

而且，双方的经营区域不同，不构成同业竞争，而是各自不断填补当地经营的空白区，挖掘利润。此次并购，将成为喜乐航业务布局全球板块的关键一环。

三、并购事件发展

第一步，协商确定。2016 年 11 月 9 日，北京喜乐航科技股份有限公司发布董事会决议：审议通过《关于<北京喜乐航科技股份有限公司重大资产重组预案>》的议案。同时公布重大资产重组预案，宣布对 GEE 进行并购。同日，GEE 也发布公告通过了喜航乐并购协议，协议商定：由喜乐航的全资子公司 Shareco America 以支付现金方式（现金核算以 2016 年 10 月 31 日中国银行人民币美元中间价汇率 6.7641 计），通过认购 GEE 发行的新股份及要约收购 GEE 股东所持有的部分股份的方式获得 GEE 34.90%股份。

第二步，并购支付方案。根据重大资产重组预案，喜乐航将分三步完成整个并购：

一是，Shareco America 以 11.00 美元/股认购 GEE 新发行额股份，

此次认购完成后，Shareco America 持有发行后总股本的9.90%；

二是，GEE 再次对 Shareco America 定向发行股份，每股价格同样为11.00美元/股，且第二次认购金额预计达1.5亿美元（约人民币10.15亿人民币）；

三是，若前两次定向发行完成后 Shareco America 已获得股份数与最终计划持有 GEE 34.90%股份尚存在差异，则差异部分通过向 GEE 全体股东发出部分要约的方式受让 GEE 股份，从而最终合计持有 GEE 34.90%股份，完成本次交易。

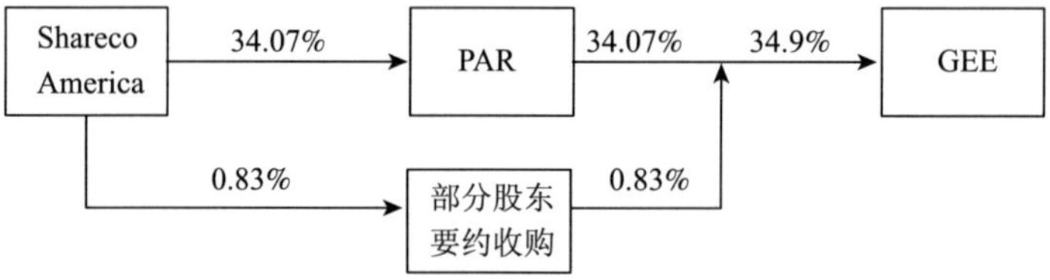

图 2-12　Shareco America 对 GEE 的控制图

资料来源：全国中小企业股份转让系统。

第三步，实施情况。截至2016年12月30日，公司正在等待股转系统的进一步审查意见并进行重组报告书的准备工作。并购完成后，双方将设立中国合资企业，喜乐航将把大多数资产注入该公司并实现控制权。

并购实施完成后，喜航乐的整体框架将变更为：

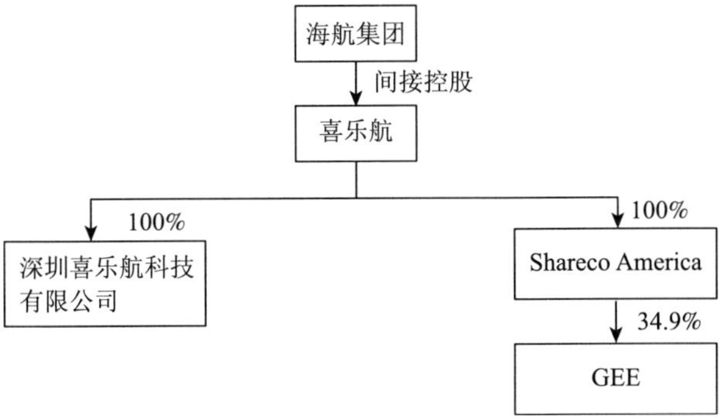

图 2-13　喜乐航整体变更图

资料来源：全国中小企业股份转让系统。

四、案例及亮点分析

（一）　协议并购及重大资产重组

并购股价：根据并购案，喜乐航将以 11.00 美元/股购买 GEE 新发行的股票，到底哪方占了优势？

根据 GEE 在 2016 的大盘走势，在 3 月达到整年最高 11.07 美元/股，双方发布并购预案前后，股价均价每股股价一直徘徊于 6.00~9.00 美元/股之间。2017 年 1 月中旬，公司市值为 5.79 亿美元。相对于，11.00 美元/股，溢价了 122%~183%。

在这样的估值之下，本次交易购买标的资产的成交金额预计在 4.15 亿美元，约为 28.06 亿元人民币。结合喜乐航目前的资产总额来看，2015 年期末年报显示总资产为 15，314.95 万元，并购支付资金高于喜乐航最近一个会计年度经审计的合并财务会计报表期末资产总额的 50%。所以，本次交易构成重大资产重组。

（二） 小资本撬动大企业

喜航乐2016年半年报显示，其货币现金为982,262.79元，与28亿元相差甚远，对于其流动总资产1亿多来说，也是28倍资金的悬殊差距，此次并购再次凸显资本市场上的四两拨千斤。那么钱从哪里来呢？

对于这一点，喜乐航表现地相当坦诚，公司并购的28亿元不需动用账上现金。原来，为了这次并购，喜乐航专门在美国特拉华州设立全资子公司SHARECO GROUP OF AMERICA INC.，通过旗下全资子公司Shareco America以商业银行借贷和债务融资的方式筹集资金。其中借款部分来源公司关联方海航集团，可谓是背靠大树。

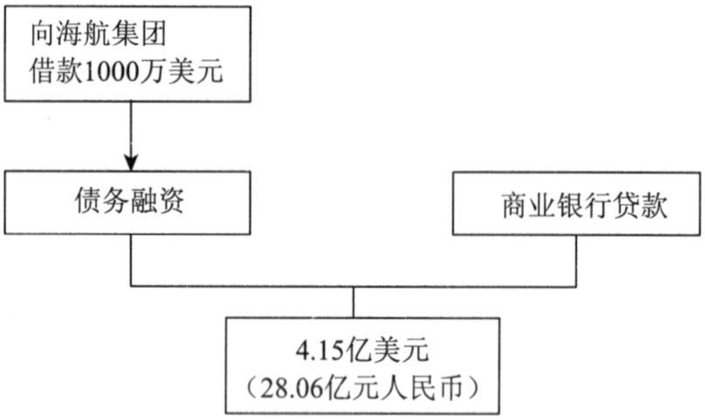

图2-14 喜乐航筹集资金来源

资料来源：全国中小企业股份转让系统。

（三） 战略相互了解，突破文化阻隔

并购管理不能仅限于金钱和控制权的管理，也是发展理念的管理，尤其是涉及到跨国，不一样的文化与理念可能会导致上层做了决策，下层却不实施的情况。2016年12月，在京举办的“中国并购合作联盟并购高峰论坛”上，喜乐航CEO潘运滨先生分享到：喜航乐并购GEE谈判成功的重要原因在于并购双方对各自的了解。建立在3年合作的基

础上，GEE 信任并赞同喜乐航的发展战略，双方对于未来公司定位和预期达成一致的结果①。

（四） 世界航空第一股的冲刺赛程

通过横向整合促进协同效应，是喜乐航更是背后 BOSS 海航集团完成全球产业链布局的关键一环。

目前，我国国内航空服务业中，几大巨头有：深圳航空、飞天联合、松下航电、法国泰雷兹、国航、东航。不过由于公司业务单一，或在网络设备上采用传统的方案和设备，而没有形成完整的客舱生态系统，无法在兼顾成本的前提下大范围提供航空互联网服务。

喜乐航，作为中国互联网航空开拓者，是我国航空互联网第一股。公司拥有自主研发的 AirHub 等专利，并且在 2016 年实施全范围的设备更新，公司的国内布局完成，竞争对手的布局还没有全面铺开，抢占了市场先机。

在国外市场上，同行业公司主要为两家海外上市公司，其业务模式均为固定收费模式：GEE（Global Eagle Entertainment Inc.）作为航空服务运营商为航空公司提供航空互联网、机上局域网和智能娱乐终端的服务，并直接向航空公司收取费用；Gogo Inc. 通过提供航空互联网服务收取流量费用。喜航乐在 2016 年 3 月就与 Gogo Inc. 签订了战略合作协议。

这次，通过并购 GEE——全美航空服务业第三，将实现主营业务基本覆盖国外航空领域。喜乐航绝对拥有实力冲刺全球航空互联网第一股，完成全球产业链布局的关键一环。

---

① 民航资源网.《喜乐航并购 GEE 布局全球航空互联网市场》，2016-12-22. http：//news.carnoc.com/list/383/383917.html

根据喜乐航与GEE公告，双方在并购实施后，将共同设立合资子公司，GEE进行现金注资，喜乐航将把目前绝大部分资产注入其中，并实现控股权。合资公司的成立将借力海航与GEE实现更广泛的发展规划，并在深圳设立研发智造中心，融合中美双方在本行业的经验与知识，实现产品升级换代，降低成本、增强性能和缩短周期，以提高综合竞争力。

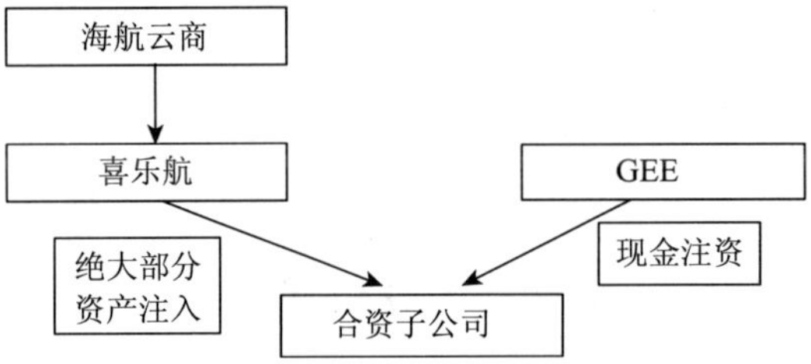

图2-15　合资子公司构成图

资料来源：全国中小企业股份转让系统。

五、案例小结

自新三板分层以来，大多数人对基础层公司不看好，此次喜航乐作为一家新三板基础层的公司通过豪购成功扭转公众的偏见，基础层也有优质股。这个鲤鱼跃龙门的并购案中，让我们发现了大资本的作业和跃龙门的小套路：

大资本的作用。喜乐航拥有纯正的海航血统，与其说此次并购案是喜航乐的全球布局，不如说是喜乐航幕后的大BOSS——海航集团全球市场布局的重要一环。海航集团自2010年起，每年都进行跨境并购，不断完善全球布局网络。此前的并购主要是对航空公司及航空货运行业的布局，为空中互联网实现了范围上的预热。这一次，喜乐航对

GEE 的并购，将从更深程度挖掘各个关联公司利润空间。现代资本不论是对企业自身发展还是对企业产业布局都是有巨大的推动作用的。

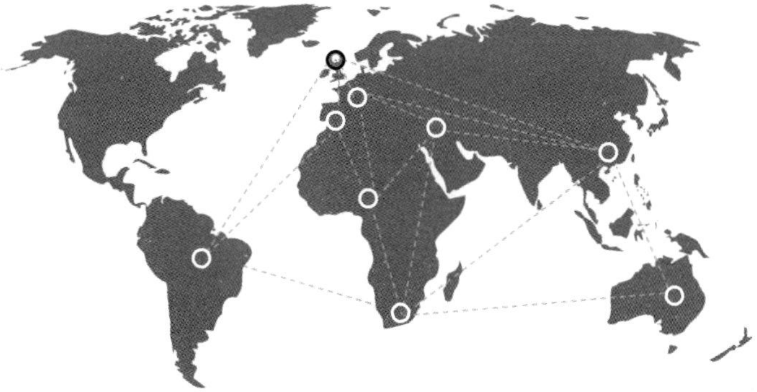

图 2-16　喜乐航公司全球布局图

跃龙门的小套路。在海外设立专门的战略投资公司是实施跨境并购永不过时的套路，这样一来不仅便于并购过程的实施，对于并购后管理也有必不可少的作用。当然，喜乐航选择 GEE 作为并购标的除了二者业务相同外，还有一个更重要的理由就是双方已有合作，基于双方已有沟通这一点，也会方便并购的实施和投后的合作管理。GEE 总裁戴夫·戴维斯先生对此次并购合作就表示："我们将与喜乐航一起开拓新的商业机会，为中国市场和用户提供无与伦比的空地互联和客舱娱乐产品，对此我们兴奋不已。"①

总　结

现在有很多公司将旗下的子公司或者一个领域的控股公

① 德邦证券 TEBON. 德邦助力新三板企业走向国际 喜乐航投资 28 亿收购 GEE 34.9%股权 http：//mp.weixin.qq.com/s?__biz=MjM5NDMwNjU5NA%3D%3D&idx=2&mid=2649408886&sn=6a8df463a81eedae92c3cfa9e78ed0ae

司推向新三板，但是上了新三板之后怎么玩，很多人没有想明白。这个案例就有一个很好的启示作用：首先，挂牌新三板的公司将会直接跟资本市场接触，在筹集资金方面就会方便很多，但是要善于利用包括定增、贷款、融资租赁等各种融资手段，利用好新三板公司的资本属性，它将会是企业战略发展的聚宝盆；其次，新三板公司更应该是作为企业战略布局的重要一环，在产业布局和资源整合的路上敢于通过并购的手段推动企业的发展；最后，涉及海外市场的并购中，在海外设立专门的战略投资公司屡试不爽。无论是身处基础层还是创新层，新三板公司都要有“梦想”，虽然新三板市场不如主板市场成熟，但是新三板企业还是要有“四两拨千斤”勇气，企业家毕竟不是管理家，他更多需要是通过系列资源整合，让企业资产和发展不断健康、快速前行。

第三节　三祥科技收购 Harco LL——以供应链为目标

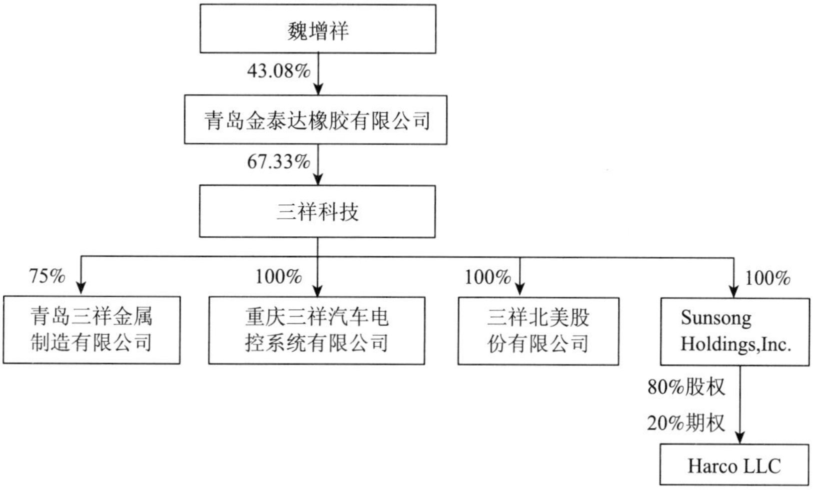

图 2-17　并购后三祥科技股权结构图

资料来源：全国中小企业股份转让系统。

2015 年三祥科技（831195）通过成立的子公司 Sunsong Holding 收购美国公司 Harco LLC，并熟练使用股份增资、提高银行授信贷款、股权质押等多种融资手段为收购提供充足资金。此次收购一方面对三祥科技原有产业产生了协同效应；另一方面，赢得的商誉对其开发新产业打通了渠道，也将全球战略提到了一个新的高度。

此前我们分享的几个跨境并购案例瞄准的标的企业都处于产业链的终端位置，这一次，我们来看看三祥科技（831195）瞄准供应链前端，从渠道上斩获优质企业 Harco LL，将自己从产业链的位置一下子提到了前边，可不是谁都可以成为大众的供应商，也不是谁能通过并购巧妙的完成这一举措。

一、事件亮点

（1）多并购放大手段并行。发行新股、提高银行授信、股权质押，筹资手段全盘皆出。

（2）期权支付出奇效。实际支付 80% 并购资金，但却控制 100% 股权。

（3）以世界级企业为标的定位，让三祥科技快速跨入国际业务，由此开始了从“国内第一”迈向“国际第一”的征程。

二、并购背景

并购方：三祥科技

青岛三祥科技股份有限公司（以下简称：三祥科技 831195）于 2014 年 10 月 16 日挂牌新三板。公司专注于研制、生产和销售汽车用橡胶软管及总成产品、金属连接件、汽车电动助力转向系统（EPS）产品。公司业务集专门研究、开发、生产、销售和服务于一体。

公司生产的液压制动橡胶软管系列产品连续四年被中国橡胶工业协会胶管胶带分会评为“国内同行业第一”，公司被中国橡胶工业协会胶管胶带分会授予“全国胶管胶带行业最具成长性企业”荣誉称号。公司目前拥有专利 60 项，其中发明专利 16 项，是国内第一家通过美国交通部 DOT 认证的企业，公司销售渠道主机和售后市场并重。在 2016 年 6 月，新三板分层后，公司以“标准一”跻身于创新层。

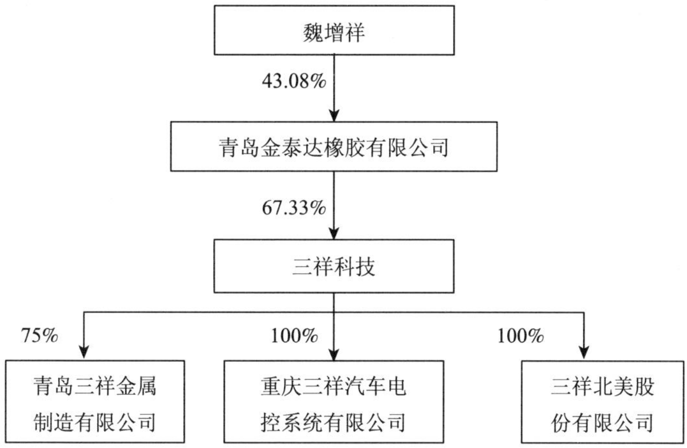

图 2-18 增资前股权结构图

资料来源：全国中小企业股份转让系统。

标的方： Harco Manufacturing Group, LLC

Harco Manufacturing Group, LLC（以下简称“Harco LLC”）是一家成立于美国俄亥俄州的有限责任公司，成立于 2007 年 1 月 1 日，注册资本为 33.6 万美元，其主要产品是橡胶软管，它是美国通用汽车及相关企业橡胶软管的供应商，具有优良的业界口碑和精湛的专业技术。Harco 公司拥有一支经验丰富的产品研发团队，拥有多工位全自动的数控加工中心，金属连接件独特的设计领先于国内同行业的产品。研发的 ABS 高制动性、ESP 高稳定性等产品为北美通用汽车的高端车型配套。它正在从汽车零配件供应商向汽车系统供应商转型。

截至 2014 年年底，Harco LLC 总资产为 596.9 万美元，净资产 374.7 万美元，销售额 1,325 万美元，营业利润 58.5 万美元。Harco

LLC为家庭合伙投资企业，主要股东有Larry G. Harris，持股比例27.35%；KristinaL. Harris，持股比例37.29%；HMFG Group Limited Partnership，持股比例35.36%。

行业背景

1. 经济全球化促进汽车零部件业的规模经济化

经济全球一体化的进程对汽车零部件产业的发展产生了巨大的影响，汽车零部件产业逐步由区域性分布向全球化转变，汽车零部件全球化涉及采购、生产、研发、销售、服务等诸多环节，具体表现为零部件采购全球化、生产外包化、合作研发外延化和售后服务网络化等。同时，汽车零部件企业总数大幅减少，全球化、专业性、集团化零部件配套商越来越集中；劳动密集型产业向低成本国家和地区转移，并与大型跨国公司形成层级供应关系。产生的结果是零部件产业全球资源的再配置和全球采购范围的扩大，这极大地提高了零部件产业的规模经济性，降低了成本，提高了零部件企业的技术水平和新产品开发能力。

2. 跨国公司的属地化战略，形成区域竞争力

由于新兴市场具有潜力大、成本低的特点，跨国公司在实施全球化战略的同时，积极推行属地化策略，即利用当地资源，在投资国生产适合当地消费者需求的车型和零部件产品，同时提供营销和金融服务，形成区域竞争力，以实现贴近当地客户和市场的目标。而中国是目前最大的汽车消费市场，这为零部件制造厂商提供了很好的配套机会。

如此一来，三祥科技需在北美三祥（三祥科技在北美的全资子公司，负责北美地区的销售）基础上构建更宽泛的和覆盖全产业链的关系网络，实施收购通用汽车的供应商不失为一种有效办法。

三、并购事件发展

1. 准备

在三祥科技公布跨境收购预案前，公司于 2015 年 4 月 15 日在美国特拉华州成立全资子公司三祥科技控股股份有限公司（Sunsong Holdings，Inc.）。

2. 瞄准

2015 年 4 月 30 日，与 Harco LLC 股东签订股权认购协议。

2015 年 5 月 4 日，三祥科技发布收购公告：公司拟通过境外子公司 Sunsong Holdings，Inc.（中文名译：三祥控股），收购 Harco LLC 80%的出资人权益，交易价格不超过 1,200 万美元，由公司以增资或者借款形式向 Sunsong Holdings Inc. 提供收购款项。

3. 并购

本次股权认购协议交割日为 2015 年 6 月 1 日，股权交割分为三个步骤：

首先，在交割日，三祥控股支付 400 万美元和 300 万美元银行本票，用于支付 80%股权的一部分。

其次，在交割后 90 天之内支付剩余 500 万美元，至此完成了 80%股权的全部支付。

最后，三祥科技剩余 20%股权为标的，签订买方期权协议，自生效日期一年之后的第三天开始的180天时间区间内三祥控股有权以300万美元价款购买剩余20%股权（300万美元于2016年7月起每月支付本金62500.00美元及对应利息，票面年利率为6%）。由于剩余20%股权的购买价格已经确定，从期权买卖协议生效之日至三祥控股行权之日，Harco LLC剩余20%股权形成的损益都归属于三祥控股，因此，三祥控股实现了对标的方100%合并。

股权认购协议中同时约定，交割日后六个月内Harco LLC需用收回款项向卖方支付交割日时的应收款项（如六个月内未收回则无需支付），其金额与净流动资金调整金额相等，在交割日确认该款项金额合计为2,691,241.01美元。

上述交易交割时，Harco LLC应为Harco LLC兼并Harco Brake Systems, Inc.（一家俄亥俄州股份公司）及Harco Industries, Inc.（一家俄亥俄州股份公司）之后的新公司。合并日子公司账面可辨认净资产的公允价值分别为17,575,857美元和8,258,259美元，与实际支付价款的差额形成商誉9,317,598.00美元。

TIPS
商誉指能为企业经营带来超额利润的潜在经济价值。它是由顾客形成的良好声誉、企业管理卓著、经营效率较好、生产技术的垄断，以及地理位置的天然优势所产生的。商誉是企业资产的一部分，属于是无形资产，对它的评估有不确定性，一般来说，采用超额收益资本化法，在企业整体合并或卖出时得以体现。 FASB（美国财务会计准则委员会）认为，商誉可描述为由六个要素组成：（1）被收购企业净资产在收购日的公允市价大于其账面价值的差额。（2）被收购企业未确认的其他净资产的公允市价。（3）被收购企业存续业务“持续经营”（Going-Concern）构件的公允价值。（4）收购企业与被收购企业净资产和业务结合的预期协同效应的公允市价。（5）收购企业由于计量收购报价的错误而多计量的金额。尽管在所有现金交易中的收购价格不

会出现计量错误，但如果是涉及到股票交换的交易，则很难说不会出现计量错误。(6) 收购企业多支付或少支付的金额。

资料来源：百度百科“商誉”关键词整理得来。

本次并购，公司投资在美国成立控股平台 Holding，并通过 Holding 收购同行业企业 Harco 而支付的投资款共 7,760 万元。

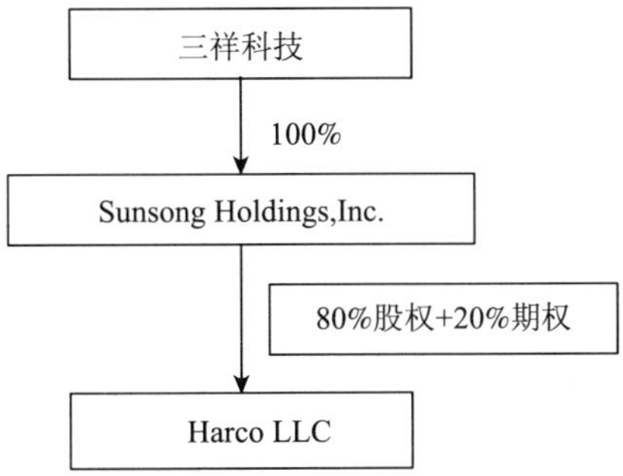

图 2-19 三祥科技控股平台收购

资料来源：全国中小企业股份转让系统。

四、案例及亮点分析

（一） 筹资手段多种多样

在本次并购方案中，三祥科技表示将通过增资或借款方式进行筹资。同时，在并购实施前后，三祥科技为继续扩大业务规模，提高综合竞争力，补充运营资金，公司采用了三种不同的形式进行了筹资，包括发行股份增资、提高银行授信贷款、股权质押等。

第一，发行股份增资。三祥科技采取发行新股的方式募集资金，以进一步补充公司运营资金。并购实施前 2015 年 4 月 3 日—6 月 25 日，向无关联的 6 个机构新股东以 6.30 元/股的价格发行 800 万股，筹资

5040.00万元，至此，公司增资到7300万股。定向发行前后股东人数增加6人，金泰达持股比例下降变为59.96%，依然是三祥科技最大股东，三祥科技实际控制人没有发生变化。

根据2015年公司半年报，公司上半年的筹资活动产生的现金流包括借款收到的现金总计63,045,840.00元

第二，股权质押。2015年8月21日，三祥科技董事会通过：公司股东青岛金泰达橡胶有限公司质押其股份30,420,000股，占公司总股本41.67%。在本次质押的股份中，15,830,000股为有限售条件股份，4,590,000股为无限售条件股份，质押期限为2015年8月19日起至2016年8月19日，以申请40,000,000元贷款。

第三，提高银行授信贷款。2014年度股东大会决议通过议案——公司计划在2015年度向金融机构申请银行借款综合授信13，200万元。但是随着公司业务的发展，目前的银行贷款综合授信额度已经无法满足正常生产经营的需要，因此，公司拟2015年度向上海浦东发展银行股份有限公司青岛分行申请新增银行借款综合授信6000万元，并同意公司控股股东青岛金泰达橡胶有限公司以其持有的公司全部股票为在上述综合授信额度内新增的贷款提供担保，同时三祥科技实际控制人魏增祥提供个人连带责任保证。议案通过后，2015年度，公司向各类金融机构申请银行借款的综合授信为19,200万元。

根据2015年年报显示，从计划到实施，公司的筹资活动一共产生现金流326,153,088.00元。

2015年，三祥科技在整体布局上，除了设立北美控股（Sunsong Holdings），收购Harco LLC，还扩建了新厂等其他投资活动。由于公司公告并没有公布出此次并购资金的详细来源，我们在这里并不能与您

分享详细的并购支付过程。希望通过梳理实施前后，三祥科技的融资方式，可以使读者找到共鸣，对读者起到帮助。

（二） 期权支付

在本次的并购案例中，回顾本次交易的支付过程，我们可以把它分为两大部分，一部分是1200万美元取得80%股权；一部分是300万美元购买的20%期权形式。直接付钱取得股权是企业并购中最常见的了，那么期权交易在这里又起到了什么作用呢？三祥科技为什么不直接1500万美元现金直接支付完成，而是留待20%作为期权呢？或许我们可以从期权支付方式的情况和采取期权支付的利好来判断。

期权，其实是一种选择权，期权的买方支付一定的数额权利金（权利金，即指期权买方为获得期权合约所赋予的权利而向期权卖方支付的费用。）就拥有在一定时间内以一定的价格，即事先约定好的执行价格，出售或购买一定数量的标的物（实物商品、证券或期货合约）的权利。期权的买方行使的权利时，卖方必须按照期权合约规定的内容履行义务。相反，买方可以放弃行使权，此时买方损失权利金，而卖方赚取权利金。

在此基础上，期权支付可以看成是将一家企业的未来经营业绩作为标的的看涨期权。期权支付与传统一次交付完成的支付方式不同，他将并购双方公司在并购协议签订后的日常管理也连接在了一起，消除了拿完钱，标的方股东或高管立马走人的现象[①]。

并购企业最坏的结果不过是以首付款项获得一家前景不如预期明朗的企业；最好的结果是以合理的并购成本获得了一个具有发展前途

---

① 刘珍欣.《期权支付在企业并购中的应用》[D]. 北京：中国人民大学，2006-04-28.

的企业。

期权支付的适用对象是标的企业发展前景、盈利能力难以预测；标的企业真实财务情况难以判断；目标企业拥有一定的优质人力资源；目标企业的股东同时也是管理者，等等。

（三） 精准的标的选择产生的协同效应

1. 标的选择

此前，为加快进入国际化及终端销售的进程，三祥科技在北美成立了三祥北美公司，其团队成员都是本土业内专业人士，这也是我们打造国际化战略的必要条件。2013年，公司在美国设立全资子公司北美三祥后，北美市场的销售业务逐步由该公司承接。本次收购中，三祥科技结合北美三祥的业务情况和布局海外产业链的战略，瞄准了美国通用汽车这个明星级公司的背后供应商，在标的选择时就已经考虑好了后期公司销售服务业务的开展，因此，省去一大笔前期布局开销。

公司并购前在北美一直是售后市场，并购Harco之后，三祥直接成为通用汽车的全球平台供应商，从而实现了国际市场由售后到主机的全覆盖。此后，公司从幕后走向前台。

2. 协同效应

首先，在市场方面，Harco LLC在液压制动系统有80余年的技术积淀，前身是北美通用的胶管生产厂，拥有广为人知的品牌和主机市场渠道。并购后，三祥科技将直接拥有全球主机的版图，实现公司主机全球发展战略。

其次，从销售和成本两方面，通过整合并购双方的产业链，Harco LLC的剩余产能可以依靠公司的内需和中国市场的增长拉动，提高其销售额。同时，公司生产的胶管将替代 Harco LLC 目前采购的产品，从而降低成本，提高其竞争力，获得更多的销售机会。

本次公司成立的子公司 Holding 收购美国公司 Harco，合并日为 2015 年 6 月 1 日，Harco 收入、成本等 7 个月数据纳入合并报表，致使营业收入、成本同比分别增长 22.25%、35.79%。

五、案例小结

在并购完成后，2015 年 6 月，三祥科技与上海通用汽车有限公司签订了供应商合同，为通用汽车提供产品，并与通用汽车开始全面合作，正式成为通用的全球供应商，可以参与通用全球平台的项目竞标，有力推动了公司全球销售业务的快速增长。

2015 年 12 月，公司成为通用公司 9BXX 车型全球制动管供应商，为通用全球生产厂 9BXX 车型供制动管产品。可以说，三祥科技通过并购将全球战略提到了一个新的高度。

总　结

在三祥科技并购北美 Harco LLC 公司的案例中，可以看到三祥科技熟练使用融资手段的能力以及选择并购标的的精彩之处，通过对北美公司 Harco LLC 的收购，对原有产业产生协同效应的同时赢得的商誉对开发新产业又打通了渠道，所以新三板企业在并购过程中选择在业务上与公司有协同效应的优质标的公司会对企业的发展增添新的助力。本案例另一精彩之处就是其股权+期权的支付方式，如果标的公司的业务对公司战略发展很重要但是企业发展前景、盈利能力难以预测的时候，大多数公司的作法都是先进行控股或参股，在后期的发展中择机进一步并购，通过这个案例可以看到期权支付对新三板企业并购也不失是一种新的支付方式。当然，无论哪种支付方式都是并购的辅助方式，保持并购过程中企业收益最大化才是每个企业的终极目标。

第四节　致生联发收购东方卓成——抓住风口，扑向“智慧空港”大蛋糕

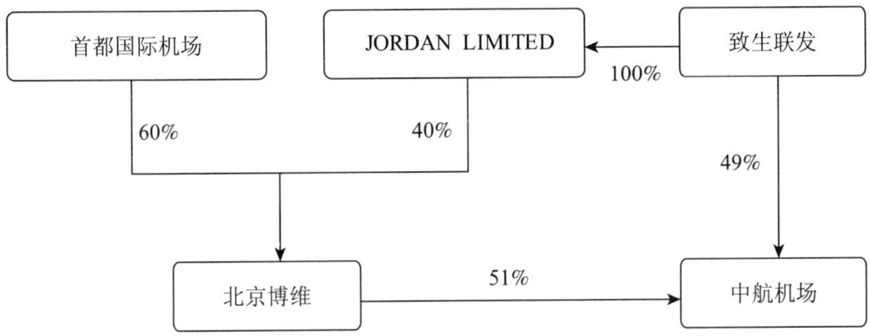

图 2-20　致生联发并购后股权结构图

资料来源：全国中小企业股份转让系统。

2016 年，致生联发斥资 1400 万美元收购 JORDAN LIMITED100%的股权，进而间接持有北京博维 40%股权，二者均为中航机场核心股东，借此机会致生联发通过并购行业内公司达成进入智慧空港领域的战略目的。此次并购，不仅为致生联发带来投资收益，还带来了稳定的市场，其核心技术在首都机场集团的 40 多个成员机场产生协同效应。

近年来，借助互联网技术高速发展的东风，大数据、云计算、互联

网、物联网技术蓬勃发展，齐头并进。智慧空港的发展进入快车道，逐步实现传统机场与数字化管理等技术与应用的融合。未来，智慧机场的落成与实施将会给人们生活运输带来妙不可言的好处。航空港建设是一个国家科技和现代化程度的主要标志，美国有通用机场二万余个，我国有2800余个县级行政区域，但全国通用机场和美国相比差距巨大。随着“一带一路”的发展，公用航空行业政策利好频出，万亿级别的市场将在不久的未来成型，这种大蛋糕不扑上去咬上几口实在是太可惜了，为此新三板企业致生联发（830819）2016年3月18日公告，收购了持有北京博维航空设施管理有限公司40%股权的股东方卓诚有限公司（JORDAN LIMITED）100%的股权，进军智慧空港业务板块。

一、事件亮点

（1）紧跟政策，巧妙布局。致生联发嗅觉敏锐，紧跟国家“一带一路”政策导向，选对市场风口，巧妙精准布局智慧空港。

（2）巨额并购资金支付快速到位。本次并购涉及金额1400万美元，致生联发前后不足20天的时间分虽分两期打款，但全部现金支付。

（3）交叉持股并购，产生实际控股。两次并购、渊源颇深。并购前，致生联发已通过参股北京雅博获得中航机场的控股权，通过再次并购进行交叉持股，实际控股被并购标的。

二、并购背景

并购方：致生联发

北京致生联发信息技术股份有限公司（以下简称：致生联发）是

中关村国家自主创新试验区的“国高新”“双软”“瞪羚”企业、福布斯2014年的中国最具潜力的非上市企业百强第二名，中国工商银行AA+级信用企业。2013年，公司中标北京市“蓝天计划”，构建了自主知识产权的移动物联网体系——北京市建筑工地扬尘监控联动系统。主要产品有流媒体产品的研发、生产和销售，流媒体整体解决方案的设计、咨询和集成。

致生联发处于软件和信息技术服务业，从事的专业领域为物联网相关领域产品和解决方案及系统的研发、生产和销售，物联网整体解决方案的设计、咨询和服务。目前，致生联发已经突破了非结构化大数据的底层数学模型和算法，据此基础底层技术构建了支撑物联网顶层规划、架构设计、软硬件研发，以及应用落地的大数据全产业链技术体系，形成了一系列具有自主知识产权的物联网整体解决方案，打造了智慧城市、智慧空港、智慧高铁、智慧核电、军工板块五大业务板块。此次并购东方卓诚就是其在智慧空港领域的重要布局。

财务资料显示，2014—2016年，致生联发营业收入分别为1.2亿元、2.9亿元和5.8亿元，同比增长103%、136%和104%；净利润分别为1443万元、4025万元和8536万元，同比增长213%、179%和112%。

标的方：JORDAN LIMITED

JORDAN LIMITED即卓成有限公司，注册于享有避税天堂之称的开曼群岛，主要办公地点为大开曼岛乔治城南教堂街阿格兰屋，法定代表人为Michael Byungju Ki，注册资本为50,000.0美元，主营投资公司业务，致力于投资中国的空港服务与空港设备制造，开发、安装、维修等空港有关业务。

2005年卓成有限公司有了自己第一笔也是唯一一笔投资，即出资168万美元，成为博维公司的股东，持股60%。

博维公司：

博维公司股东为北京首都国际机场股份有限公司（持股60%）和卓诚有限公司（JORDAN LIMITED，持股40%），注册资本420万美元。博维公司在首都国际机场拥有近30年的管理经验，是国内第一家以运行维修维保机场设备、承接机场专业工程为主营业务的中外合资公司，博维公司目前拥有一支管理经验丰富、技术力量雄厚、运营维护经验扎实的专业化队伍。博维公司承担了首都国际机场1、2、3号航站楼设备运营维护业务，涵盖行李、捷运、客桥、机电、信息五大核心运维业务，以及特种车辆维修、行李系统安装大修、客桥大修等。

行业背景

预计到2020年年底，中国的机场数量将增加到260个。2015年6月，中国民航局领导在中国民航发展论坛上称，中国民航已在“一带一路”沿线省份新建15个机场，扩建28个机场。据国际航空运输协会（IATA）预测，中国的国内航空旅客数量到2016年将达到每年4.15亿人，仅次于美国，位居世界第二。《2015中国通用机场与通航产业发展论坛》披露，国家《通航机场管理规定》目前正在研究编制，预计年内可出台。政策利好频传，使通用航空板块成为一块有待开发的“大蛋糕”，市场容量将超万亿，年均增速不低于30%，未来随着低空改革的不断推进，行业将进入快速发展期。

三、并购事件发展

根据致生联发的《收购资产公告》显示，本次收购的交易价格为1400万美元。2016年3月18日前支付700万美元，2016年4月6日支付尾款700万美元，尾款支付完成当日为交割日，交易对手向公司交付标的公司相关的全部资料。

此次并购完成后致生联发和北京首都国际机场股份有限公司分别持有博维公司60%和40%的股权。

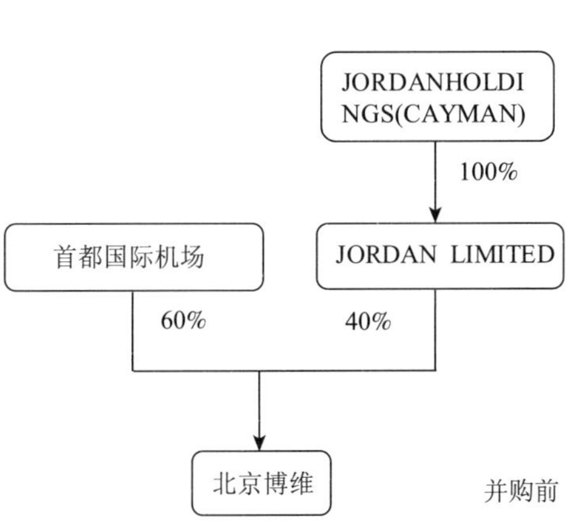

图2-21 东方卓成并购前后股权构成变化图

资料来源：全国中小企业股份转让系统。

四、案例及亮点分析

（一）巨额资金，分期支付

随着互联网金融快速发展，分期支付作为一种刺激消费的方式被各大平台引用。此次并购，致生联发便将分期支付引用到新三板并购中，前后不足20天，分期支付并购款。值得注意的是，虽然是分期支付，但是在短短的20天内拿出1400万美元（折合人民币为9170万元）的现金，对于一个新三板公司来说可谓是“财大气粗”。

如果了解一下致生联发登陆新三板以来的经历，就会发现致生联发是众多投资者眼中的宠儿，成交量和换手率等流动性指标，让很多新三板公司羡慕不已，股票发行情况更是光鲜。登陆三板不足三年，经历过四次股票发行，总共募集金额近5亿元人民币。

而致生联发距离此次并购最近的两次股票发行分别是2015年8月10日和2015年12月6日，分别募集资金5355万元和1.16亿元，这两次所募集资金用于股权收购的金额分别为5355万元和4308万元，合计9663万元。这就是为什么致生联发能在短时间内能拿出这么多的并购资金。

（二） 两次并购，战略布局

致生联发目前已经形成了一系列具有自主知识产权的物联网整体解决方案，将逐步打造智慧城市、智慧空港、智慧高铁、智慧核电、军工板块五大业务板块。此次并购东方卓成虽然是致生联发在智慧空港领域的重要战略布局，但是如果详细挖掘此前的并购经历，会发现这并不是致生联发第一次在智慧空港领域的行动。

早在2015年12月12日，致生联发就已经斥资639.79万元购买了中航机场设备有限公司49%的股权。而值得注意的是，中航机场的另外51%股权的持股股东就是此次案例的间接标的方——北京博维航空设施管理有限公司，所以此次并购也是预料之中的事。当然，中航机场设备有限公司也是建筑智能化和信息系统集成方面的专业公司，对弱电系统的设计开发、系统集成、工程施工经验丰富，已承担并完成了包括北京首都国际机场一号航站楼在内的数十家机场的建筑智能化系统建设项目的咨询、设计和施工。中航机场设备有限公司依托北京首都国际机场集团丰富的机场运营管理经验，同时引进、消化国际先进技术，现已成为集建筑智能化工程和机场机场信息系统集成咨询、设计、施工和维护为一体的新型公司。

致生联发通过此次并购东方卓成，持有北京博维40%股权，间接控股中航机场69.4%的股份。进而实现通过并购行业内公司进入智慧空港领域的战略目的。

五、案例小结

致生联发从2013年下半年就在“智慧空港”领域投入大量资金和人力进行技术研发，2015年4月与北京博维航空设施管理有限公司签订《战略合作框架协议》，共同成立了“联合实验室”，并约定双方根据智慧空港系统的开发进展，待条件具备时，共同组建成立合资公司，用以实施智慧空港项目。现“联合实验室”已成功研发了物联网可视化电梯安全管理系统、跑道异物检测系统、廊桥智能对接系统、可视化压电围栏感知系统等一系列成果。

致生联发在收购“中航机场设备有限公司”后，“联合实验室”的研发成果加速落地，对“智慧空港”体系形成有力支撑，这充分演绎了致生联发“技术领先、资本驱动”的快速、规范、持续发展的理念。通过此次并购东方卓成，致生联发不急收获了快速的投资收益，还带来了稳定的市场，其技术在首都机场应用产生示范效用后，将在首都机场集团的40多个成员机场产生协同效应。

总 结

时下中国在全球经济发展中的影响力越来越大，中国的政策也有越来越多的国家相应于参与，所以作为新三板公司应该抓住政策红利，所谓“站在风口上，猪都会飞起来”，找准行业分口，也是当前新三板公司的战略衡量标准之一。本案例中的致生联发就稳稳地抓住了国家“一带一路”战略下智慧空港发展的风口，借助互联网技术高速发展的东风，未来致生联发将进入智慧空港业务板块发展的快车道。

第五节　健耕医药（833092）吞并英国二板公司——是蓄谋已久，还是烟花一瞬？

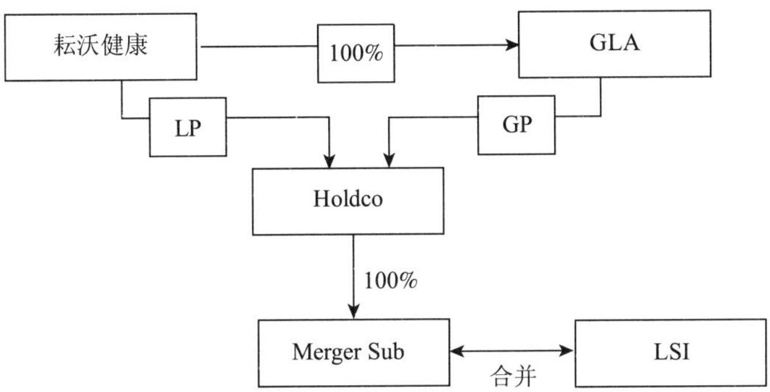

图 2-22　国外平台收购框架

资料来源：全国中小企业股份转让系统、天津科技金融中心。

为了配合公司战略规划，以更好地开拓海外市场，健耕医药在上海自贸区设立全资控股子公司耘沃健康，并通过耘沃健康在美国特拉华州为“专门目的”设立全资控股子公司GL A。此后，耘沃健康与GLA合资设立Holdco，耘沃健康作为有限合伙（IP），GLA出任普通合伙人（GP）。最后通过Holdco设立全资子公司Merger Sub，用以合并LSI。尽管最终，健耕医药宣布终止挂牌，且在挂牌期间停止收购案，但此次案例的继续实施不是烟花一瞬。

2016年，作为新三板的并购元年，“蛇吞象”式的案例已经说了很多，其中不乏与美国公司的并购案。这次，我们说的并购终于从美国的“套路”出来，走进了英国市场。2016年9月，新三板挂牌公司健耕医药发布重组预案宣布并购英国二板公司，一场预计5.8亿元人民币的豪购又一次吸引了广大资本圈群众的目光，不过，仅三个月之后，健耕医药就宣布终止并购预案，不仅如此，在接到证监会的批评后，又宣布退市，这不禁勾起了广大吃瓜群众的好奇心，所以，到底是发生了什么，是蓄谋已久还是不堪压力？

一、事件亮点

（1）布防竞争对手，选择跨境英国实施并购。健耕医药的主要盈利产品保存液SPS-1的竞争对手Belzer UW液已经注册成功，寻求全球优秀厂商，通过整合手段来提高公司的市场竞争能力是最佳选择。

（2）新三板收购英国“二板”构成重大资产重组。5.8亿并购款远超健耕医药2015年末资产总额13,239.00万元的50%，构成重大资产重组。

（3）占用资金被约谈，是否是退市导火索。健耕医药占用股票发行募集资金23,999,972.80元偿还公司负债及支付货款，但未予全部归还，企业负责人被要求到股转公司接受谈话。

（4）并购中途退市，并购成功或失败终成谜案。本次并购案还未结束健耕医药便宣布终止挂牌，具体原因虽未披露，但是不排除健耕医药未来以其他方式回归新三板。

二、并购背景

并购方：健耕医药

上海健耕医药科技股份有限公司（以下简称“健耕医药”），成立于2015年3月，于2015年7月29日新三板挂牌。公司业务立足于移植行业，是移植行业内唯一一家产品及服务覆盖术前、术中及术后的移植全方位解决方案的公司。

公司相较于移植行业的其他公司，如：诺华制药、罗氏制药、华东医药等主要提供移植类药品，雅培、西门子等厂商主要提供移植类医疗器械，健耕医药拥有完整的产业链优势，服务及产品的整合有利于健耕医药在移植市场上快速站稳脚跟。公司已经为全国169家医院、8万多名移植患者提供创新的或者质优价廉的产品及服务。

健耕医药拥有专业研发和管理团队，均为从业10年或以上的移植行业专业人士，公司同时拥有积累10年之久的移植患者数据库资源，有利于定向宣传和销售。从业公司挂牌三板后，更致力于不断加强研发团队建设，在研发注册上面，公司申报的两个产品的发明专利进入实审阶段，其中一个产品申请了全球PCT专利，同时，也取得了一个发明专利。公司另外两个产品G4免疫功能检测，G5药物浓度检测两个试剂盒上半年已在进行产品注册阶段攻坚阶段。G5药物浓度检测在年底通过了注册检，将陆续开展临床验证工作。

公司致力于自身业务能力的提高，持续加大移植营销领域覆盖的力度以及营销效率，支持移植中心的学术发展，建立与器官移植专家建立长期共同发展的愿景。同时，积极引进国外移植先进产品，并研发后续自有移植体外诊断产品，通过一系列的整合手段来提高公司的市场竞争能力。

在人力、销售和研发布局之下，公司的业绩水平同样乐观：随着行业移植数量增多以及新产品陆续上市，主营业务的销售逐步增长。

2015年全年营业收入为9478万元，其中，主营业务收入8948万元，较去年增加38%，全年经营性净利润为1880万元，扣除投资收益-317万元，全年净利润1586万元，较去年增加234.67%，净利润成长显著。

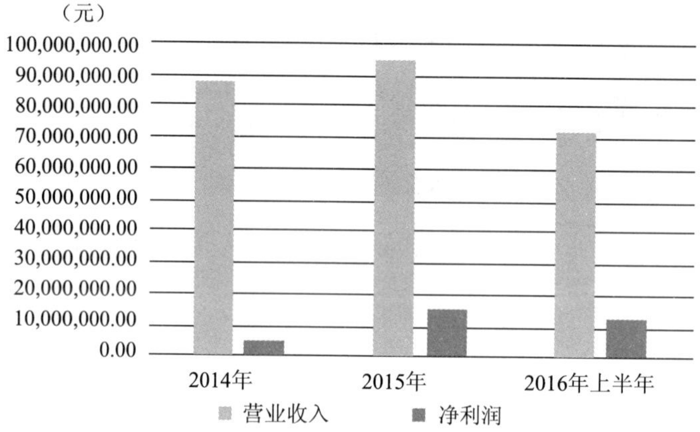

图 2-23　健耕医药历年营收表

资料来源：全国中小企业股份转让系统。

标的方：Lifeline Scientific，Inc.

Lifeline Scientific，Inc.（以下简称“LSI”），于1998年10月1日在美国特拉华州注册，2007年，在英国AIM（Alternative Investment Market，英国另项投资市场）市场上市。LSI是一家医疗技术服务提供商，主要为器官保护提供产品和服务。LSI提供LifePort肾脏转运体，给世界各地的移植中心使用。

2015年，LSI的营业收入约为2.34亿元，净利润约为7315.21万元，市盈率仅为7.5倍。LSI的股价为2.9英镑，约合人民币25.52元/股，目前市值为5.49亿元。在并购中按照5.8亿元交易计算，此次并购实现溢价5.65%。同时，国内外估值的差距，结合新三板上医药行业的市盈率的中位数 28.29。LSI 到新三板的市值就达到了 21 亿以上[1]。

如此一来，健耕医药并购标的的选择不仅仅是双方业务的交织和熟悉了。

行业背景

2015 年，中国移植行业迎来了行业利好的政策。2015 年 1 月 1 日，我国全面停止使用死囚器官，公民资源捐献成为器官移植供体的唯一合法来源。随后，全国各大移植中心积极开展 DCD（DCD 是指心脏停止跳动后的器官捐献）捐献进程，截至 2015 年年底，全国肾脏 DCD 捐献较去年同期增长 66%，全国肝脏捐献较去年同期增长 74%。未来我国必将成为全球移植大国。2016 年，器官移植单病种收费项目首先在我国湖南省进行试点。在我国各大政策及行业工作得到认可的基础上，未来几年，器官移植单病种收费项目的推广将刺激移植数目的增长，提高移植中心的积极性。

总体来说，政策及世界范围的认可会促进捐献的器官移植数量显著上升，器官供体质量的变化需要大量的新的移植技术，产品以及服务来满足移植医生及病人的需求，尤其是对器官移植的体外诊断，医疗器械的需求显著增加，将为公司移植药品和器械提供良好的发展前景。这将给健耕医药在移植创新产品的引进带来很好的机会，健耕医药如果作为全产业链的药品及器械商抓住利好时机，提供更多创新的综合解决方案，如此将得到大步发展。

---

① LSI 数据资料来源于：朱为绎．《朱为绎：新三板公司健耕医药“蛇吞象”收购英股 LSI 案例点评》，2016-09-26. http：//www.p5w.net/weyt/201609/t20160926_1593140.htm.

三、实施过程

第一步，重大重组公告。2016 年 4 月 26 日，健耕医药发布重大资产重组停牌公告，于 4 月 27 日起，健耕医药暂停转让。

2016 年 6 月 24 日，公司发布对外投资公告，宣布出资 1,000,000.00 元人民币设立全资子公司——上海耘沃健康咨询有限公司（以下简称“耘沃健康”）。公司设立的目的就是为了配合公司战略规划，以便更好地开拓海外市场。

第二步，确定重大资产重组预案及协议签署。2016 年 9 月 2 日，健耕医药发布重大资产重组预案称，本公司、耘沃健康、Holdco、Merger Sub 与 LSI 于纽约时间 2016 年 9 月 1 日签署《合并协议》。

此次，健耕医药拟通过 Merger Sub 和 LSI 合并的方式实施收购，合并后 Merger Sub 停止存续，LSI 作为合并后的存续主体成为 Holdco（GLS Holdings，LP）的全资控股的公司。其中，GLS Holdings，LP（以下简称 Holdco）系公司为此次交易在美国特拉华州设立的有限合伙企业，全资控股 Merger Sub。此次收购健耕医药将使用现金购买，现金来源系自有资金或自筹资金。

此次意图收购标的公司 LSI100%股权，根据标的公司股票的市场价值，经过尽调和双方协商，本次将以 4.083 美元/股价格进行收购。并且，健耕医药为此次并购精细设计了交易框架：

并购涉及的公司注册地址就有“千挑万选”之疑。首先，公司在上海自贸区设立全资控股子公司耘沃健康，在上海自贸区注册的企业在对外投资上实行备案制，发改委和商委的职能均在管委会内部进行流转。这就意味着企业只需在管委会递交申请材料即可，整个对外投资审批流程大幅缩短，并且企业在 7 天左右就可拿到“企业境外投资证书”，随即可直接通过银行备案结汇汇出资金，时间成本大幅降低①。

同时，上海自贸区率先全面放开本、外币境外融资，境外融资制度上需在自贸区内注册，这为企业跨境投融资带来极大程度的便利。

其次，健耕医药通过耘沃健康在美国特拉华州为“专门目的”设立全资控股子公司 GL Acquisition，Inc.（以下简称“GLA”）。之后耘沃健康与 GLA 合资设立 Holdco，耘沃健康作为有限合伙，GLA 出任普通合伙人。最后通过 Holdco 设立全资子公司 Merger Sub，用以合并 LSI。

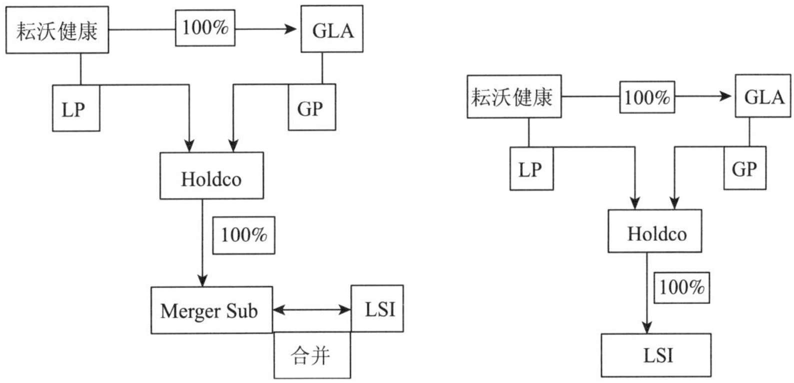

图 2-24　国外平台收购框架

资料来源：全国中小企业股份转让系统、天津科技金融中心。

在交易过程的第二步中，我们需要分析两个亮点：

其一，LP、GP 设立子公司实施并购的模式在上市公司中较为常见。

LP 模式：上市公司（或其控股子公司）作为 LP 与其他专业机构共同设立产业并购基金，一般发生在欠缺投资经验的上市公司上。例

---

① 任波，徐维维．《自贸区外投备案制：流程缩短至 5 天》，21 世纪经济报道，2015-03-21. http：//finance. sina. com. cn/china/dfjj/20150321/015921773298. shtml.

如，天堂硅谷分别与大康牧业、合众思壮、元金投资设立的相关产业并购基金。

GP模式：上市公司自身成立的控股子公司作为GP与其他专业机构共同设立管理产业并购基金。根据《合伙企业法》的规定，上市公司不得成为普通合伙人，但《合伙企业法》并未限制上市公司控股子公司以普通合伙人的身份参与产业并购基金的设立中[①]。

这么来看，Holdco就是基金，或者说是SPV（Special Purpose Vehicle，特殊目的机构/公司）。SPV通常出现在上市公司海外并购案例中，上市公司首先在境外设立特殊目的公司，然后通过财务投资人向SPV进行增资，但上市公司仍然保持控股，当SPV完成对目标公司的收购，上市公司在境内进行发行股票的方式收购财务投资人持有的SPV股权，从而间接控制标的公司。

本案例中耘沃健康则作为基金的LP，成为募资平台[②]。

TIPS
Special Purpose Vehicle，简称SPV，指特殊目的机构或公司。SPV的职能是在离岸资产证券化过程中，购买、包装证券化资产和以此为基础发行资产化证券，向国外投资者融资。主要有信托、公司和有限合伙三种形态。 SPV的设计是资产证券化运行机制中的风险隔离机制，必须保证独立和破产隔离。它在资产证券化运作中处于一个核心的地位，要发挥SPV的有效作用，关键还在于根据资产证券化实施国家的法律体系、税收制度、会计制度及证券市场发育程度等因素选择适当的法律形式。

资料来源：百度百科“SPV”相关资料整理。

① 博时资本．《上市公司与PE设立并购基金LP、GP模式》，2015-09-01. http：//www.360doc.com/content/15/0901/23/27460138_496359084.shtml.

② 读懂新三板．《净资产1亿新三板公司 豪掷6亿收购英国上市公司》，2016-09-18. http：//finance.qq.com/a/20160918/015769.htm.

其二，在境外公司注册地点的选择上。健耕医药选择在美国特拉华州注册，一方面，并购标的 LSI 的地点在特拉华，在地理位置上有效沟通；另一方面，这里公司的治理体制相对宽松、融资便利、税收很低。值得注意的是，我国对并购后的存续公司是否须继承被并购公司的股东的合同义务没做法律要求。但是根据特拉华州公司法，企业合并后，存续公司将继承被收购公司的各项权利与义务。所以，在 LSI 与 Merger Sub 合并后，LSI 作为存续公司，理所当然成为了健耕医药的控股公司①。

第三步，筹资，实施成功——退市！就在广大吃瓜群众坐等看此次“蛇吞象”将给三板带怎样的一次强力震撼时候，2016 年 9 月 23 日，健耕医药发布《关于终止重大资产重组公告》。11 月 8 日，公司终止挂牌三板。但是如此用心良苦的并购布局，怎么可能会终止呢？

四、案例及亮点分析

（一） 布防竞争对手，选择跨境英国实施并购

从健耕医药公布的《2015 年年报》中看出，公司营业增长的一个主要原因是在 2015 年 9 月底，新产品肾莱宝（LifePort）拿到了产品注册证，使得肾莱宝灌注器与耗材的销售较去年同期增加 100%。该类产品在 2016 年的销量进一步增长。而作为主营业务的器械销售也较去年同期增长 37%，其主要的增长来源是肾莱宝灌注器与耗材，及新增加的器官保存液 SPS-1 的业务。

一方面，出于对 LSI 产品的长期持有，收购 LSI 可以确保肾莱宝业

① 朱为绎．中科招商广东分公司副总经理．《朱为绎：新三板公司健耕医药“蛇吞象”收购英股 LSI 案例点评》，2016-09-26. http：//www. p5w. net/weyt/201609/t20160926_ 1593140. htm.

务的稳定；LSI的主要产品是肾脏及肝脏灌注运输区及配套产品，并在世界范围内提供服务，具有国际领先地位。

另一方面，健耕医药面临新增风险，其主要盈利产品保存液SPS-1的竞争对手Belzer UW液也于今年第二季度拿到注册证，成为公司产品SPS-1的强有力的竞争对手。健耕医药的应对措施之一就是大力寻求全球先进医疗器械产品公司，并购优秀厂商，强强联合加大移植营销领域覆盖的力度以及营销效率，积极引进国外移植先进产品，并研发后续自有移植体外诊断产品，通过一系列的整合手段来提高公司的市场竞争能力。

如此，在我们看来，并购LSI实现了两全其美。

（二） 构成重大资产重组

健耕医药2015年年度财务报表审计结果显示，截至2015年12月31日，健耕医药资产总额为13,239.00万元（合并报表数据）。而本次并购重组采用现金支付的方式，约合人民币5.8亿元（按2016年9月1日美元兑人民币中间价计算）。根据《非上市公众公司重大资产重组管理办法》第二条“购买、出售的资产总额占挂牌公司最近一个会计年度经审计的合并财务会计报表期末资产总额的比例达到50%以上”之标准，本次交易金额已达到重大资产重组标准，因此，本次交易构成重大资产重组。

（三） 筹资艰辛路

自健耕医药发布对外投资公告以来，健耕医药先后向上海银行申请800万贷款，向民生银行申请1000万贷款以补充流动资金。

在2016年8月10日，健耕医药发布公告称，为提高子公司耘沃健康对外重大业务拓展能力，将对其进行扩股增资：将耘沃健康注册资本增加至人民币 6 亿元，也就意味着新增 599,000,000.00 元。其中，健耕医药增加认缴 359,000,000.00 元，阳光人寿保险股份有限公司（以下简称“阳光保险”）认缴 188,000,000.00 元，新疆嘉财盈沣股权投资合伙企业（有限合伙）（以下简称“嘉财盈沣”）认缴人民币 52,000,000.00 元。阳光保险与嘉财盈沣的付出占比，此次增资后，健耕医药持有 60%耘沃健康股份，依旧是实际控股股东。

结合健耕医药的财务数据，截至 2016 年 6 月 30 日，公司总资产 144,704,272.49 元，货币资金 1,684,900.25 元，即使算上公司在银行的贷款额度，健耕医药要对 3.59 亿元进行实缴也可谓是山高路远。

（四） 占用资金被约谈， 是否是退市导火索?

筹资方面还需要健耕医药更加努力，而在筹集资金使用方面却陷入了麻烦。2016 年 11 月 2 日，全国中小企业股份转让系统发布《关于上海健耕医药科技股份有限公司采取自律监管措施的公示》，《公示》中提到：健耕医药于 2016 年 1 月 13 日启动股票发行，后共计使用募集资金 23,999,972.80 元，用于偿还公司负债及支付货款，且未予全部归还。健耕医药的上述行为违反了《全国中小企业股份转让系统股票发行业务指南》第一条第（四）项关于“挂牌公司在取得股份登记函之前，不得使用本次股票发行募集的资金”的规定，构成股票发行违规，并要求公司董事长吴云林，董事会秘书傅琳于 2016 年 11 月 7 日下午 14 时到全国股转公司接受谈话[①]。

本书通过查阅健耕医药公告发现，其实早在 2016 年 9 月 14 日，国

---

① 健耕医药发行股票违规 收股转自律监管函 _ 东方财富网（Eastmoney.com）http：//stock.eastmoney.com/news/1885，20161107681501991.html.

金证券以及健耕医药自身就发布了关于公司提前违规使用筹集资金的风险提示公告、致歉公告。此次健耕医药的违规行为似乎就是明知故犯。

随即，公司在9月23日发布公告，声明公司将于2016年10月审议关于健耕医药终止挂牌的相关事宜。

到底是什么原因让健耕医药终止三板市场上的一切行为呢？是被约谈成为导火索，还是健耕医药谋虑已久，此次终止挂牌只是为了更好地筹资和收购呢？

（五） 并购中途退市，并购成功或失败终成谜案

对于健耕医药的"突然举动"，大家对于健耕医药的举动普遍认为是"收购战略的配合"。事实上，在2016年9月22日健耕医药发布的《关于终止重大资产重组的公告》中，只表明在三板挂牌期间终止重大资产重组案，退市后，并购案可能还在推进当中。

本次健耕医药并购案，从控股子公司地理位置的设定，LP、GP模式的设立来看，这必定是一盘精心策划后的棋局，直到最后宣布终止挂牌，这也不失为一步好棋。首先在融资方面，健耕医药在新三板上确实没有什么动作；其次，也许此次并购重组中的某些行为与新三板上的监管制度存在违背，退出三板不失为避免违规最有用的手段；最后，通过挂牌三板提高公司知名度及整合相关资源后，退出市场进行资本运作也是一种有效的办法。同时，有相关人士表示，不排除健耕医药未来以其他方式回归新三板①。

① 李维，严娱.《健耕医药"蛇吞象"遇阻 摘牌新三板另存谋虑?》，2016-11-10. http：//www.p5w.net/stock/news/zonghe/201611/t20161110_ 1633005.htm.

五、案例小结

尽管在最后，健耕医药宣布终止挂牌，且在挂牌期间停止收购案，但此次案例的继续实施不是烟花一瞬。也有相关人士表示，对于健耕医药和 LSI 的合并协议，从 LSI 的角度来看，相当于一次下嫁，并购双方的差距悬殊可能会体现合并协议的相关“奥秘”中。并购完成后，LSI 股东将参与健康医药的定增也是非常有可能的。

总 结

在健耕医药的并购案例中，我们可以清楚地看到几大亮眼之处：控股子公司的地点选择；境外公司设立地点的选择；境外基金 LP、GP 模式，SPV 模式的选择。特别是采用基金形式参与新三板并购越来越成为主流方式，一方面，缺乏投资经验的挂牌公司可以以 LP 的身份与专业机构共同设立产业并购基金，方便标的公司的选择和投后的管理工作；另一方面，挂牌公司可以成立控股子公司作为 GP 的身份与其他专业机构共同设立并管理产业并购基金，如此一来，不仅可以缓解公司并购过程中的资金压力，还有利于并购后公司业务的协同发展。

第三章

锦城虽好，不如归故里——中概股回归三板模式

第一节　百合网并购（834412）世纪佳缘——婚恋江湖盟主之争

第二节　美中嘉和（835660）并购傲华科技——从手足之情到血液相融

第三节　英雄互娱并购塞尔瑟斯——借力新三板，移动电竞之父的资本游戏

当今，国家正鼓励实体经济实现“互联网+”、大数据与实体运营的结合愈发紧密，一个没有捆绑“互联网+”的项目似乎很难得到投资人的青睐。国内外互联网公司的估值高低悬殊，加上国内监管层对互联网公司外资比例的开放，越来越多的中概股公司（优酷土豆、暴风科技、奇虎360等）开始筹谋回归路。

游子归来，金不换。海外上市公司回归不仅为国内资本市场添砖加瓦，更让人欣慰的是从国外市场回归新三板。新三板市场作为政策改革和红利的释放点，成为了遭遇国外资本冷冬、业务发展急需回国的中概股回归的理想之地。

相信这些归来的海外游子会在国内三板市场上将继续他们的辉煌，在三板市场挥毫泼墨，写下自己的华美篇章。

第一节　百合网并购（834412）世纪佳缘——婚恋江湖盟主之争

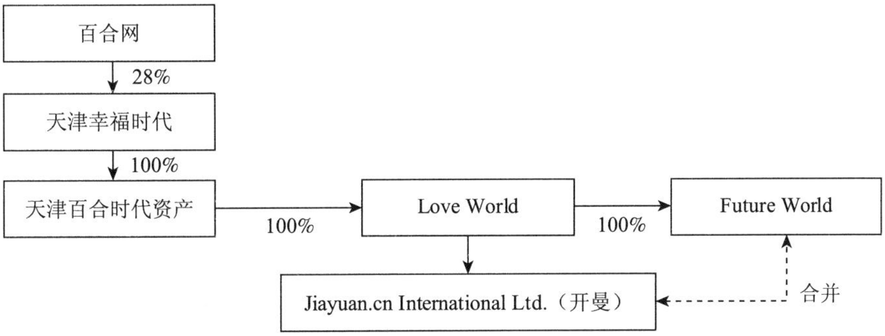

图 3-1　并购方案

资料来源：全国中小企业股份转让系统。

2016 年 5 月，百合网按照 7.56 美元每 ADS 的价格或 5.04 美元每普通股的价格（合计约 2.4 亿~2.5 亿美元现金）购买世纪佳缘发行在外的全部 ADS 和普通股。此后，百合网间接全资子公司 FutureWorld 与世纪佳缘依据当地法律吸收合并，完成对世纪佳缘并购。如此一来，世纪佳缘直接实现中概股回归，进入中国资本市场，百合网也成功上演行业老二并购行业老大的逆袭故事，拓宽产业链的同时，坐上了国内婚恋市场的第一把交椅。

新三板公司并购中概股公司第一趴——婚恋平台世纪佳缘在2015年12月7日宣布与百合网间接全资子公司Love World及其全资子公司Future World达成合并协议，2016年5月14日，世纪佳缘宣布完成与百合网的合并交易正式完成。十多年来，百合网与世纪佳缘共同在一个婚恋领域相爱相恨，耕耘着婚恋交友这一片土壤，一点一滴建立起了两个国内领先的婚恋品牌，成就了无数幸福婚姻，如今这两位武林红娘强强联合，坐上婚恋江湖的盟主之位。

一、事件亮点

（1）省去传统VIE架构拆除回国的时间，并购与回归国内资本市场一气呵成。

（2）并购方百合网的资产是标的方资产的十分之一，这场新三板对标纳斯达克的蛇吞象并购案在百合网提前布局和熟练的资本运作下，完美收官。

（3）并购完成后，婚恋行业竞争格局发生变化，由四方割据变为三足鼎立。

二、并购背景

并购方：百合网

百合网股份有限公司（以下简称：百合网，股票代码：834214），于2015年11月20日登陆新三板。百合网属于因特网信息服务业，致力于在婚恋产业链提供产品和服务，包括线上线下婚恋交友、情感咨询服务、婚礼相关业务、婚恋/婚礼消费金融服务等，依托自身品牌、信用、数据和规则打造婚恋产业生态圈。根据百合网于2015年12月公布的重大资产重组预案，百合网2013年、2014年、2015年前4个月的资产总计分别为 11,274.51 万元、6,871.95 万元、144,708.32 万元。

百合网成立于 2004 年，在 2005 年 9 月—2010 年 5 月期间，公司曾搭建 VIE 红筹架构，拟海外上市。期间成立了 Baihe Holding（公司注册于开曼，是境外拟上市主体）；设立境内境外独资企业天赐良缘，通过一系列的协议，控制百合在线（即百合网前身）。

然而，百合网并没有真正地踏上境外上市的道路。不久后，百合在线就拆除了 VIE 架构，转而登陆新三板。经过几轮融资后，Baihe Holding 的股权变得分散，而在随后的私有化过程中，股权结构分散的情况依然没有改变。在百合网挂牌三板的《公开转让说明书》中提到，百合网有 12 个投资机构股东，两个自然人股东。由于股权分散而股东之间没有一致行动协议，故百合网没有实际控股股东。目前，百合网的整体结构如图 3-2 所示。

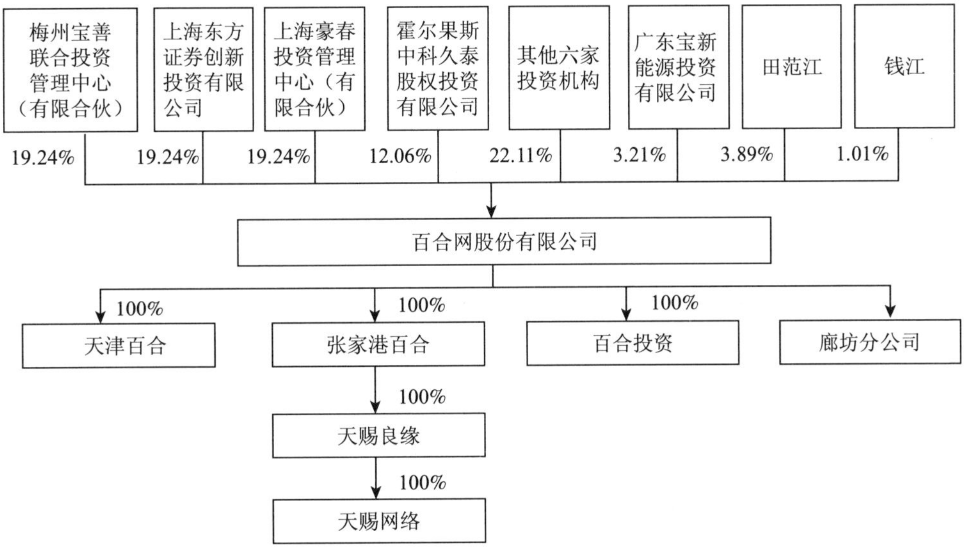

图 3-2　并购前百合网股权结构

资料来源：全国中小企业股份转让系统。

标的方：世纪佳缘

世纪佳缘是一家注册于开曼的公司，是一个典型的通过VIE实现海外上市的中国公司。公司于2011年5月11日成功登陆美国纳斯达克全球精选市场，股票代码DATE。世纪佳缘在境内的实际运营 主体包括上海花千树信息科技有限（成立于2004年）等多个境内公司。股权结构如图3-3所示。

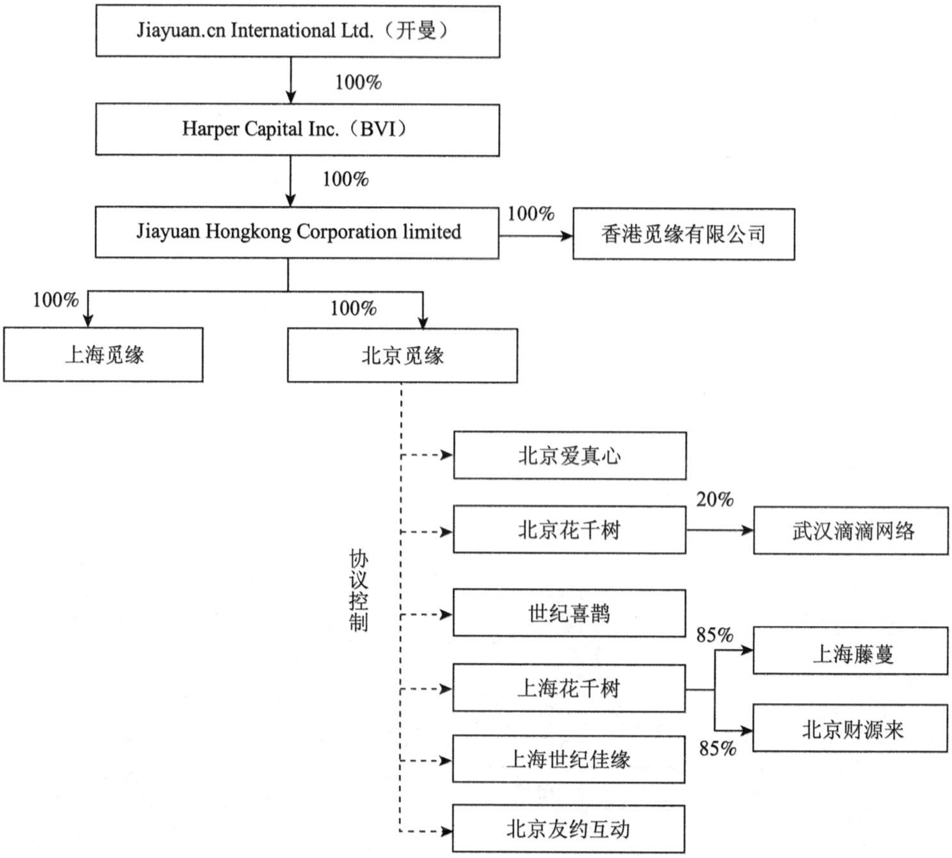

图3-3 并购前世纪佳缘股权结构

资料来源：全国中小企业股份转让系统。

世纪佳缘2014年资产总额为1.09亿美元（约为6.51亿元人民币）；百合网2014年资产总额为6871.95万元人民币，约为世纪佳缘的十分之一。这次百合网之所以能够顺利并购世纪佳缘，不得不提世纪佳缘的海外市场。实际上，国外交友网站在资本市场一直是不愠不火的状态，外国人对交友、电商、秀场等看不懂的概念股兴趣寥寥，世纪佳缘在纳斯达克遇冷可想而知。如此一来，百合网并购世纪佳缘，一方面是蛇吞象，另一方面也是世纪佳缘的回归之路。

行业背景

1. 单身众多，市场潜力巨大

我国单身男女人数接近2亿，面对这样巨大的市场，网络婚恋具有的发展潜力显而易见。根据Analysys易观发布的《中国互联网婚恋交友市场季度监测报告2016年第1季度》，2016年第1季度中国互联网婚恋交友市场规模达6.96亿元人民币，环比增长0.6%，与去年同期相比，增长6.4%，这种增长速度是十分让人眼红的。随着移动社交的盛行婚恋网站受益匪浅，产品的持续优化，婚恋交友用户迅速移动。伴随大数据、音视频等多媒体工具的不断升级以及正在发展的虚拟现实等技术的发展，婚恋交友服务品质还将获得极大提高，移动端也会衍生更多的增值服务模式或产品，以助力婚恋厂商营收进一步增长[①]。

2. 竞争对手

目前，国内专注于婚恋产业的交友网站有：百合网、世纪佳缘、

① 中商情报网，易观.《2016年1季度中国互联网婚恋交友市场分析》http://www.askci.com/news/hlw/20160520/14231618551.shtml.

珍爱网、有缘网、58 同城交友频道、网易花田。其中，百合网、世纪佳缘、珍爱网的用户人数最多。根据 2015 年第一季度各婚恋网站公布的数据显示，有缘网累计用户数量达 1.94 亿人，世纪佳缘 1.26 亿人，百合网 8500 万人，珍爱网 8000 万人。有缘股份更是在 2015 年 11 月中旬发布招股书，募集 7 亿资金用于升级有缘网及其他交友平台，试图成为第一个 A 股婚恋服务公司①。

三、并购事件发展

面对巨大的市场和实力俞强的竞争对手，百合网与世纪佳缘两家公司为提升综合影响力，改善盈利能力，成为中国婚恋市场的领导者并进入更加广阔的婚恋上下游产业，实施此次并购，变竞争为合作，实现交易双方和用户的三赢局面。此次并购可以看成两大步。

第一步，方案设计。在这起并购案中，我们得明确 世纪佳缘作为以 VIE 架构海外上市的公司，百合网要对其收购，世纪佳缘想要回归都绕不开境外上市主体 Jiayuan. cn International Ltd.（开曼）的投资机构。

说到对上市主体的收购，首先要对 VIE 架构进行说明。

VIE 架构或 VIE 模式——（Variable Interest Entities，直译为“可变利益实体”），在国内，我们称其为“协议控制”。它是指境外注册的上市实体与境内的业务运营实体相分离，境外的上市实体通过协议的方式控制境内的业务实体，业务实体就是上市实体的 VIEs（可变利益实体）②。中国公司实现海外上市的有效办法之一就是构建 VIE。

---

① 世纪佳缘与百合网合并 互联网婚恋三足鼎立 . 搜狐 . http：//mt. sohu. com/20151225/n432526332. shtml.

② 百度百科“VIE 架构”相关内容 .

通俗地说，VIE 上市过程就是国内实际经营主体公司为了实现海外上市，其创世团队在开曼群岛、英属维尔京群岛或百慕大设立一个离岸公司，以这个离岸公司作为未来上市或融资的主体。之后，离岸公司通过各种资本运作，在香港设立公司，再在香港公司下成立境外独资企业（WFOE），境内实际运营主体通过与 WFOE 签订一系列的协议，将全部利益传输给 WFOE，这样，最顶层的离岸公司就成为了境内运营公司的影子公司，就可以以此去登陆国外资本市场。

拆除 VIE 架构过程就是其建立的反过程，由于境外上市主体才是真正反映国内运营主体股权结构的公司，首要的就是找到投资人对境外上市公司股份进行收购。这时，我们要注意解决境外股东的去留问题，以及员工期权问题。如果解决不够妥善则可能产生一系列法律纠纷。

那么，回到本次收购，我们明确了收购对象是 Jiayuan. cn International Ltd.（开曼）的投资机构的原因。针对收购对象的特点，百合网开始了一系列动作：

百合网在天津自由贸易试验区设立全资子公司百合时代资产，并通过百合时代资产在开曼设立境外特殊目的公司 LoveWorld，再由 LoveWorld 在开曼设立子公司 FutureWorld。

根据百合网公告，由于原有交易方案存在进一步论证问题，2016 年 3 月 9 日，公司参股天津自由贸易试验区幸福时代，并将百合时代资产全部股份转让给幸福时代，同时，通过幸福时代完成与世纪佳缘的合并。

LoveWorld 按照 7. 56 美元每 ADS 的价格或 5. 04 美元每普通股的价格（合计约 2. 4 亿 ~ 2. 5 亿美元现金）购买世纪佳缘发行在外的全部

ADS和普通股，此后，FutureWorld与世纪佳缘依据当地法律吸收合并。

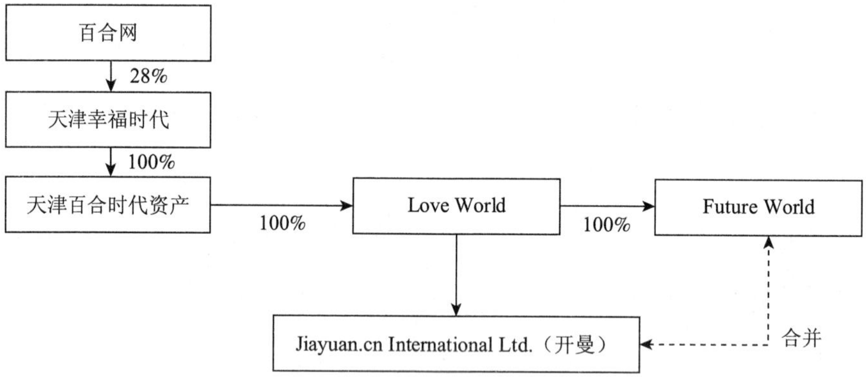

图 3-4 并购方案

资料来源：全国中小企业股份转让系统。

第二步，交易资金筹集。根据世纪佳缘2014年年报财务数据（根据美国会计准则编制），世纪佳缘2014年资产总额为108,540,000.00美元（约为651,240,000.00元人民币）。百合网2014年经审计，资产总额为68,719,466.69元人民币。显然交易金额超过百合网2014年度经审计的合并财务会计报表期末资产总额的比例在50%以上，故构成了重大资产重组。

那么，百合网2.5亿元的收购资金到底从哪里来？

2016年3月29日，百合网参股公司天津幸福时代向招商银行天津自贸区分行和天津金城银行办理了为期一年的11亿元和5亿元的并购贷款，该并购贷款仅限用于天津幸福时代向其全资子公司天津百合时代资产增资以完成其境外子公司LoveWorld Inc.和FutureWorld Inc.与Jiayuan.com International Ltd.的合并交易。

方案、资金都具备之后，同年5月13日，LoveWorld Inc.和FutureWorld Inc.正式完成与世纪佳缘的合并交易。其后，世纪佳缘也完成从美国纳斯达克退市，成为公司参股公司的全资子公司。至此，百合网完成了行业老二对老大的收购，成为了婚恋行业大佬。

四、案例及亮点分析

（一） 中概股回归新模式

VIE 架构的拆除需要经历四个步骤：寻找境内投资者；终止 VIE 架构协议；向境外投资者回购股份，妥善解决员工期权问题；注销 VIE 架构下属公司，并根据需要对现有资源、组织进行重组。整个过程至少需要 6~18 个月，加上还要登陆资本市场，那么就还需要 1~2 年时间 IPO 排队。由此，中概股回归可能失去行业发展的时机。

在本次并购中，直接由 LoveWorld 出资对世纪佳缘境外所有股东完成收购，既找到了投资人，又直接回到了资本市场，没有耽误任何时间。

（二） 熟练运用资本平台， 完美实现蛇吞象

不得不说，百合网玩得一手资本运作。首先是对世纪佳缘早有预谋的并购案。一方面，在并购事件还没提上日程的时候，百合网就规划好了自己的完美故事。公司开始由单一婚恋交友平台向下游的婚礼、婴儿用品等相关产业逐步延伸，逐步打通产业链。另一方面，百合网在拆除 VIE 后，没有纠结于花费时间登陆主板，而是抓住挂牌流程时间较短的新三板市场，立马实施融资、质押操作。同时在并购中，选择了具备上海已有的金融创新政策，又特别增加融资租赁和京津冀等相关内容的天津自贸区。百合网如果没有充分利用资本市场和地方政策，这次蛇吞象的并购就不可能如此顺利地完成。

其次，百合网自登陆新三板以来，就不断地发行股票募集资金，除了保持公司的日常运营外，资金主要用于公司投资与战略收购。本次并购期间，百合网就以3.1元/股价格定向发行3.3亿股，募集10.23亿元人民币；以3.15元/股发行28,000万股，募集88,200万元。通过将新三板作为融资平台，百合网质押了16个亿的资产，但并没有影响其常态化的收购行为。事实上，从2015年10月起，百合网董事会审议通过了设立婚恋产业并购基金；利用募集资金完成了对北京拍拍淘信息技术有限公司、南京婚礼大亨网络科技有限公司的投资，设立互联网金融事业部，快速启动了构建婚恋产业生态圈的步伐；以现金收购北京小两口网络科技有限公司，丰富婚恋产业链。

值得一提的是，在并购交易的过程中，原有股东宝新能源（深圳证券交易所上市交易的上市公司，股票代码：000690）致力构建涵盖银行、证券、基金、投资等的大金融平台，为迎合战略发展，宝新能源拟以3.99元/股受让上海豪春投资管理中心（有限合伙）12.74%的股权；兴业财富资产管理有限公司9.91%的股权。收购完成后，宝新能源及其全资子公司宝新资产合计持有公司257,999,371股股份，占公司股份总数的26.42%，成为公司的第一大股东，但对公司控制权没有影响，百合网仍然是没有实际控制人的公司。这次收购行为不但实现了投资机构的退出愿望，更重要的是，百合网又拥有了A股平台。

（三） 行业竞争格局发生变化

强强联合的方式与目的各有不同：完善互联网与大数据生态圈，如阿里巴巴与优酷土豆的合并，成功填补了阿里帝国在视频平台的空缺；抱团取暖，企图建立行业垄断地位，比如携程与艺龙的合并试图抱团以扭转失利局势。

这次百合网与世纪佳缘的结合，带来资源的协同效应，以及优劣势互补效应，同样实现了强强联合。此前，百合网、世纪佳缘、珍爱网、有缘网构成了婚恋产业的四方割据的格局变成了三足鼎立。

与此同时，2016 年百合网在进一步奠定了婚恋交友业务市场的领先地位后，开始由婚恋生态领导者向家庭互联新生态创业者转变。

五、案例小结

这场并购可以说是新三板与纳斯达克的较量，让我们看到了新三板资本市场的实力与活跃性，虽然三板企业的盈利能力远远不能与纳斯达克公司媲美，但熟练的资本运作的手段却不一定差。由于国内外市场的属性和各公司特点，有些公司在国外资本市场的估值会先天较低，但是随着国内 A 股市场飘红，新三板市场的发展，国内多层次资本市场的完善，会有越来越多的公司开始回归国内，回归到新三板上。所以这场并购完成后，世纪佳缘将结束其纳斯达克市场的痛苦折磨，百合网也将找到了拓宽产业链的关键点坐上了国内婚恋市场的第一把交椅。

总 结

其实这个案例更多的是让我们看到了一种中概股回归中国资本市场的新模式，随着中国经济的发展，资本市场的完善，很多海外上市的中概股会选择重新回归国内资本市场，但是更多时候会选择拆除 VIE 架构回国内上市，或者是选择被国内的上市公司并购，但是随着新三板市场的发展，很多人都会忽略这个中国的“纳斯达克”，所以说被新三板挂牌公司并购也不失是一种中概股回归的新模式。此外，新三板挂牌公司在并购过程中也要抓住中概回归的契机，敢于对标纳斯达克等国外资本市场上的中概股标的公司，如果并购成功，将会为企业带来巨大的市场资源，如果运气好，成为细分行业的老大也不是不能的。

第二节　美中嘉和（835660）并购傲华科技——从手足之情到血液相融

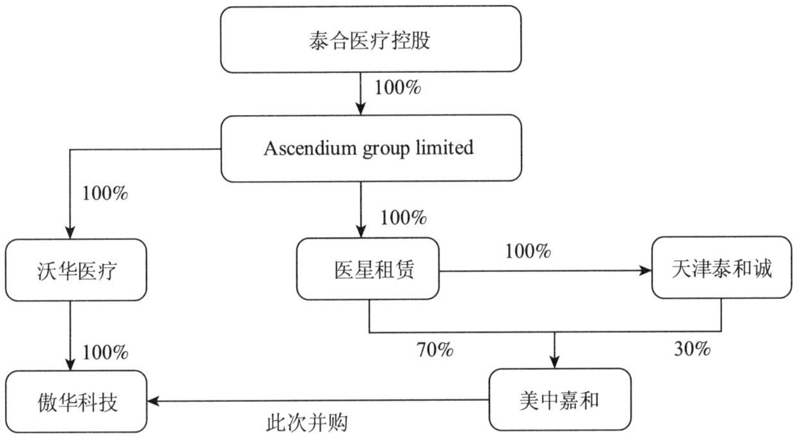

图 3-5　泰合医疗控股结构图

资料来源：全国中小企业股份转让系统。

2016 年 9 月，美国纽交所上市公司泰合医疗通过全资子公司美中嘉和斥资 3.22 亿元收购泰合医疗海外资产傲华科技 100%股份。此举既将海外上市公司资产置入国内资本市场，又让公司在医疗领域的竞争力大大提升。泰合医疗将国外资产运作到新三板子公司名下，不仅实现资产曲线回国登陆新三板，还开拓了一种中概股“回归”的新模式。

由泰合医疗操盘，使旗下企业通过并购的方式进行合并，使得原本情同手足的两个公司完成血液融合变成一个具有较强竞争力的企业。根据2016年9月26日美中嘉和发布的公告显示，美中嘉和采用现金支付的方式收购沃华医疗持有的傲华科技的100%股权，并且在9月21日就已经完成傲华科技的股权变更登记，相应资产已经全部过户完成。

一、事件亮点

（1）关联交易被轻松化解，本次交易中，并购标的沃华医疗为美国纽交所上市公司泰合医疗间接持有100%股份，同时泰合医疗控股也是美中嘉和的实际控制人，本次交易构成关联交易。

（2）开拓了中概股“回归”的新模式。此次并购方将海外上市公司资产转移回国内资本市场，泰合医疗这一做法既让国外资产回归国内，又让公司在医疗领域的竞争力大大提升，这算是中概股“回归”模式创新。

二、并购背景

并购方：美中嘉和

美中嘉和是美国纽约证券交易所上市公司泰和医疗控股（NYSE：CCM）旗下的专业医院管理咨询服务公司。主营业务为肿瘤诊疗中心的管理及肿瘤放疗医院的运营管理，公司致力于将最前沿的学术研究成果和将肿瘤治疗技术引入所管理的肿瘤诊疗网络，为患者提供先进有效的诊疗手段和优质的医疗服务。

标的方：傲华科技

傲华科技其前身系深圳傲华医疗设备租赁有限公司，由沃华医疗以货币资金出资500万美元成立的外商独资企业，是一家提供影像诊断及放疗设备租赁、医疗技术开发及服务的公司，傲华科技投入影像诊断和放疗设备与医院签订合作协议建立肿瘤诊疗中心，并派驻专业人员为诊疗中心提供设备相关的运营技术支持，其中绝大部分员工具有医学背景且在肿瘤放疗领域具有丰富的实践经验。

世纪友好是持有北京质子中心55%股权的控股公司，收购世纪友好即享有其对北京质子中心的相关权利并承担相关义务，虽然北京质子中心仍在筹备中，但仍在医疗技术、医学人才、资金支持、市场化运作和现代化管理等方面具有得天独厚的优势。中日友好医院也是北京质子中心的参股股东，北京质子中心将直接受益于中日友好医院的专业支持①。

目前，国家全面启动和部署“健康中国”中长期规划，为了加快战略布局，美中嘉和通过收购关联公司实现资源的有效整合，迅速建立在肿瘤放疗领域规模、人才、技术等层面的优势。

① 魏德．挖贝网，《美中嘉和作价4亿元收购傲华科技、世纪友好100%股权》2016-02-15. http：//www.wabei.cn/p/201602/1477254.html.

三、并购事件发展

- 2016年1月25日，北京美中嘉和医院管理股份有限公司正式挂牌新三板
- 2016年2月21日，沃华医疗的董事会做出决议，同意沃华医疗向美中嘉和转让其持有的傲华科技100%股权
- 2016年2月22日，美中嘉和召开第一届董事会第三次会议审议了收购傲华科技和世纪友好的议案
- 2016年3月8日，美中嘉和召开2016年第二次临时股东大会通过了收购傲华科技和世纪友好的议案
- 2016年7月29日，美中嘉和召开第一届董事会第七次会议审议了终止收购世纪友好的议案
- 2016年8月16日，美中嘉和召开2016年第五次临时股东大会通过了终止收购世纪友好的议案
- 2016年9月12日，深圳市经济贸易和信息化委员会同意沃华医疗将其持有的傲华科技100%股权转让给美中嘉和
- 2016年9月21日，深圳市市场监督管理局核准本次股权变更登记，同时备案新的公司章程

图 3-6　美中嘉和并购傲华科技

资料来源：全国中小企业股份转让系统。

四、案例及亮点分析

根据 2016 年 9 月 26 日美中嘉和发布的公告显示，美中嘉和最终以现金支付的方式收购沃华医疗持有的傲华科技的 100%股权，交易价格为 322,721,870.96 元，并且在 9 月 21 日已经完成傲华科技的股权变更登记，相应资产已经全部过户完成。

为何并购标的从“一篮子”公司到最后只剩下一个傲华科技？

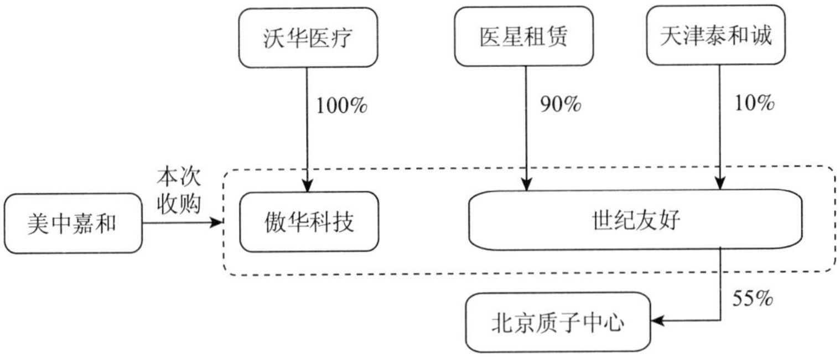

图 3-7 美中嘉和收购案股份关系图

资料来源：全国中小企业股份转让系统。

美中嘉和通过收购，可以将北京质子中心作为肿瘤放疗网络的“制高点”，进一步提高其公司的学术水平，快速奠定在国内放疗领域的地位，树立“精准放疗”品牌，提升美中嘉和的认可度和知名度，有利于整体业务的快速稳健发展及发挥协同作用。但正所谓“成也萧何，败也萧何”，正是因为北京质子中心筹备工作尚未完成，未来的投资额较大可能对美中嘉和其他投资项目造成一定的资金压力。鉴于此，在后来的收购计划中终止了世纪友好的收购，但考虑到美中嘉和在肿瘤放疗领域的野心和世纪友好在这一领域的实力，待该项目建设完成，业绩稳定后美中嘉和必定会再次开展收购事宜[①]。

由于受到不可预计的政策变动影响，傲华科技2016年盈利可能无法达到2016年2月22日披露的《盈利预测报告》预计，随着国家军队改革相关政策逐步落实，部分军队或武警医院提出与傲华科技提前终止租赁合同的要求，但终止合同仍需各方反复的协商谈判方能确定。经过并购双方协商后决定以傲华科技经审计的扣除分红后净资产322,721,870.96元作为股权转让价格。

尽管是“折价”收购，但3.23亿元的交易金额仍然占美中嘉和2015年度经审计的期末资产总额的403.75%，占其期末净资产总额的比例为566.67%。根据美中嘉和2015年年报显示，美中嘉和2015年经审计的财务会计报表期末资产总额为8042万元，期末净资产总额为5755万元。

表3-1　美中嘉和2015年财务状况报表

	本期期末	上年期末	增减比例
资产总计（元）	80，420，083.02	140，218，133.37	-42.65%
负债总计（元）	14，187，713.16	63，286，716.93	-77.58%
归属于挂牌公司股东的净利润（元）	57，558，938.45	64，885，896.04	-11.29%

资料来源：全国中小企业股份转让系统。

可能很多人会疑惑，这么大的并购，已经构成重大资产重组，所需要的钱来自何处？

美中嘉和2015年年报上显示，2015年年底，公司账上只有1720万元的现金。2016年2月24日，重组报告书公布的第二天，美中嘉和

① 中国青年网.《融资4亿买自家兄弟，是为了让中概股妈妈回新三板?》，2016-08-03. http://finance.youth.cn/finance_jsxw/201608/t20160803_8488810.htm.

进行了挂牌以来的第一笔融资。3 月 17 日，公司公布认购报告书，拟募集资金 5. 85 亿元，其中 3. 9 亿元用于战略收购。若定增可以顺利完成，美中嘉和的估值将达到 29. 47 亿元，是其母公司泰和诚医疗估值的 2. 5 倍左右[①]。

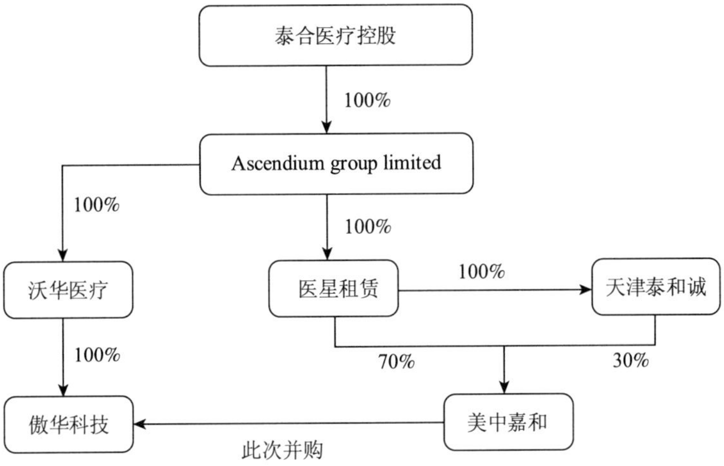

图 3-8　泰合医疗控股结构图

资料来源：全国中小企业股份转让系统。

而事实是，二者同为美国纽交所上市公司泰合医疗控股间接 100% 控股。本是兄弟公司，对于非公众公司来讲，不过是一次公司的内部结构调整，所以尽管涉及金额巨大，但自家人毕竟好商量。

五、案例小结

泰合医疗控股是纽交所上市企业，简单地说，这次收购就是该中概股公司要回归国内。比价传统的方式就是公司私有化后，回到国内

① 中国青年网.《融资 4 亿买自家兄弟，是为了让中概股妈妈回新三板?》，2016-08-03. http://finance. youth. cn/finance_ jsxw/201608/t20160803_ 8488810. htm.

借壳上市或者直接IPO，但这样经过一系列步骤，其中的时间和资金成本远不是一个只有12亿估值的公司所能承担的。

当然泰和诚医疗也可以采用低成本的方式，回拆VIE，整体上，新三板回归国内资本市场。但是就目前新三板的热度来讲，这条道路也是相当艰难曲折。鉴于此，泰合医疗通过完美的运作，开启了中概股回归的漫漫长路。首先在2016年1月25日将旗下100%间接控股公司美中嘉和推上新三板，接下来几个月进行了不断融资准备收购傲华科技和世纪友好，把自己的国外资产注入这家新三板子公司，从而实现曲线回国登陆新三板。

总结

本案例与百合网并购世纪佳缘同为中概股回归的案例，但二者不同的是，后者的并购方和标的方不是同一家公司，而前者并购方和标的方同属一个控股股东，其目的就是通过资本运作将母公司国外资产转移回国内资本市场。这也为很多新三板公司和拟挂牌新三板公司提供了一个思路，可以通过并购的方式将公司的私有业务注入新三板市场，从而实现曲线挂牌或者进入资本市场的目的，要知道在当前新三板挂牌速度放缓的情况下，曲线注入可以为企业节省很多的时间。

第三节　英雄互娱并购塞尔瑟斯——借力三板，移动电竞之父的资本游戏

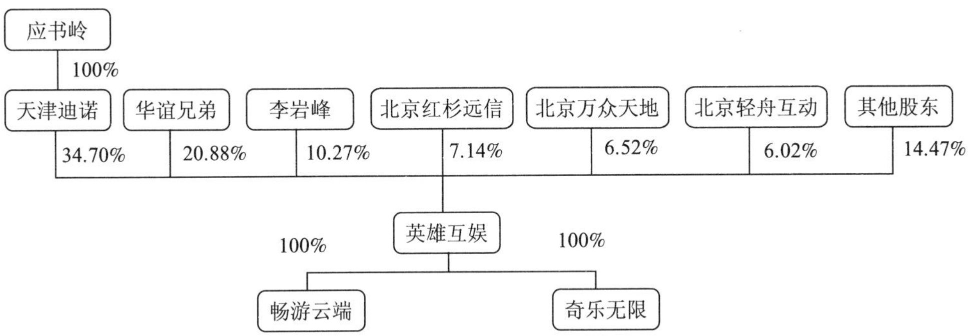

图 3-9　英雄互娱资本运作后股权结构图

资料来源：全国中小企业股份转让系统。

被称为移动电竞之父的应书岭在其离开中国手游之后，看准了移动游戏的潜力，成立自己的独资公司，又经过一系列的资本运作，借壳上市新三板，将一个年营业收入仅为2000万的仪表公司，在短短一年内改造成一个半年营业收入3.7亿的移动手游品牌公司。从天津迪诺借壳塞尔瑟斯，到英雄互娱接连并购畅游云端和奇乐无限，由一款游戏串起因果，也由一款游戏发展为一条稳定的拥有自主知识产权的产业链条，通过并购让英雄互娱的产业链条更加稳固，为其今后的发展奠定了坚实的基础。

在故事开始前，让我们先来做一个假设。如果你曾是一名市值百亿跨国公司的总裁，在公司决定战略重组时独立门户，辞职创业，手握行业众多资源的你会怎么做？正常套路下，你会先融资、拉起团队、成立公司，在经营几年有了盈利后考虑花5年左右的时间上市。但是规矩是用来打破的，套路是用来推翻的。有这么一位商人，他曾担任中国手游总裁、COO，离开中国手游后二次创业，借力新三板，玩起资本游戏，创业即上市，更是在上市后通过连续不断地并购和被并购，直接打通移动游戏行业上下关节，将整个产业链牢牢掌握在自己手里。这位不走寻常路的商人就是这个故事的主人公，现任英雄互娱董事长兼总经理应书岭。

一、事件亮点

（1）跨界并购，转型成功。通过运作一个仪表方向的三板公司，成功转型为一家移动手游公司。

（2）短时间内多次并购，一年内业绩增长18.5倍。被称为移动电竞之父的应书岭看准了移动游戏的潜力，通过并购借壳上市新三板，将一个年营业收入仅为2000万的仪表公司，在短短一年内改造成一个半年营业收入3.7亿的移动手游品牌公司。我们将用3个并购案来说明英雄互娱的资本野心。

二、并购背景

应书岭：移动电竞之父与中国手游

1981年出生的应书岭少年得志，酷爱极限运动。他在上海华东师范大学地理系经历了六个月的求学生涯后退学创业，并赚得第一桶金。

后出国求学，毕业后就职于渣打银行从事投资，成为渣打银行金牌销售。发现互联网游戏行业的潜在价值后，应书岭从渣打银行带出6个人，开始了自己在互联网游戏行业的打拼。

应书岭在移动游戏行业初露锋芒是在他加入国内首家纯手游公司——中国手游之后。2009年，应书岭加入中国手游娱乐集团，先后出任中国手游的总裁和COO。2015年6月，在美国纳斯达克上市3年的中国手游宣布私有化从纳斯达克退市，同年5月应书岭离开中国手游。

应书岭的离开是早已写好的剧本，早在一年前中国手游风波中埋下伏笔。2014年6月19日，一封中国手游内部邮件被曝光，邮件内容显示，因公司内部人士调动，应书岭等9位高管被停职，一时间，中国手游股价暴跌、被纳斯达克叫停、美律师事务所介入调查，但中国手游方面一直未对此事回应。业界纷纷猜测原因或为应书岭与肖健等高层不和，更有说此次的变动或牵涉到内部严重贪腐问题和不正当交易。停职事件一度升温，直至两天后，中国手游发布一篇澄清公告。6月23日，再次发布肖健与应书岭联合署名的公告，详细解释这次人事调整及架构调整。6月24日，应书岭被重新任命。之后出任中国手游COO的应书岭，离开了自己进入这个行业以来一直从事的发行业务，转而专职负责与第三方游戏开发商游戏代理发行业务[①]。

① 伊凡．《中手游内部重组 应书岭转任北京卓越晨星CEO》，2015-05-20. http：//tech. sina. com. cn/i/2015-05-20/doc-icczmvup2036228. shtml.

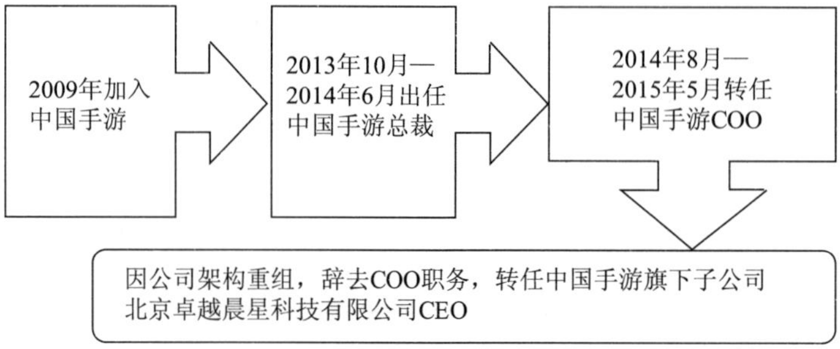

图 3-10　应书岭在中国手游的职务变动情况

应书岭离开中国手游时已转身成为公司的战略伙伴。

2015 年 5 月 20 日，在中国手游离开纳斯达克前夕，应书岭辞去中国手游 COO 职务，转任中国手游旗下子公司北京卓越晨星科技有限公司的 CEO。同时中国手游宣布，集团旗下成都卓星科技有限公司，决定对其一家并不活跃的子公司，即北京卓越晨星进行战略重组，在三年内将成都卓星持有的北京卓越晨星部分股份转让给天津卓越移动科技有限公司，并以其中的 2000 万元人民币作为北京卓越晨星的股本。同时，成都卓星将《全民枪战》和《天天炫舞》两款手机游戏的发行运营业务转移至北京卓越晨星。根据协议条款，北京卓越晨星若无法达成既定目标利润，即 2015 年人民币 4500 万元、2016 年人民币 8000 万及 2017 年人民币 1.07 亿元，天津卓越须向成都卓星无偿归还其所有的北京卓越晨星的股权，最高可达 25%的股权。另外，中国手游有权指定北京卓越晨星的董事席位，并且拥有优先购买权及共同出售权。

中国手游 CEO 肖建表示，以长远的眼光来看，战略重组后的北京卓越晨星将在应书岭的领导和管理下，提升自身及中国手游的收益，而新的任命有助于公司业务的发展以及最大化中国手游的投资回报①。

① 伊凡.《中手游内部重组 应书岭转任北京卓越晨星 CEO》，2015-05-20. http://tech.sina.com.cn/i/2015-05-20/doc-iccz mvup2036228.shtml.

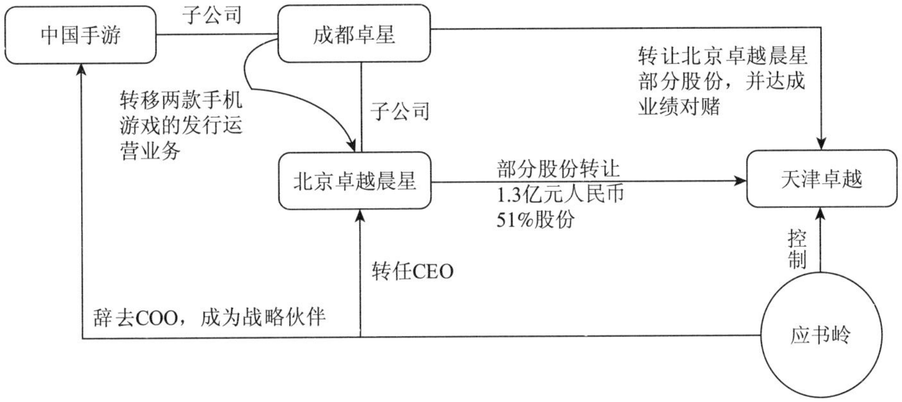

图 3-11　应书岭与中国手游之间的交易

行业背景

盛世造就英雄——游戏行业是一个奇迹的行业，而移动游戏则是成功逆袭的传奇。2016 年是整个网络游戏市场出现拐点的一年，移动市场份额首次超过 PC 端市场，成为最大的细分市场。

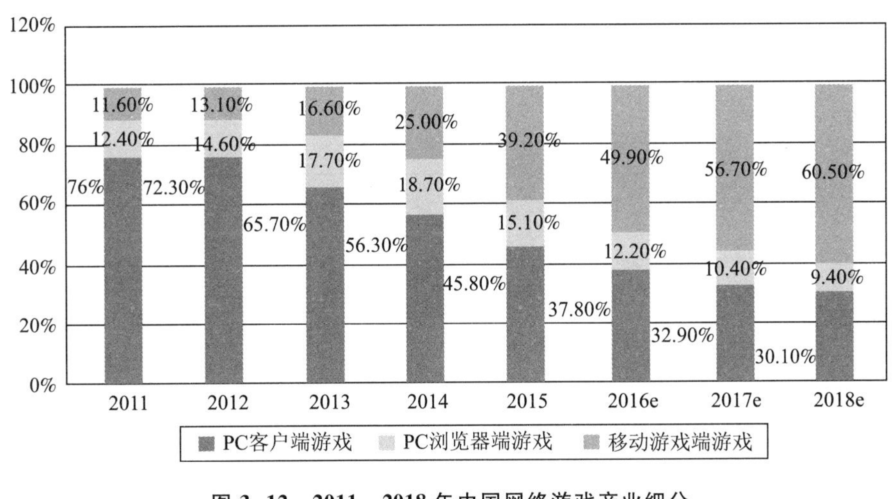

图 3-12　2011—2018 年中国网络游戏产业细分

资料来源：艾瑞 2016 年中国移动游戏行业报告。

《"十三五"规划纲要》提出了"文化产业成为国民经济支柱性产业"的主要目标和基本理念，移动网络游戏作为文化创意产业的一部分，异军突起。根据伽马数据公布的《2015年中国游戏产业报告》，2015年，中国游戏用户达到5.34亿人，同比增长3.3%。中国游戏市场实际销售收入1407.0亿元，同比增长22.9%。其中，中国移动游戏市场实际销售收入达到514.6亿元人民币，同比增长87.2%。而据亚洲市场研究公司Niko Partners预测，到2017年，中国国内移动游戏市场规模将达到83亿美元，占到整个数字游戏营收（包括移动、电视以及在线PC游戏等营收在内）的31%；并且，2016年年底，中国移动游戏玩家数量将达到4.65亿元，比过去的两年增加1亿多元。

井喷式发展的移动游戏却有着致命的硬伤。相对PC端游戏，移动游戏研发环节行业集中度较低，美誉度高的游戏产品产出不高。要对症下药，便需要移动游戏行业间的并购与产业整合。2015年，中国游戏行业并购规模超过450亿元，是2014年并购规模的2倍有余，其中移动游戏相关比例高达94%，以盛大游戏、中国手游为代表的美股退市游戏公司，深受国内资本市场的喜爱，收购价格率创纪录。

表3-2 中国游戏市场并购情况一览

年份	买方数量	卖方数量	并购金额（亿元）	涉及移动游戏比例
2013	19	26	201.01	44.1%
2014	26	33	218.05	87.0%
2015	30	52	456.36	94.2%

资料来源：全国中小企业股份转让系统。

随着2011年金刚游戏（430092）的挂牌新三板，填补了网络游戏的空白。截至2016年12月15日，新三板网络游戏行业企业数量已逾百家，其中55家为移动游戏企业。

三、三次并购，英雄互娱集团雏形成立

案例一　天津迪诺并购塞尔瑟斯：借壳入驻新三板构筑大厦基业

2015 年 10 月 26 日，“英雄互娱”正式替代“塞尔瑟斯”出现在全国股转系统中，宣告应书岭在中国资本市场首战告捷。应书岭犹如手执棋子，在中国移动游戏的疆域里，构建了一个宏大的框架，而借壳北京塞尔瑟斯仪表科技有限公司，这只是游戏的开篇。

比 A 股市场包容度更高的新三板市场是应书岭的目标，新三板较高的投资门槛能够为其筛选出实力强大的战略投资者，从而保障即将成立的英雄互娱的发展。应书岭表示，手游是资本密集型产品，英雄互娱须搭上资本快车，自己经历过中国手游上市，这也加速英雄互娱登陆新三板进程。

1. 亮点

崇尚竞技精神，热衷极限运动的应书岭也将他在竞技中的那股劲投入到新的创业事业中来，全力以赴进军中国资本市场，一系列动作可以用“快、准、妙”三个字来形容。

快如疾风，人事变动和股权变动双管齐下，加快并购进程。

目标精确，一击即中，借壳过程不兴波澜。

超额融资，应书岭空手套白狼，在 VC 行业大佬们的支持下，顺利完成借壳，入驻新三板①。

---

① 崔西 刘安妮．《张狂冒险家应书岭：沈南鹏徐小平为何追投他?》，2015-07-14. http：//tech. sina. com. cn/i/2015-07-14/doc-ifxewnie5479430. shtml.

2. 并购背景

并购方：天津迪诺

天津迪诺投资管理有限公司，成立于2015年3月4日，注册资本500万元，经营范围为投资管理、资产管理（金融资产经营管理除外）、投资咨询服务。其法定代表人为应书岭，公司也由其完全控股。天津迪诺成立仅两个月后借壳新三板，可以说天津迪诺是应书岭手里的一把利剑，是他开疆拓土时的先锋堡垒。

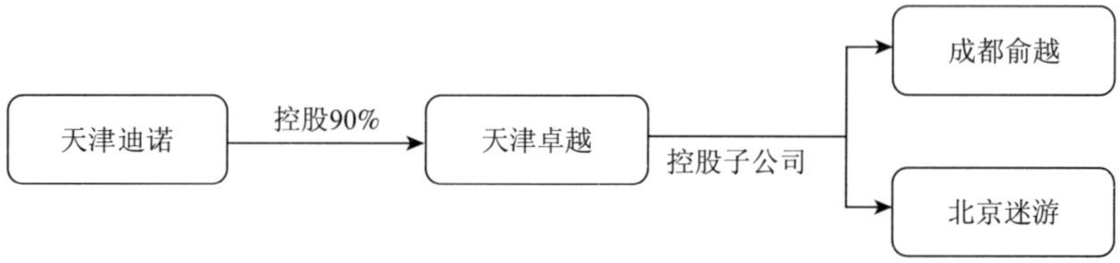

图3-13 天津迪诺收购塞尔瑟斯时所控制的核心企业

资料来源：全国中小企业股份转让系统。

标的方：塞尔瑟斯

塞尔瑟斯（43012）2012年6月21日挂牌新三板，由贾力波和马立君两人共同出资设立的有限责任公司整体变更而来，最初注册资本为10万元，研发、生产和销售自动化仪器仪表为主营业务。经过几番股权更迭后，在本次并购交易前夕，公司的股权几乎全掌握在董事长兼总经理的李岩峰手上。李岩峰是马立君的儿子，毕业于北京工业大学艺术设计专业，曾进入北京新大云传感技术公司工作，并于2003年接管塞尔瑟斯。

表 3-3　交易前股东持股情况

股东名称	股东性质	持股数量（股）	持股比例（%）
李岩峰	个人	14235000	94.90
马立君	个人	765000	5.10

资料来源：全国中小企业股份转让系统。

塞尔瑟斯是标准的“大众脸”，放在新三板市场里根本不会有人关注，在全国股转系统中几乎没有公开转让过股票。这是一家循规蹈矩地走向成功的典型。然而，历史的车轮滚滚向前，资本的市场里永远不乏叛逆的造梦者。当应书岭点燃野性的火种，李岩峰决定放手一搏，去体验另一种人生。

表 3-4　塞尔瑟斯 2012—2014 年财务数据年报

	营业收入（元）	净利润（元）
2012 年	30，223，033.93	376，149.80
2013 年	31，096，923.48	1，212，179.39
2014 年	21，740，017.63	16，304，420.48

资料来源：全国中小企业股份转让系统。

选中塞尔瑟斯不是偶然而是必然。塞尔瑟斯在本次并购前已经有了一定的技术基础，其子公司北京控杰科技有限公司便是一家软件开发公司。此外塞尔瑟斯一路发展而来，步子迈得稳，消除了英雄互娱的后顾之忧。截至本次并购前，塞尔瑟斯的注册资金已经变更为 1500 万。

3. 发展过程

整个交易过程可以简述为：2015 年 3 月 4 日，应书岭成立了一家由自己独资所有的天津迪诺投资有限公司。之后天津迪诺及其他机构投资者以现金方式认购塞尔瑟斯定向增资的股份，公司在向股转公司上报增资材料的同时一并上报了收购报告书。在股转系统出具认可公司增资以及实际控制人改变的增资确定函后公司完成工商登记的变更。

2015年10月25日，公司发布将塞尔瑟斯更名为英雄互娱的公告，并于次日在股转系统正式更名，公司英文名称变更为Hero Entertainment Co.，Ltd.，证券代码保持不变。本次并购结束后，天津迪诺直接持有塞尔瑟斯45.862%股份，成为了公司的实际控制人，公司的法定代表人变更为应书岭。

随后，股东大会通过《关于公司变更主营业务的议案》，将公司主营业务从研发、生产和销售自动化仪器仪表变更为手机游戏研发、手机游戏发行、移动电竞赛事组织。

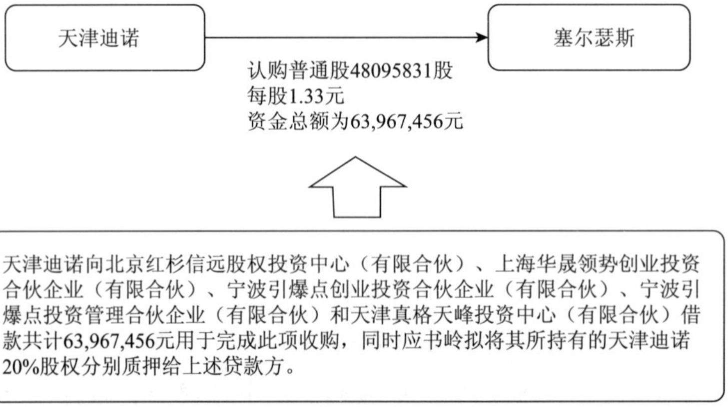

图3-14　本次交易资金总额、支付方式及资金来源

资料来源：《北京塞尔瑟斯仪表科技股份有限公司收购报告书》（2015-6-12）。

4. 亮点分析

（1）两度高管大换血，循序渐进借壳成功。为了更快、更好地入主塞尔瑟斯，应书岭和他的团队计划并实施了两次公司高层的大换血。

先是应书岭的团队成员成功进入塞尔瑟斯高层，着手推进并购进程。在塞尔瑟斯公布因重大资产重组事项暂停转让后，原塞尔瑟斯董事会、监事会及包含总经理、董事会秘书、财务总监的公司高层人员纷纷以个人原因为由辞职。同日，新的总经理兼董事会秘书、财务总监由苏炜出任，监事会也提名了新的监事及监事会主席。

然后将应书岭第一轮融资对象换入，董监两会齐聚中国 VC 行业大佬。在《北京塞尔瑟斯仪表科技股份有限公司收购报告书》发布 3 天后，董事会通过一系列决议，包括增加董事会人数、改选第二届董事会董事、修改公司注册名称、聘任总经理的议案，其中决定聘任应书岭为公司总经理，并将公司名称修改为北京英雄互娱科技股份有限公司。7 月 1 日，以上议案通过股东大会，标志着新一套领导班子登上塞尔瑟斯的舞台。此时，应书岭、沈南鹏、包凡、杜鑫歆、黄胜利、吴旦、张璐明为公司董事，徐小平、王信文为公司监事①。

（2）增资扩股，第一要义是打好基础。有计划，有胆量，应书岭超额完成第一轮融资。应书岭认为，对于游戏创业公司而言，获得好的早期估值很重要，以实现资源快速整合，但做实业务同样也很重要。于是在对新公司的估值 100 亿元的同时，应书岭对投资者承诺要持续做上下游相关业务收购，打通产业链资本，在发行上做一个能叫板腾讯、能走向全球的平台。

案例二　英雄互娱并购畅游云端：移动电竞市场上的协同作战

刚刚挂牌新三板，还没有喘口气，应书岭就带着他的团队马不停蹄地挥师南下，抢占市场高地。于是在应书岭成功入驻新三板仅仅一个月后，英雄互娱就发布了以战略合作与垂直整合为目的，并购游戏

① 触乐新媒体 .《英雄互娱宣布收购〈全民枪战〉开发商畅游云端》，2015-07-24. http：//mt.sohu. com/20150724/n417475861. shtml/.

研发商畅游云端（北京）科技有限公司100%股权的公告。

1. 亮点

扼住产业咽喉，拓宽产业链条；涉及关联交易与重大资产重组，标的增值率超过3000%，最终通过补偿协议保驾护航。

2. 并购背景

标的方：畅游云端

对移动游戏有宏伟布局构想的应书岭看中的是畅游云端强大的游戏研发能力。畅游云端成立于2013年6月，是国家高新技术企业。公司在实时网络通信、游戏引擎技术及优化方面有丰富积累，旗下FPS手机竞技游戏入选游戏赛事WECG官方比赛项目。畅游云端核心团队成员在游戏开发领域拥有强大的实力。

表3-5 交易对方在畅游云端的出资额及持股比例

序号	股东	出资额（万元）	出资比例（%）
1	西二旗科技	160	80
2	真格天创	40	20
合计		200	100

资料来源：全国中小企业股份转让系统。

3. 发展过程

本次并购发生于6月16日，应书岭成功入驻塞尔瑟斯之后，在本次并购开始前塞尔瑟斯的股东大会甚至还没有通过应书岭和他的投资人进入董监两会的决议，塞尔瑟斯也还没有改名为英雄互娱。但就在这样的情况下，应书岭硬是把并购这件事提上了日程。

表 3-6 本次交易详情

标的企业	畅游云端（北京）科技有限公司
交易对手	天津西二旗科技合伙企业（有限合伙）
	北京真格天创股权投资中心（有限合伙）
交易标的	西二旗科技持有的畅游云端 80%股权
	真格天创持有的畅游云端 20%股权
支付方式	原方案为支付现金及定向发行股票，后更换为全部支付现金
交易价格	96，770 万元

英雄互娱一开始计划以定向增发股份加支付现金的方式收购西二旗科技手中的畅游云端 80%股份，但之后这个计划夭折，并改为以全部支付现金的方式收购。毕竟已是公司监事，且在此次交易已经涉及关联交易的情况下，直接拿现金让位无疑是最简单快捷的，这也符合英雄互娱一路来风风火火、不拖泥带水的性格。但鉴于英雄互娱刚刚成立，虽然拉拢了中国 VC 界的豪杰支持，但这钱依旧得精打细算着花，毕竟野心勃勃的英雄互娱还有着其他的投资计划。因此，本次向西二旗科技和真格天创协议的现金支付方案都采取了分期付款的方式①。

4. 亮点分析

（1）扼住产业咽喉，拓宽产业链条。畅游云端和应书岭的渊源要追溯到《全民枪战》。畅游云端是这款游戏的研发商，而中国手游在几经波折后成功拿到了游戏的代理权，版权属于此前旗下子公司北京卓越。在应书岭卸任中国手游 COO 时，北京卓越的控制权被转交到了他的手上。但在移动竞技领域野心不浅的应书岭并不满足于此，在他的

① 梁辰．《英雄互娱拟 9.6 亿收购畅游云端布局移动电竞》，2015-07-24. http：//tech. qq. com/a/20150724/048208. htm.

布局下，英雄互娱决定拿下游戏的研发团队，同时将《全民枪战》作为其主打的竞技概念的核心产品之一。深谙游戏行业发展的应书岭知道，“问渠哪得清如许，为有源头活水来”，没有强大的后备支持，做光杆子司令，公司发展很快便会面临发展瓶颈的障碍①。

而对于畅游云端来说这次并购也是一本万利的好生意。虽然畅游云端处于业务上升期，但其缺乏游戏运营能力与资源。酒香还怕巷子深，而应书岭其人，本就是做游戏发行出身，刚好弥补了畅游云端的短板，使其研发产品获得更多的市场关注和资金支持。

有业内人士对此次并购评价称：“区别于一些游戏上市公司为做市值而进行盲目收购CP，英雄互娱针对畅游云端的并购，是基于互相合作的相互信任，双方不仅理念吻合，对于移动电竞未来市场的发展都抱以巨大的热情。双方的合并也是水到渠成之事。”②

（2）交易中涉及的关联交易与重大资产重组。这是一场有预谋的并购，早在应书岭跨出创业第一步的时候他就已经写好了下一场的剧本。从事多年游戏发行业的应书岭深知，要拿到一款游戏的营运版权是很费功夫的，但如果他能够“擒贼先擒王”，直接扼住咽喉所在，将游戏的研发掌控在自己手里就不用在担心买不到版权的问题了。于是在他布局整个集团规划时他便将枪口瞄准了畅游云端，而在并购中发生关联交易便就在意料之中。

---

① 触乐新媒体.《英雄互娱宣布收购〈全民枪战〉开发商畅游云端》，2015-07-24. http：//mt.sohu.com/20150724/n417475861.shtml/.

② 梁辰.《英雄互娱拟9.6亿收购畅游云端布局移动电竞》，2015-07-24. http：//tech.qq.com/a/20150724/048208.htm.

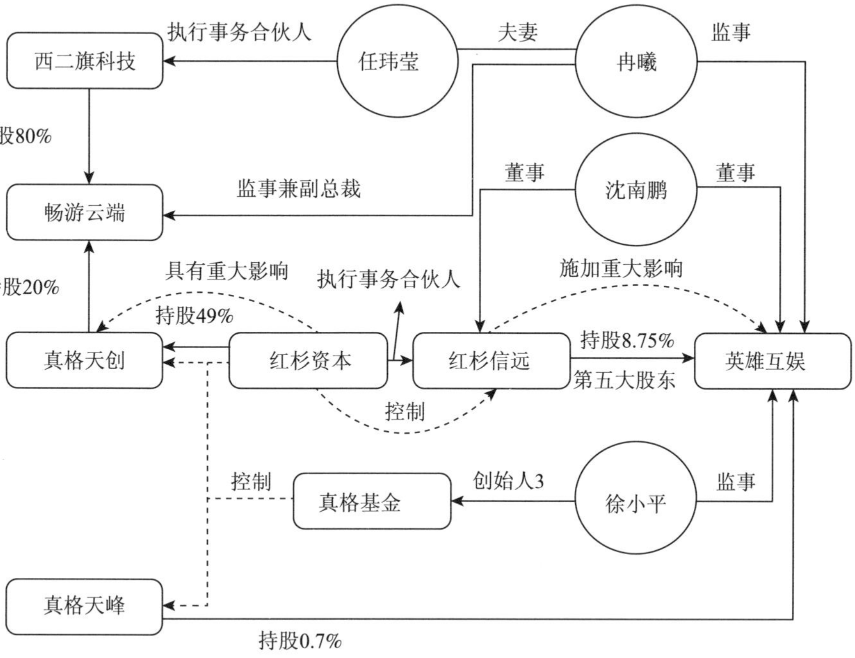

图 3-15　本次交易中的关联关系

此外，本次交易还构成重大资产重组。英雄互娱 2014 年经审计的财务会计报表期末资产总额为 30,324,162.30 元，期末资产总额为 19,484,746.26 元。此次交易价格为 96,770.00 万元，占最近一个会计年度经审计的期末资产总额的比例为 3,191.18%，占期末净资产总额的比例为 4,966.45%，故构成重大资产重组。

（3）标的增值率超过 3000%，补偿协议保驾护航。游戏讲究的是未来的价值，所以对畅游云端股东全部权益价值进行评估时采用的是收益法，其原因在于这种方法从资产预期获利能力的角度评价资产，而畅游云端能否把自己卖出一个好价钱的关键在于它未来开发的产品的吸金能力。

据英雄互娱公告显示，截至评估基准日 2015 年 5 月 31 日，在持续经营前提下，畅游云端100%股权的账面价值为2,802.34万元，评估结果为价值96,829.36元，增值94,027.02万元，增值率3,355.30%。经过各方协商，确定交易的交易价格为96,770万元。而畅游云端此时的注册资本仅为200万元。

显然这是一场豪赌，而喜欢挑战极限运动的应书岭玩的就是心跳。他相信自己对这个行业的判断，当机立断要拿下畅游云端，以快速占领市场，并向全产业链进发。

另一方面，应书岭的果决也是有的放矢。西二旗科技、冉曦、郭瑞向英雄互娱承诺：畅游云端2015年度净利润（即经审计的合并报表扣除非经常性损益后归属于母公司的净利润）不低于8,000万元，2016年度净利润不低于10,400万元，2017年度净利润不低于13,000万元。如果畅游云端净利润低于业绩承诺数额，西二旗科技、冉曦、郭瑞需对英雄互娱进行现金补偿。

案例三　英雄互娱并购奇乐无限：开疆拓土，形成战略联盟

横向并购，深化产业布局——英雄互娱以现金及发行股票的方式收购深圳市奇乐无限软件开发有限公司100%股权。然而，相比于之前天津迪诺的一个月借壳，三个月并购畅游云端，这次长达一年的并购说得上是一场持久战了。而此次并购对于应书岭来说更甚，与中国手游的间接交手，是藕断丝连的情谊，还是王不见王的决绝，抑或是强强联手的壮志？不管怎样，都无法否认，此次并购让英雄互娱的产业链条更加稳固，为其今后的发展奠定了坚实的基础[①]。

---

① 梁辰．《英雄互娱拟9.6亿收购畅游云端布局移动电竞》，2015-07-24. http：//tech.qq.com/a/20150724/048208.htm.

1. 亮点

在本次交易结束后，英雄互娱与奇乐无限，甚至与深圳中国手游结成战略联盟，英雄互娱的管理、人才也将嫁接到奇乐无限，奇乐无限同时也会成为英雄互娱拓展新的业务领域的平台。

2. 并购背景

标的方：奇乐无限

奇乐无限是一家从事互联网软件、渠道合作的运营商。曾受游戏粉追捧的跑酷游戏《神偷奶爸：小黄人快跑》和休闲游戏《富豪金三顺》就是奇乐无限负责发行的。

和英雄互娱控制人应书岭关系匪浅的中国手游是奇乐无限的老东家。汇友数码（深圳）有限公司于2010年4月19日出资设立奇乐无限，并于2012年增资19万元。汇友数码原为中国手游为实现境外上市搭建VIE架构而在境内设立的公司。2015年，奇乐无限进行了第一次股权转让。汇友数码将股权分别转让给了深圳市岚悦网络科技有限公司，深圳市豆悦网络科技有限公司和深圳市中国手游网络科技有限公司。半年后，股权再次进行转让，其控股股东由深圳岚悦变更为深圳中国手游。因为豆悦科技、深圳中国手游均为深圳岚悦的全资子公司，所以该次股权转让后奇乐无限的控制权关系并未发生变更。此外，截至2016年6月，中国手游持有深圳岚悦100%的股权。

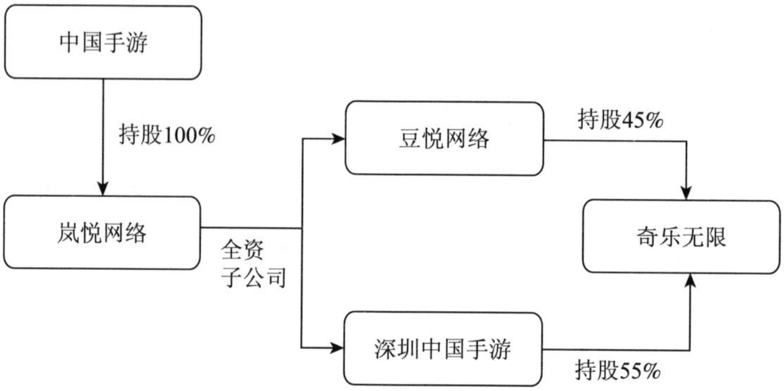

图 3-16 并购方关系图

资料来源：全国中小企业股份转让系统。

3. 发展过程

英雄互娱2015年年末经审计，每股净资产3.04元。而在本次发行股票之前，最近一次定向增发的价格为68.53元/股。2016年5月11日，公司2016年第七次临时股东大会批准了2016年第一季度权益分派，即每10股转增90股。该预案已于2016年5月23日实施完毕，本次股票发行价格已经根据转增实施结果做出了相应调整。本次发行价格综合考虑了实际情况，并与投资者沟通后最终确定为8.3元/股。从业务到股权，应书岭和中国手游又一次相交。

所以，在本次交易前，英雄互娱已通过发行股票募集19亿元资金，无需配套融资，新三板资本平台的作用凸显。

表 3-7 本次交易详情

标的企业	深圳市奇乐无限软件开发有限公司
交易对手	深圳市中国手游网络科技有限公司
	深圳市豆悦网络科技有限公司
交易标的	深手游持有的奇乐无限55%股份
	豆悦网络持有的奇乐无限45%股份

续表

支付方式	支付现金及定向发行股票
交易价格	49，450 万元

资料来源：全国中小企业股份转让系统

4. 分析

版权乃兵家必争之地

缘起中国手游，钟情《全民枪战》。继英雄互娱拿下游戏研发商畅游云端，又紧锣密鼓地开始并购奇乐无限。对于英雄互娱来说，本次横向并购，一方面是扩大了市场份额，另一方面是可以拿下《全民枪战》和《天天炫舞》两款游戏的运营权。前文已提过，以上两款游戏在应书岭离开中国手游时被转交给了北京卓越晨星，而奇乐无限与北京卓越晨星均为深圳岚悦控制的企业。根据奇乐无限与北京卓越晨星签署的《业务转让协议》，自 2016 年 1 月 1 日，北京卓越将其拥有的《全民枪战》《天天炫舞》移动游戏在中国内地的独家营运权无偿转让给奇乐无限[①]。

虽然感觉上对应书岭来说两款游戏的版权是左手倒右手，最后还是由他控制，但实际上细究起来还是有区别的。此前有王老吉和加多宝纷争，对于英雄互娱来说，将版权真正控制在自己手里才是王道。本次并购之后，也正如英雄互娱所期望的那般，《全民枪战》撑起了其主营业务收入的半壁江山。

当然此番运营权转让还带来了后续的反应。介于本次收购主要看中的是奇乐无限转让业务的价值，评估机构选取收益法，在奇乐无限

① 杨斌．《英雄互娱并购奇乐无限：去年错过的投资人哭晕》，2016-01-20. http：//finance. qq. com/a/20160120/031436. htm.

的备考合并报表的基础上，对未来年度企业自由现金流进行测算，最后算得奇乐无限股东全部权益价值评估增值率达到2,336.48%。据《企业价值评估报告书》，截至评估基准日2015年12月31日，奇乐无限的总资产为24,791,446.82元人民币，负债总额为4,495,783.51元人民币，净资产为20,295,663.31元人民币，奇乐无限股东全部权益价值为人民币494,500,000.00元人民币。

并购奇乐无限的英雄互娱历经半年的厚积薄发，已经比前一次并购畅游云端时更加成熟、壮大。

四、案例及亮点分析

（一） 运筹帷幄，决胜千里之外

在中国互联网发展历程中，很少有公司能像英雄互娱一样快速成长。而这一切都归功于其领导者应书岭的筹划。天津迪诺是应书岭的第一步棋，之后环环紧扣，融资投资两不误，在最短的时间内将公司规模扩张。而按照这个套路走是有一定的先决条件的。首先，要有一个深谙游戏之道的团队；其次，要有一群懂得如何玩转资本的投资人。应书岭是幸运的，他用自己在中国手游的出色表现，赢得了行业的心，也赢得了投资人的心。如今的英雄互娱已经初见巨轮雏形，也计划向着更广阔的资本海洋航行。无论是成功借位华谊兄弟还是迁至贫困县后的IPO绿色通道，向来心思紧密的应书岭显然已经为英雄互娱写好了下一场的剧本。

（二） 融资明星阵容，齐聚中国VC行业大佬

应书岭曾说过“别人觉得我们是玩资本运作，但那么多玩资本运

作的，我们难道不是最扎实的吗?”在应书岭的第一轮融资里，红杉资本领投、华兴资本和真格基金跟投，沈南鹏、徐小平及包凡进入董事会，同时，华兴资本董事总经理黄胜利和真格基金副总裁吴旦离开自己的老东家，转投到新公司中去，分别出任新公司 CFO 和 CIO（首席投资官)。真格基金也成英雄互娱战略级合作伙伴。

黄胜利表示，应书岭能撬动这么多资源，除看好英雄互娱本身的发展前景外，更重要原因是应书岭非同一般的资历。他说，“应书岭虽然年轻，不像行业大佬，但他管理过 1 个月数亿流水的生意，在行业里面真正像拥有他这样资历的人再次创业的不多。”徐小平曾透露，原希望把整个人民币基金都投进去，最后只给了四分之一，因为抢的人太多[①]。

在获得沈南鹏、包凡、徐小平等人支持后，英雄互娱动作也很快，在 2015 年的 6 月中旬就借塞尔瑟斯登陆了新三板，此时，英雄互娱才正式宣布成立。

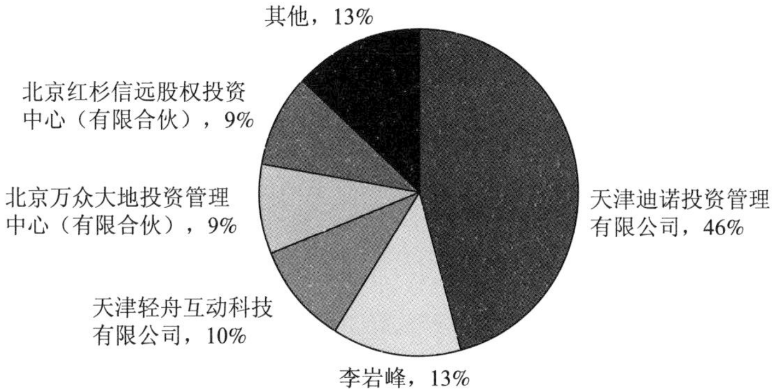

图 3-17　第一轮融资后前五大股东持股比例

资料来源：全国中小企业股份转让系统。

① 雷建平.《英雄互娱 CEO 应书岭：我如何撬动徐小平和王思聪》，2015-09-22. http：//tech. qq. com/a/20150922/012758. htm.

（三） 强大的管理团队，英雄的惺惺相惜

在一定程度上讲，黄胜利、吴旦都曾是应书岭最主要的对手。其原因是，黄胜利一直在帮助中国手游的主要对手昆仑万维、触控融资，而真格基金是游戏领域投资最成功的天使基金，连续抢投成功了7款游戏产品，直接影响中国手游的IP运营计划。这也许就是不打不相识，英雄相惜，最终成就了英雄互娱。应书岭对徐小平表示，“我希望你能够投资我们，但我更希望吴旦能够加入。”[①]

不得不说，应书岭是一个优秀的商人，手握一流的行业资源，背靠一流的资本团队，在新三板市场叱咤风云。而他的成功在于用活了新三板的资本规则，用最快的速度笼集了大量的资本，支持整个公司飞跃式增长。

五、案例小结

可以说应书岭其人用活了公司的战略规划理论，使公司发展的每一步都紧紧相扣，从长期到短期，算无遗策。天津迪诺是他手里的利器，一方面作为其控制英雄互娱的中介，另一方面则是他取得投资者资金的保证。先行一步，步步为营。从天津迪诺并购塞尔瑟斯，到英雄互娱接连并购畅游云端和奇乐无限，由一款游戏串起因果，也由一款游戏发展为一条稳定的拥有自主知识产权的产业链条。而其中吸纳华谊兄弟的资金更是为后一次并购提供了强有力的资金支持。而为应书岭的行动提供保障的是新三板特有的资本环境。

① 雷建平.《英雄互娱CEO应书岭：我如何撬动徐小平和王思聪》，2015-09-22. http：//tech.qq.com/a/20150922/012758.htm.

总 结

应书岭的成功是不可复制的，但是他的战略却可以学习。无论是新三板挂牌公司还是拟挂牌新三板的公司，都要明确一个问题就是：挂牌新三板永远都是公司战略的一部分，是为企业长远发展提供契机的重要环节。如何把握住这个契机，还要看企业的长期战略目标和战略的具体实施。新三板是一个最好的平台，也是一个最坏的平台，如果挂牌公司能够利用好新三板这个资本平台，步步为营，稳扎稳打，像应书岭一样打造一个全产业链条，这就是一个最好的平台；如果挂牌公司不能利用好新三板这个平台，新三板将是一个累赘，无限的信息披露、中介服务费等都会给企业徒增烦恼，这就是一个最坏的平台。

第四章

上流声议，遐迩所闻——2016年新三板借壳知名三大案例

“借壳”一个褒贬参半的词语，借壳可能使得原本该被淘汰的公司继续生存得到市场估值，另一方面，更多的公司通过借壳，获得声誉，匹配更多资源，完成公司的关键战略。

九鼎、华图教育、南孚电池，这三个耳熟能详的公司也应势加入2016年的并购热潮，九鼎和华图教育都将并购主板借壳上市作为关键战略。与前两家是新三板公司不同，未挂牌三板但家喻户晓的南孚电池，在被新三板公司亚锦科技并购之后，也开启了梦寐已久的挂牌之路。在本章，我们将分享2016年最知名的与新三板相关的三大借壳案。

第一节　九鼎借壳中江——主板“私募”第一股

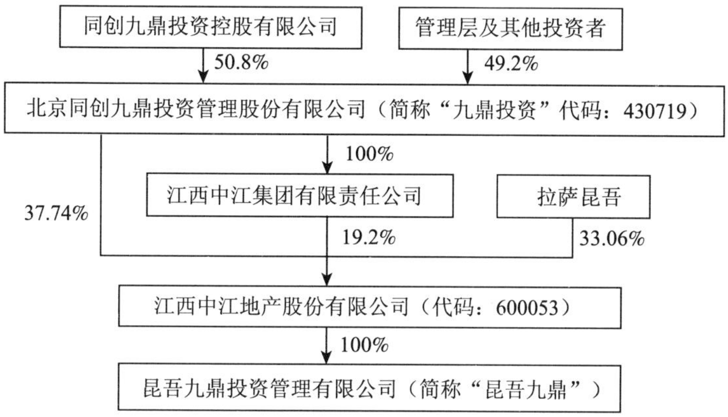

图 4-1　九鼎借壳中江后股权图

资料来源：全国中小企业股份转让系统。

2015 年 5 月，九鼎投资通过电子竞价的方式，以 41.496 亿元竞得中江集团 100%股权后，将昆吾九鼎投资管理有限公司以现金出售方式注入到中江地产之后，同时九鼎投资认购中江地产非公开发行股份 61,644.94 万股。此次借壳中江后，九鼎投资合计持有中江地产 90%的股权，并通过整合的方式将旗下最大的私募股权业务推向主板市场，成为上市公司私募股权第一股，实现了母公司、子公司双双上市，势在打造一个覆盖全金融行业的集团化金融帝国。

在投资界业内有句公认的话“九鼎过后，寸草不生”，也有人说九鼎像一群饥饿的狼，“扫荡式”的疯狂捕食①。对于九鼎的存在，业界对它的评论也是褒贬参半，百度“九鼎”相关内容，毫不意外出现了“游戏规则的破坏者”“PE 公敌”“创新模式”“重新定义了私募股权，推动了资本市场”等词句。是否破坏游戏规则现在还不好说，但在后者上九鼎自成立以来确实给大家带来耳目一新的玩法和经营管理方式，直至今日，做出了许多傲人的成绩：

首家登陆新三板的私募股权投资机构！

市值过千亿，稳居新三板市值榜首！

董事长吴刚身价 175 亿，连续新三板首富！

首家登陆主板的私募机构！

那么，究竟是一个什么样的投资机构敢在主板和新三板之间大肆张扬呢？又是怎样一个上市公司被新三板的企业咬住不放呢？我们有必要挖掘一下他们的“黑”历史。

一、事件亮点

（1）曲线注入，弯道超车，成为首家登陆主板的私募机构！九鼎集团通过一系列资本运作手段，在监管制度的框架内游走，巧妙避开红线，借壳中江，成为首家新三板私募公司并购主板公司。

（2）借助新三板、主板两大资本市场，九鼎通过投资、并购等资本手段设立或控股各种金融机构，打造资金闭环，正缔造一个覆盖全

① 创业智库（ID：cyzk88）九鼎的真面目！9 年前，负债 200 万的无名之辈，地下室创业，如今市值 1024 亿！http：//mp. weixin. qq. com/s？ _ _ biz = MzA5NDg2NDQ2OQ = = &mid = 2651311773&idx = 2&sn = d08a25381f35b4d44d4355e202c8a9d2&chksm = 8bbb7ba7bcccf2b1fc92a3ca4f0487552d16a4ce850b9acac53cbc2c80ae4929e8f1fef879&mpshare = 1&scene = 1&srcid = 0114mjut2hDFTLE0xiifdpBI#rd.

金融行业的集团化金融帝国。

二、并购背景

并购方：九鼎投资

北京同创九鼎投资管理股份有限公司（以下简称：九鼎投资，后变更为九鼎集团），公司成立于2010年，2013年成为股份公司。

熟悉九鼎的人都知道，九鼎背后的团队都是有相关行业或者机构的从业背景，其中董事长吴刚有证监会从业背景，曾一度被称为“最年轻的处长”，其余几位董事黄晓捷、吴强、蔡蕾和覃正宇都有银行、证券、信托等相关从业经验。可以说，这五位主要负责人是最佳组合。

表 4-1　九鼎创始合伙人工作背景

创始合伙人	工作履历
吴刚	董事长，毕业于西南财经大学，管理学硕士，具备注册会计师、法律职业资格及资产评估师资格。曾就职于中国证监会机构监管部检查一处、风险办一处，先后任副处长、处长、广西北部湾国际港务集团总裁助理；2010 年至今，任昆吾九鼎投资管理有限公司董事长；2010 年起，任北京同创九鼎投资控股有限公司、北京同创九鼎投资管理股份有限公司董事长等职。
黄晓捷	董事，毕业于中国人民银行研究生部，金融学博士；曾就职于中国人民银行研究生部，任办公室副主任；2010 年至今，历任北京昆吾九鼎投资控股有限公司、北京同创九鼎投资控股有限公司、北京同创九鼎投资管理股份有限公司副总经理、总经理。
吴强	董事，毕业于西南财经大学，管理学硕士，财政部财政科学研究所博士在读。先后就职于万联证券、宏源证券、安信证券、国信证券。2010 年至今，历任北京昆吾九鼎投资控股有限公司、北京同创九鼎投资控股有限公司、北京同创九鼎投资管理股份有限公司副总经理。
蔡蕾	董事，毕业于四川大学，工商管理硕士，曾就职于中铁信托研究部，历任总经理、投资部总经理、董事会秘书；2007 年至今，任昆吾九鼎投资管理有限公司董事、副总经理；2010 年至今，历任北京昆吾九鼎投资控股有限公司、北京同创九鼎投资控股有限公司、北京同创九鼎投资管理股份有限公司副总经理、总经理。

续表

创始合伙人	工作履历
覃正宇	董事，毕业于西南财经大学，管理学硕士，注册会计师。先后就职于特区证券，万联证券，华西证券，国都证券，国信证券。2011年至今，历任北京昆吾九鼎投资控股有限公司、北京同创九鼎投资控股有限公司、北京同创九鼎投资管理股份有限公司副总经理。

资料来源：东方财富 Choice 数据库九鼎披露公告。

九鼎经过近十年的发展，到现在具有千亿级规模的市值，一方面抓住了一波互联网红利，在最佳的时机入市创业；另一方面还取决于九鼎集团在私募股权投资管理上面的创新。

在模式上，九鼎在各个省、区域找到合适的人员驻扎当地，负责联络和发现当地企业，进行大规模的扫荡式的抓取 Pre -IPO 项目。改变了以往的的企业找 PE 的模式，主动出击，遍地撒网，重点捞鱼。除此之外，九鼎学习福特公司生产汽车的生产方式，进行标准化和专业分工，在 PE 行业首次引入了流水线模式。九鼎也因此被业界称为“PE 工厂”，形成上市产业链模式。

在“扫街式”项目调研和“上市流水线”式的包装运作下，自2010年，九鼎投资后来而居上，一直高居中国私募股权投资机构前五强。

不过，在九鼎集团大规模扫荡 Pre -IPO 项目时，2012年下半年主板 IPO 暂停给了九鼎一次打击，通过上市赚取超额盈利的道路被暂关闸门，意味着九鼎将要囤积大量投资项目，此外，由于九鼎在前期私募管理协议中包括的投资“保底增值”的承诺，九鼎需自行融资偿还到期退出的融资本息。截至2013年年底，九鼎投资净资产不足5亿元，资产负债率45.53%，当年经营现金流为-5800多万元，已明显陷入

“入不敷出”的财务窘境。①

正所谓“生于忧患，死于安乐”这一次的有惊无险业也让九鼎重新规划未来，于是 2014 年 4 月 29 日，北京同创九鼎投资管理股份有限公司（暨九鼎投资）登录新三板，成为第一家登陆新三板的 PE，迅速夺得新三板市值榜首的宝座。根据清科集团 2015 年、2016 年度中国股权投资年度排名榜单中，中国私募股权投资机构（PE）50 强九鼎排名第一、第三。

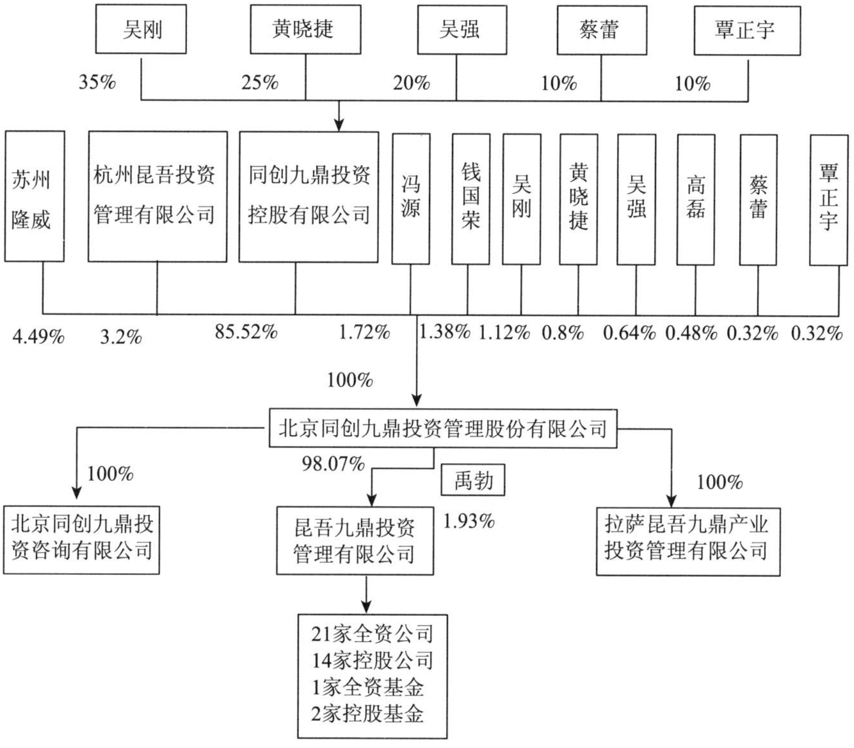

图 4-2　九鼎投资股权结构图

资料来源：东方财富 Choice 数据库、全国中小企业股份转让系统。

① 九鼎造富神话：5 年 1 千万变 1 千亿，今日头条（www.toutiao.com），南方周末，http://www.toutiao.com/i6299296338790056450/.

根据2014年九鼎投资的公开转让说明书显示九鼎投资的控股股东同创九鼎投资控股有限公司持有1,069.0275万股，持股比例为85.52%。同创九鼎投资控股有限公司是由自然人吴刚、黄晓捷、吴强、蔡蕾、覃正宇五人在2013年9月以货币出资5,000万元共同设立的，首期出资为1,000万元。

九鼎投资的主营业务是私募股权投资管理，通过私募方式向基金出资人募集基金，将募集的资金投资于企业的股权，最终通过股权的增值为基金赚取投资收益，九鼎投资则向基金收取管理费以及管理报酬。九鼎投资的商业模式基本可以总结为“融、投、管、退”四个主要阶段，即融资（也称募资）、投资、管理、退出四个阶段。在九鼎投资登陆新三板后，开始进入了新的迅猛上升期，开始一系列令资本市场眼花缭乱的新玩法，当然也包括这次豪赌中江地产，使PE业务曲线上市。

标的方：江西中江

江西中江地产股份有限公司的前身为江西纸业股份有限公司，为上交所主板上市企业，中江地产主营业务包括房地产开发及经营、土地开发及经营、对旅游项目的投资、装饰工程、建筑材料的生产与经营、建筑工程的设计与规划、物业管理、资产管理，中江地产在建筑风格方面显得别具一格。

2006年中江地产开发南昌紫金城项目，融居住和商业的一体化项目，包括商品房和1~5层多层式商铺，商铺面积有22万平方米[①]。紫金城商铺建成后，中江地产采取的是“产权式分割”销售模式，并进

---

① 于峰．每日经济新闻 中江地产8年仅开发“紫金城”一个项目 将被大股东出售_新闻中心_赢商网 http：//news. winshang. com/html/013/8860. html.

行售后返租。中江地产委托其控股股东江中集团全资子公司江中时商进行运营，江中集团作为担保人，共销售了 7.2 万平方米，涉及业主超过 3000 户。经过 5 年多的时间，江中时商招商失败，导致紫金城商铺成为“空城”一座，且拖累了江中集团未来数年要为其支付巨额的租金。江中集团不得不提前解除委托经营合同，多方筹集资金回购商铺。

2011 年 3 月，江中集团存续式分立为江西江中制药（集团）有限责任公司和江西中江地产集团有限公司，江中集团将其持有的中江地产股份全部划给中江集团。

长久以来，中江地产有且仅有“紫金城项目”，中江地产的经营业绩不断下降。在江中集团没有分立之前，中江地产就已经欠江中集团 10 亿资金，如今不仅地产没做好，还拖累了原母公司江中集团，实属不划算的买卖。当时江中集团就表示，回购紫金城的商铺后，会将公司旗下地产业务及中江集团打包出售，江中集团彻底剥离地产板块，专心做药。

三、并购事件发展

有了九鼎的光鲜历程和中江地产的尴尬经历，这才有了我们今天的大“案”，九鼎半路杀出，成为中江集团竞拍过程中的“标王”。此次并购可谓波折不断，细细品来有三个“回合”。

第一回合，九鼎势在必得，晋升“标王”。2015 年 5 月 15 日，九鼎投资在江西省产权交易所举行的电子竞价会上，通过电子竞价的方式，以 41.496 亿元竞得中江集团 100% 股权。5 月 20 日，九鼎投资与中江控股、江西中医药大学、大连一方集团有限公司和 24 个自然人股东签订了关于中江集团 100% 股权项目的《江西省产权交易合同》，以

414,959.2万元受让中江集团100%的股权。交易后九鼎投资将间接持有中江地产72.37%的股份，股权关系图如下。

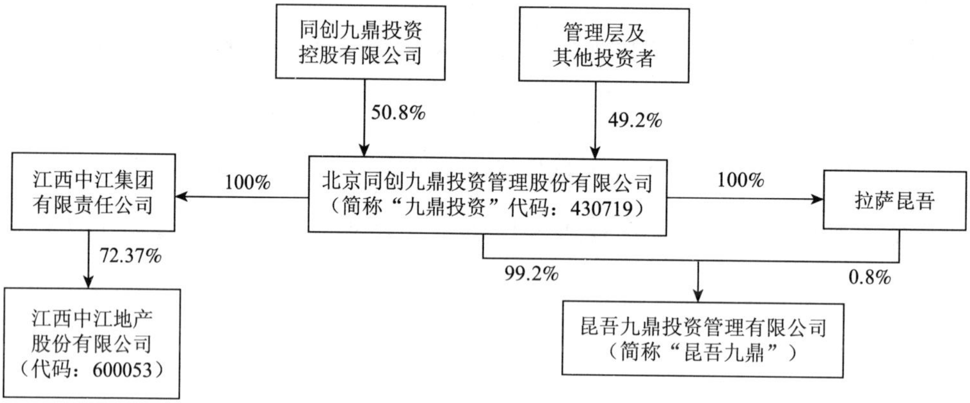

图4-3　第一回合股权图

资料来源：东方财富Choice数据库、全国中小企业股份转让系统。

第二回合，弯道超车，曲线注入。2015年8月24日，九鼎投资发布《重大资产重组框架协议》称，拟将昆吾九鼎投资管理有限公司以现金出售方式注入到中江地产。2015年9月24日，中江地产发布重大资产购买报告书，以90,986.21万元作价购买昆吾九鼎100%股权，收购后昆吾九鼎将成为中江地产的全资子公司。

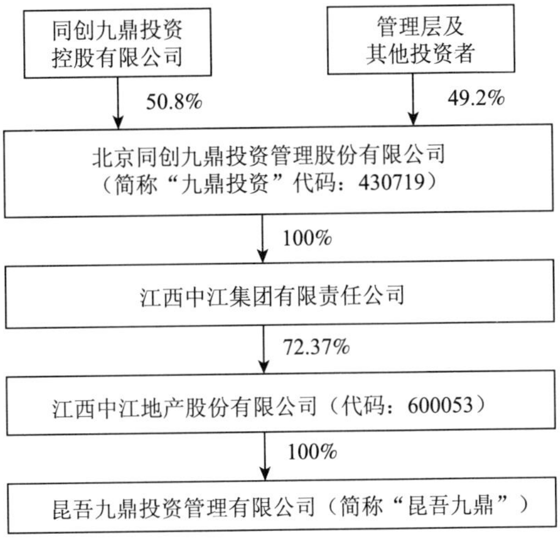

图 4-4　第二回合股权图

资料来源：东方财富 Choice 数据库、全国中小企业股份转让系统。

第三回合，继续增持，稳中求进。2015 年 9 月 24 日，中江地产同时发布公告称江西中江地产股份有限公司拟非公开发行 12 亿股 A 股股票。其中，中江地产的间接控股股东九鼎投资承诺拟认购数量不超过 61,644.94万股。除此之外，九鼎投资还通过旗下全资子公司拉萨昆吾和自有基金分别认购中江地产 54,000.00 万和 4,355.06 万股股票。本次非公开发行前，九鼎投资持有中江集团 100%股权，通过中江集团间接持有中江地产 72.37%股权。按照本次发行数量上限 12 亿股计算，本次非公开发行后，九鼎投资直接持有中江地产 37.737%的股权，并通过中江集团间接持有中江地产 19.206%的股权、通过拉萨昆吾间接持有中江地产 33.057%的股权，合计持有中江地产 90%的股权，成为中江地产的控股股东。

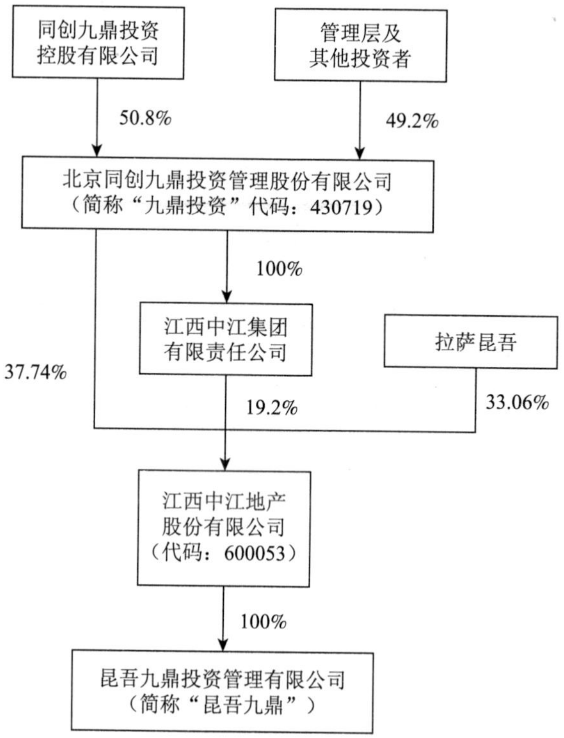

图 4-5　第三回合股权图

资料来源：东方财富 Choice 数据库、全国中小企业股份转让系统。

四、案例及亮点分析

（一）　并购完成，谋求转型

自从昆吾九鼎到中江地产的那天起，中江地产便投入了大量的人力、物力、财力。根据此次中江地产的股票发行公告显示，此次发行的 12 亿股票，所募集到的 120 亿资金将全部用于基金份额出资和“小巨人”计划。

表 4-2　12 亿募集资金用途

序号	项目	项目总投资额（亿元）	拟使用募集资金额（亿元）
1	基金份额出资	90.00	90.00
2	“小巨人”计划	30.60	30.00
	合计	120.60	120.00

资料来源：东方财富 CHOICE 数据库中江地产披露公告。

这也意味着中江地产的主营业务将在房地产开发与经营的基础上发展私募股权投资管理业务，形成了房地产业务和私募股权投资管理业务并行发展的业务模式。从整合后中江地产的业务发展来看，正在逐步地将自己的主营业务转向私募股权投资管理发展。

根据 2015 年年报显示，全年营业收入近 11.2 亿，其中地产收入达 10.3 亿，占比 92%。根据 2016 年半年报显示，上半年中江地产营业收入超过 6.54 亿，地产收入仅占比 43%，超过一半的营业收入来自私募股权投资管理业务。

表 4-3　2015 年及 2016 年上半年营业收入

主营业务分行业情况（2015 年）						
分行业	营业收入（元）	营业成本（元）	毛利率（%）	营业收入比上年增减（%）	营业成本比上年增减（%）	毛利率比上年增减（%）
房地产	1，031，787，666.55	713，476，304.56	30.85	29.34	21.57	增加 4.42 个百分点
私募投资管理	86，564，710.27	—	—	—	—	
主营业务分行业情况（2016 年上半年）						
房地产	281，758，026.28	181，770，980.95	35.49	69.37	79.25	减少 3.55 个百分点
私募投资管理	372，434，108.61	—	—	—	—	

资料来源：东方财富 CHOICE 数据库中江地产披露公告。

（二） 母子“双簧”，玩转资本市场

为了更好布局A股市场的PE业务，2015年12月30日，中江地产变更证券简称，变更后的简称是九鼎投资。此时，中国的资本市场上出现两个“九鼎投资”，与传统的A+H股同名不同的是，此次两个九鼎投资分别来自上交所和新三板。为了避免尴尬局面，2015年12月21日，新三板上的九鼎投资发布公告称，公司名称将由“北京同创九鼎投资管理股份有限公司”变更为“同创九鼎投资管理集团股份有限公司”，公司的证券简称由“九鼎投资”变更为“九鼎集团”，公司证券代码430719保持不变。

主板上市一直是九鼎投资的目标，此前由于我国并无PE直接上市先例，且因IPO暂停等因素，九鼎投资便在2014年4月登陆新三板，成为新三板市场私募股权第一股；此刻，子公司昆吾九鼎亦借壳登陆A股，成功更名证券简称，以及业务转型，成为上市公司私募股权第一股。自此，实现了母公司、子公司双双上市。

（三）“融、融、融”，筹集资金成为新常态

行业人士分析，此次九鼎投资登陆资本市场更多是为了撬动更大规模的投资，为日后私募业务扩张提供资金后盾。在私募股权投资中，九鼎投资通常跟投，上市后可以通过定向增发等方式，来解决自有资金的短板①。

事实也确实如此，自从九鼎投资现身资本市场以来充分地利用了三板和主板的资源，为企业筹得了大量的资金。自2014年4月份登陆新三板以来，九鼎投资就保持的“融、融、融”的高调姿态，截至

① 记者刘伟．时代周报．昆吾九鼎借壳中江地产登陆A股 九鼎“父子”同台欲打造资金闭环 _ 东方财富网（Eastmoney. com）http：//stock. eastmoney. com/news/1354，20151208573331637. html.

2016 年年底，仅仅两年半的时间，九鼎投资便通过定增和抵押借贷筹得资金多达 245 亿元人民币。登陆三板仅两个月，九鼎投资便通过定增募资近 60 亿元，超过新三板之前多年定增融资的总和①。

2015 年 5 月，更是豪掷了一份 100 亿的定增预案，发行 5 亿股股票，定增后总股本达到 55 亿股，根据当时股票价格 18.63 元/股，定增后的市值过千亿，创造了新三板最高的定增融资额度。

表 4-4 九鼎投资定增情况一览表

发布定增预案时间	发行股票数量（万股）	融资额（万元）	融资后总股本（万股）
2014 年 4 月 29 日	579.79	353，677.39	1829.79
2014 年 6 月 23 日	300.00	225，000.00	2129.79
2015 年 5 月 19 日	50000.00	1，000，000.00	550000.00
2015 年 11 月 13 日	25000.00	550，000.00	575000.00

资料来源：东方财富 Choice 数据库。

由于九鼎投资正处于新一轮成长的加速期，除了定增募集资金外，九鼎投资的控股股东，北京同创九鼎投资控股有限公司还多次质押股票，进行借贷筹资。

① 以 LP 换股募集近 60 亿 九鼎开启新三板融资新玩法 _ 东方财富网（Eastmoney.com）http：//stock.eastmoney.com/news/1623，20140708399439475.html.

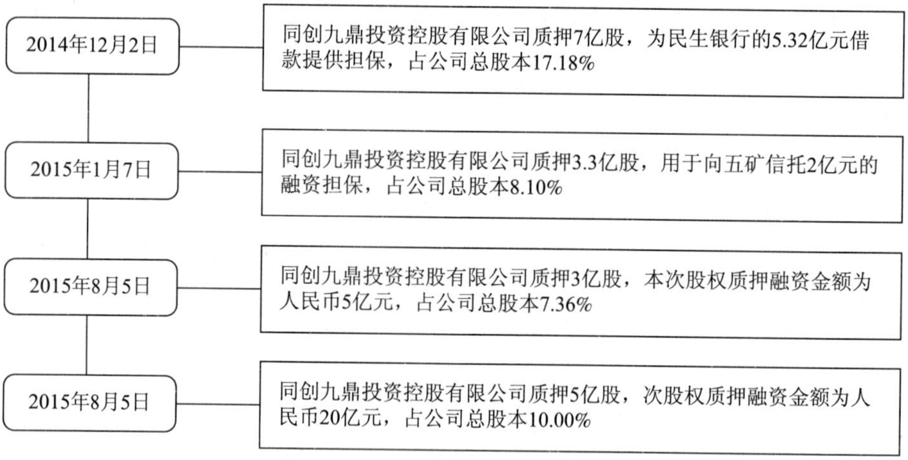

图 4-6　九鼎投资质押情况

资料来源：东方财富 Choice 数据库。

（四）“买、买、买”，志做新三板的标王

在另一方面，九鼎用筹得的大笔资金在积极地布局自己的资本帝国，保持高调的“买、买、买”的节奏。自上市以来，共发布近 20 次对外投资公告，2 次重大资产重组。

表 4-5　九鼎布局资本时间表

时间	方式	目的
2014 年 7 月 4 日	设立九泰基金	进军公募基金产业
2014 年 7 月 23 日	投资设立三家投资公司分别是达孜九鼎、拉萨昆吾及达孜嘉润	开展医药医疗行业早期投资、并购投资以及能源行业并购投资
2014 年 7 月 28 日	投资设立龙泰九鼎投资有限公司	开展基金的劣后投资业务
2014 年 9 月 18 日	设立北京黑马自强投资管理有限公司	进军个人风投领域
2014 年 10 月 9 日	在开曼发起设立了 JD International GP, Ltd.（简称“九鼎国际 GP 公司”）	进军海外房地产投资管理和海外私募股权基金投资管理
2014 年 10 月 20 日	出资 3.6 亿控股天源证券	进入证券行业
2015 年 1 月 20 日	投资设立欣创九鼎投资管理有限公司	开展创投业务
2015 年 1 月 21 日	出资设立易付通科技有限公司	开展第三方支付业务

续表

时间	方式	目的
2015 年 1 月 22 日	投资设立北京君融联合投资管理有限公司、九鼎东江投资管理有限公司及达孜县五道口九鼎投资管理有限公司	开展军民融合相关领域投资管理业务、债权投资管理业务、上市公司股权投资和国企投资相关领域投资管理业务的目的
2015 年 3 月 23 日	收购鹰皇金佰仕网络技术有限公司 70% 的股权	将依托金佰仕支付业务方面的经验开展的互联网金融业务
2015 年 3 月 26 日	增资象云网络技术有限公司	为互联网金融业务的提供云计算服务和互联网数据中心相关的专业服务
2015 年 5 月 4 日	设立九信投资管理有限公司	进入互联网金融贷款服务领域
2015 年 5 月 8 日	控股深圳武曲星网络科技有限公司	进入金融产品网上销售领域
2015 年 5 月 15 日	收购中江集团，控股上市公司中江地产	引入地产业务
2015 年 5 月 15 日	设立九州国际金融控股（香港）有限公司	开展海外证券期货业务
2015 年 5 月 28 日	设立瑞泉基金管理有限公司	参股投资公募基金管理公司
2015 年 7 月 10 日	出资设立一家人寿保险公司	进入人寿保险领域
	收购华海期货有限公司 100%股权	进军期货市场
2015 年 8 月 14 日	收购中捷保险经纪股份有限公司 100% 股权	开展互联网保险经纪和互联网保险咨询等金融业务
2015 年 8 月 24 日	拟将昆吾九鼎投资管理有限公司以现金出售方式注入到中江地产	私募股权业务登陆主板
2015 年 8 月 31 日	收购富通香港	立足于香港市场的保险金融平台，依托该平台面向国际资本市场，推进九鼎投资的国际化布局
2016 年 12 月 5 日	出资设立九信人寿保险股份有限公司	投资人寿保险经营领域

资料来源：东方财富 Choice 数据库。

目前除私募股权投资业务外，九鼎旗下的其他主要业务公司还包括保险、九泰基金（公募基金管理公司）、九州证券（证券公司）、昆吾九鼎国际（海外资产管理公司）、九信投资（P2P 借贷平台）、中江地产、人人行科技（借贷宝移动互联网金融 APP）、富通国际亚洲控股

（国际保险）等。

（五） 打造资金闭环，缔造综合性的投资“帝国”

当下，联想国际私募巨头，我们首先想到的是高盛、凯雷、KKR、黑石等国外机构。在国际化方面，国内的私募股权机构的国际化还需要大步发展。九鼎当然也在国际化队列之中，其在中国、北美和亚洲均设有办事处，收购富通香港，推动自身产业全球化。

此外，九鼎不断与时俱进，优化公司战略框架，从股权投资入手，通过投资、并购等资本手段设立或控股各种金融机构（银行、保险、券商、证券、期货、基金、互联网金融），九鼎分处新三板、主板两大资本市场，正打造一个覆盖全金融行业的集团化金融帝国。

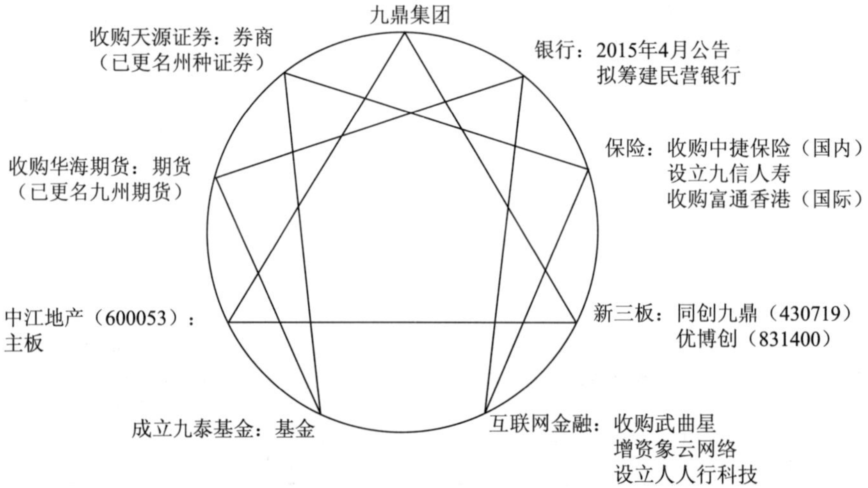

图 4-7 九鼎投产业布局

资料来源：东方财富 Choice 数据库。

2016 年 12 月 7 日，九鼎集团董事长吴刚在公司线上分享会上表示，目前九鼎集团定位为综合性投资集团，要做改进版的伯克希尔哈撒韦（美国一家世界著名的保险和多元化投资集团），在资产端和资金端进行双线布局，未来将考虑各业务板块独立上市①。

吴刚否认九鼎仅是一个 PE 公司的说法。PE 业务相关人员占比九鼎员工总数仅 10%略多，2016 年前三季度净利润 12 亿元，PE 约 2 个多亿，仅占 1/6。吴刚称，九鼎没有兴趣做一个金融控股集团，只想做综合性投资集团。

五、案例小结

在没有挂牌新三板之前，九鼎可能只是引起同行业的关注，但是挂牌新三板之后，九鼎可是在整个资本市场上赚足了眼球。特别是借壳中江地产，将自己的投资业务整合上市，使资本市场充满了质疑的声音。不到 10 年时间，九鼎在碌碌众生中脱颖而出，发展到今天市值超千亿的金融帝国，着实不易，这是英雄与时代互相成就的故事。九鼎的“疯狂模式”在赚取市场的关注、打响品牌的同时，也给九鼎带来了争议。尤其是围绕九鼎与监管层之间“中江并购案是否借壳”的舌尖博弈，更让他站在了舆论的“风口浪尖”上。未来的九鼎何去何从，让我们一起静观其变。

总　结

九鼎模式可谓疯狂，但九鼎模式值得我们深入思考。通过美中嘉和并购傲华科技案例，我们看到这类并购模式可以

① 吴刚透露：九鼎集团要做改进版伯克希尔哈撒韦各板块资产将分别上市 _ 东方财富网（Eastmoney. com）（来源：新三板在线）http：//stock. eastmoney. com/news/1614，20161208691578175. html.

将企业旗下资产注入新三板，而九鼎通过并购中江地产并以整合方式将旗下最大的私募股权业务推向主板市场，实现了私募股权业务的曲线上市，这就是资本的力量。随着多层次资本市场进一步完善，新三板与主板和创业板之间肯定能实现某种无缝衔接，其中，转板就是主要方向之一，但转板制度推出还需要很长一段时间。目前，新三板公司想要登陆主板，通常采取摘牌、接受IPO辅导、排队上市的模式。由此看出，时间无疑是企业最大的成本，此时通过并购主板上市公司，以此类曲线注入方式上市无疑是最佳选择。

第二节 ＊ST 新都收购华图教育——摘帽、借壳两全其美？

一个位于主板，始终追求战略转型，迫切摘除 ST 帽子；一个三板挂牌，野心勃勃，始终想要借助主板的资本力量，二者战略目的不谋而合。＊ST 新都与华图教育的并购案例上演了一场现代版的周瑜打黄盖，但是由于＊ST 新都接到深圳证券交易所的《关于深圳新都酒店股份有限公司股票暂停上市的决定》，造成＊ST 新都在过渡期内发生重大不利变化，直接导致这场并购前功尽弃。然而，虽然失败了，＊ST 新都却依旧保持初心，追求转型；华图教育资本运作依然志在主板，另寻良配。至于二者最后能否找到他们的"真命天子"，只能看两家后期与对方的谈判与满意度了。

＊ST 新都在停牌逾 8 个月后，终于在 2015 年 4 月 9 日披露重组预案，预案包括重大资产出售、发行股份购买资产及募集配套资金三部分。公司拟出售盈利能力较差的酒店资产及负债等；发行股份收购新三板公司华图教育，从而由盈利能力不断减弱的酒店服务行业转型为盈利能力较强的培训服务行业，华图教育的控股股东也将变为公司控

制人。

＊ST新都可以通过此次并购提升其盈利能力，而华图教育也可以通过此次并购达到借壳上市的目的。本次并购方案自发布日起，＊ST新都连续15个涨板。然而，这起看似双赢的并购案例，最终却以失败告终，其中的缘由十分值得分析。

一、事件亮点

（1）＊ST新都的摘帽之途，通过重组，参与并购获得华图教育优质资产。非标引争议，暂停上市导致前功尽弃？

（2）新三板企业瞄准A股的一次借壳行动，声先夺人，却遭反转，率先放弃借壳并购。

（3）华图教育资本运作手段继续发力主板梦，良配另有他人。

二、并购背景

并购方：＊ST新都

深圳新都酒店股份有限公司（000033，以下简称：＊ST新都）成立于1990年3月，是一家中外合资股份有限公司，注册资本为4.3亿元，经营范围包括酒店及酒店附属车辆服务、自有场地出租、停车场等。＊ST新都于1994年1月3日在深圳证券交易所上市。

根据＊ST新都公开发布的年报显示，公司2013年实现营业收入8,028万元，净利润为348.6万元，较2012年同期增长113.69%；2014年实现营业收入6,438万元，净利润为-4.5亿元；2015年营业收入1.17亿元，净利润为6，971万元。

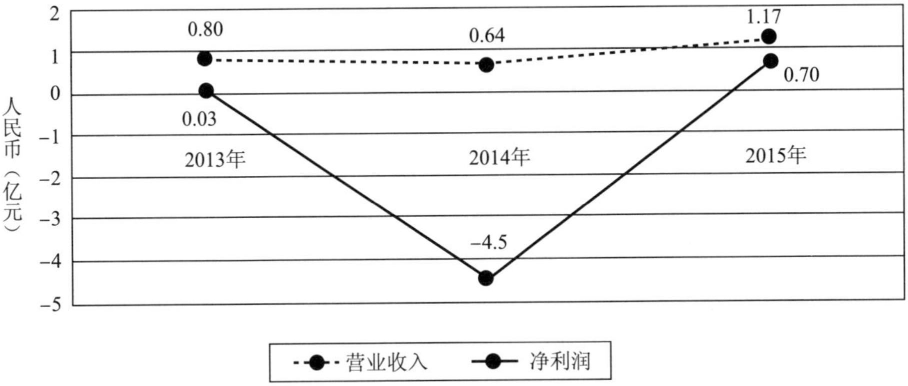

图 4-8　＊ST 盈利能力分析图

资料来源：东方财富 Choice 数据库。

标的方：华图教育

北京华图宏阳教育文化发展股份有限公司（新三板 830858，以下简称：华图教育）成立于 2003 年 2 月，2011 年 10 月设立股份公司。易定宏、伍景玉夫妇合计持有公司股份 44.46%，为公司的实际控制人。2014 年 7 月 24 日，挂牌新三板并跻身于创新层。

华图教育之于参加过公务员考试的人们是再熟悉不过的了，它是一家涵盖面授培训、在线培训、咨询服务、图书出版发行等多种业务为一体的综合性教育培训机构。提供公职人员招录考试、事业单位招录考试等考前培训。同时，公司业务也正在向在职培训和管理咨询等服务延伸。

截至 2014 年 5 月 10 日，公司直接持股全资及控股子公司 22 家，间接持股全资子公司 3 家。全国分布约 200 家直营分子公司。

根据华图教育披露的公开转让说明书及 2014 年、2015 年年报显示，2013—2015 年，公司归属挂牌公司股东扣非后净利润都保持在 3000 万元以上。2014 年，公司实现营业收入 11.55 亿元，净利润为

1.06亿元，毛利率56.11%；2015年，营业收入达13.59亿元，净利润为2.13亿元，较上年同期增长100.39%。

根据新闻，华图教育在2012年就打算主板上市，2012年10月，由于教育行业相关政策问题，IPO计划暂缓①。

行业背景

＊ST新都实施此次并购的目的，就是想将公司由业绩不佳的酒店服务行业转型为盈利能力较强的培训服务行业。

2015年，教育培训行业迎来了发展的良机，其中以职业教育和在线培训最为突出。李克强总理在2015年政府工作报告提出，要全面推进现代职业教育体系建设，引导部分地方本科高校向应用型转变。职业教育由于专业针对性强，就业率水平整体较好，因此，获政府的重点扶持。教育部2015年3月23日印发的《2015年教育信息化工作要点》，提出2015年教育信息化工作核心目标之一就是基本完成全国中小学互联网接入。从以上政府报告可以看出，2015年政府在教育行业的工作重点集中在职业教育和在线培训。数据显示，2012年我国公共财政投入职业教育达2053亿元，相比2006年增加4.45倍，人均增长28.3%。职业教育对象主要是成年人，在线培训与互联网联系的密切程度也不必多言，因此，职业教育和在线培训是最适合在线教育的互联网+模式地。由于在线教育不受时间和地域限制，可以有效地降低培训成本，在职业教育市场的渗透率将获得提升。在整体大环境的推动下，职业教育和在线培训在2015年的发展前途可谓一片光明。

---

① 马春笛，谷枫．三板还是A股？易定宏详解华图教育借壳＊ST新都．2015-04-10. http://news.163.com/15/0410/00/AMQ5R0NF00014SEH.html.

三、并购事件发展

（一） 协商确定

＊ST 新都于 2015 年第三次董事会审议通过了《深圳新都酒店股份有限公司重大资产出售及发行股份购买资产并募集配套资金暨关联交易预案》，预案显示，＊ST 新都与易定宏等华图教育股东签署了《发行股份购买资产协议》，＊ST 新都拟 4.09 元/股向易定宏等华图教育股东发行股份收购华图教育 100%的股权，交易标的预估值为 265，000 万元。根据预估值和股份发行价格的测算，预计此次将发行 64，792.18 万股。并且华图教育初步承诺，2015—2018 年期间的利润数不低于 1.8 亿元、2.3 亿元、3.1 亿元及 3.4 亿元。

此次的交易还包括＊ST 新都的一部分资产出售以及募集配套资金的使用安排等，实际上已构成重大资产重组。其中发行股份购买资产部分，在交易完成前＊ST 新都控股股东为瀚明投资，实际控制人为郭耀名；如果本次交易顺利完成，＊ST 新都控股股东将变更为易定宏，其持有上市公司 3.45 亿股，占总股本 30.99%。

另外，由于＊ST 新都向易定宏等华图教育全体股东购买的资产总额占＊ST 新都 2013 年度经审计合并财务会计报告期末资产总额的比例为 469.07%，超过 100%，因此本次交易将导致上市公司实际控制权发生变更，同时交易也构成借壳上市①。

（二） 非标争议，暂停上市

2015 年 4 月 30 日，＊ST 新都收到立信会计师事务所为其 2014 年

① 陈天弋．＊ST 新都重组转型培训服务 华图教育借壳上市．2015-04-08. http：//ggjd. cnstock. com/company/scp_ ggjd/tjd_ ggkx/201504/3393304. htm.

度财务报告出具的无法表示意见的审计报告和2014年度内部控制的否定意见的审计报告。2015年5月19日，＊ST新都接到深圳证券交易所《关于深圳新都酒店股份有限公司股票暂停上市的决定》，其原因是＊ST新都2013年、2014年连续两个会计年度的财务会计报告被出具无法表示意见的审计报告，根据《深圳证券交易所股票上市规则》规定，深圳证券交易所决定＊ST新都股票自2015年5月21日起暂停上市。

（三） 并购失败

根据《发行股份购买资产协议》第14.3条约定，如＊ST新都在过渡期内发生重大不利变化，或＊ST新都未能按照《资产出售协议》出售其资产，华图教育有权解除该协议。华图教育认为，重组预案公告后发生的＊ST新都暂停上市的事实，已经构成了重大不利变化，对相关交易构成了实质性的不利影响。

华图教育根据协议项下的权利做出决定：

（1）解除2015年4月7日各方签署的《发行股份购买资产协议》。

（2）解除2015年4月7日各方签署的《业绩补偿协议》。

（3）终止与＊ST新都就相关重大资产出售及发行股份购买资产并募集配套资金暨关联交易项目的后续谈判及工作。

＊ST新都通过华图教育就本次重大资产重组事项正式发出的《协议解除通知函》，获知华图教育已单方面终止重大资产重组，重大资产重组无法继续实施，＊ST新都董事会于2015年6月12—15日召开会议同意终止本次重大资产重组。

至此，本次并购案最终以失败告终。

（四） 并购翻篇，华图教育重新再来

前文在介绍华图教育时，我们就确定这是一家足够优秀上主板的公司，野心勃勃的华图教育，此次并购壮志未酬，必定还会继续努力。2016 年 12 月 12 日，华图教育发布公告《接到实际控制人关于重大事项的通知的公告》，华图教育正在筹划重大事项。2017 年 2 月 10 日，华图教育有发布公告，A 股公司苏州扬子江新型材料股份有限公司（以下简称：扬子新材；证券代码：002652）拟换股吸收合并华图教育，且目前双方实际控制人已签订了重组意向性协议。

扬子新材主要从事有机涂层板及其基板的研发、生产和销售，主要产品包括有机涂层板系列产品及其基板产品。2016 年，公司通过收购子公司，完善了境内产业链，并积极开拓俄罗斯新兴市场。2016 年，公司营业总收入 1,891,982,606.89 元，较 2015 年同期增长 30.39%；利润总额 79,387,068.80 元，较上年同期增长 92.65%。

2017 年 2 月 3 日，扬子新材发布《关于筹划重大资产重组停牌进展暨延期复牌的公告》，将通过换股吸并方式，获得华图教育 100%股权，并购不涉及发行股份募集配套资金，本次重组后，将导致公司的实际控制人发生变更。

根据目前（2017 年 3 月）华图教育的股权结构，易定宏及伍景玉夫妇共持华图教育 40.83%股份，如果此次并购成功的话，易定宏夫妇将成为扬子新材的实际控制人。如果并购后，扬子新材的实际业务也变更为教育，真正构成重大资产重组。

事实上，在 2015 年，扬子新材就陆续发布公告，表示公司要发行 12.28 亿元收购永达汽车集团 100%股权。然而，9 月公司发布公告称并购停止；10 月，标的公司变为武汉海特制药股份有限公司，同样此次并购也没有实现。这么看来，扬子新材致力于“卖壳”[①]，华图教育致力于“买壳”。此次并购谈判成功无疑实现了两家公司的心愿，可谓是两全其美。

（五）＊ST新都继续发掘新标的，寻求战略转型

与华图教育一样，并购失败后，＊ST新都依旧保持初心，追求战略转型，摘除ST帽子。2017年3月，＊ST新都发布公告公司拟出资现金收购广州铭诚计算机科技有限公司（以下简称：广州铭诚）实现控股权，广州铭诚主营业务是软件开发、信息系统集成服务、网络技术研究与开发等，主要客户覆盖金融、电商、运营商、教育等多个领域，致力于推进大数据在以上行业的应用，公司目前具有良好的经营和盈利能力。

2017年2月27日，双方已经签署了《投资意向书》。收购完成后，公司将充分利用主板平台，通过资本运作快速、有效地实现公司向科技领域进行战略转型。

四、事件及亮点分析

（一）非标导致的暂停上市

由之前的事件过程可以看出，＊ST新都暂时退市的原因是其2013年、2014年连续两个会计年度的财务会计报告被出具无法表示意见的审计报告。根据2014年修订的《深圳证券交易所股票上市规则》，最近一个会计年度财报被出具无法表示意见将被实施退市风险警示，如果第二个会计年度再被出具无法表示意见或否定意见，则将被暂停上

① 李智．扬子新材“屡败屡战”任性并购引关注-股票频道-和讯网（来源每日经济新闻）http：//stock.hexun.com/2015-10-28/180163865.html.

市。因此，＊ST 新都无奈成了该新规颁布后第一个吃螃蟹的人[①]。

作为为＊ST 新都的审计单位，立信会计师事务所表示出具该非标意见主要是因为＊ST 新都存在“在公司及董事会不知情的情况下擅自以公司名义违规对外提供借款担保”的情况，同时，表示对＊ST 新都向关联方购买及回购资产、向关联方出租资产等，其无法实施满意的审计程序。正是由于被出具了非标意见，导致＊ST 新都面临暂定上市甚至有可能退市的尴尬局面。

上市公司在年报中披露的财务数据，需要经过审计机构进行独立的评估，并出具审计报告，一类是表示财务报表合格合规的无保留意见审计报告；另一类就是代表财务数据不过关的非标准审计报告（简称：非标报告）。非标报告所反映的问题关系公司持续性经营关键问题。

根据中国会计报报道，研究 2013—2015 年三年上市公司非标报告情况，上市公司被出具非标报告较多的为：财务报表问题，内部控制体系设计或执行的缺陷这两大原因[②]。

而被审计机构出具非标报告后，公司的经营及资本运作也会面临不同程度的困难，其中否定意见或无法表示意见的影响较为严重，保留意见相对较小。具体来说，非标报告将影响上市公司定向增发、停牌、复牌、退市等资本运作行为。另一方面，非标报告中涉及财务数据不准确，将遭到交易所问询函，不妥善解决非标报告中的问题，就

① 安丽芬 . ST 新都再陷“非标”尴尬 华图教育借壳转板恐生变 . 2015-05-04，http：//finance.sina. com. cn/stock/s/20150504/064522096676. shtml.

② 屈涛 .“非标”上升“不确定性”依然是主因［J］. 中国会计报，2015-05-29（001）.

将成为企业资本运作顺畅的绊脚石[1]。

（二） 非标报告成为华图教育并购翻篇转折点

前文提到＊ST 新都 2013 年的财务会计报告已经被出具无法表示意见的审计报告，而华图教育依然在 2015 年与＊ST 新都这个“问题壳”签署了《发行股份购买资产协议》，其中的原因有两个：首先，立信方面曾表示如果包含该协议在内的重组方案获得证监会及有权机构审批核准得以实施，且相关承诺企业及个人兑现承诺后，无法发表意见所涉及事项的重大影响通过本次资产重组将予以消除；其次，易定宏等华图教育股东承诺如果证监会及相关有权机构批准重组项目，将承担兜底责任。

华图教育方面是在已知＊ST 新都被出具非标意见的情况下，仍与其继续进行并购相关的业务，可见华图教育方面是有承担风险的心理准备的，但为什么在＊ST 新都因非标意见面临暂停上市的时候，华图教育单方面提出解约呢？

华图教育率先单方面解除重组协议的理由是“＊ST 新都在过渡期内发生重大不利变化”。不利变化主要来自于：第一，华图教育可能在日后继续面临＊ST 新都的或有违规担保等负面消息，鉴于易定宏此前已对＊ST 新都或有负债给出过兜底承诺，在并购还未正式启动之前解除合约是最为保险的做法；第二，也是更为重要的一点，＊ST 新都被暂停上市后，何时重返二级市场交易存在不确定性。华图教育参与并购的目的就是借壳上市，既然主要目的能否实现都要打上一个大大的

① 旭日东升．年报非标意见全整理，你知道影响有多严重吗?，2016-05-13，http：//blog. sina. com. cn/s/blog_ 62a1fbb80102waax. html.

问号，那么何必继续等待，以华图教育自身的优秀，何愁没有借壳对象，尽快结束与 * ST 新都的合作才能更快开始其他资本运作。

（三） 华图教育资本手段继续发力主板梦

华图教育并购 * ST 新都的终止，并不是资本运作的结束。事实上，华图教育实际控制人易定宏频繁地进行着资本运作：2016 年，华图教育进行了两次融资共 8.8 亿元，同时华图教育投资理财产品，投资影视《露水红颜》《BangBang 双响炮系列》，积极投资教育、咨询、科技企业。

在京东成立京东金融、顺丰发展顺丰金融等实力大增的公司都单独成立金融部或投资部的浪潮中，华图教育也设立全资子公司华图宏阳投资有限公司（以下简称：华图投资），并且于 2017 年 1 月，华图教育与华图投资共同出资 30,000 万元人民币成立杭州华图宏阳投资合伙企业（有限合伙）。通过设立投资公司，华图教育的多元化发展战略得到推动，对完善华图业务体系和公司实现综合性职业教育集团的目标具有相当重要的意义。

从 2017 年华图教育与扬子新材的换股吸不难看出其资本手段。早在 2016 年 10 月，采用做市转让的华图教育的股东人数就已经超过 200 人，通过换股并购的方式规避证监会的审核。不过，最终是否构成借壳上市，证监会的审核将成为此案的关键。

五、案例小结

这起本可双赢的并购案例，却因连续两年非标报告导致上市暂停。* ST 新都最初想通过重组来消除非标意见和违规担保的计划本身就极具风险，恰逢此时深交所刚刚修订上市规则，最终导致暂停上市。*

ST新都原本的“保壳”与“转型”计划也随之破灭，华图教育“借壳”的梦想也随着壳资源被出“黄牌”而宣告失败。事实上，根据2017年3月上海证券时报报道，在目前已经发布2016年年报的287家上市公司中，有7家收到了审计机构的非标报告。这些公司表现出来的问题多涉及关联方巨额欠款、亏损、重组未能形成稳定盈利模式等①。

总结

对于被出具非标报告的上市公司，投资人需谨慎对待。同样对于想要借壳的非上市公司来说，壳公司质地是借壳方最需要谨慎考虑的一方面，即使在并购的过程中可以合法规避监管层的相关监管，但这类问题本质上也会在企业后期发展中逐步表现出来。正所谓“打铁还需自身硬”，如果新三板企业确实想要实施并购，不但在标的公司的选择上慎重选择，在自身的业务经营、财务审计等多方面也要合规合法，在国家对于上市企业的监管愈来愈严的情况下游走在法律制度的红线边缘是一件相当危险的事。回到这个案例本身，华图教育与*ST新都在后续发展中都寻找到了“伴侣”，至于这个伴侣是否就是他们的“真命天子”呢？我们还需要看看后期并购双方谈判结果与彼此的满意度。

① 七公司年报被亮“黄灯”非标审计报告强调了什么？_凤凰资讯 http://news.ifeng.com/a/20170311/50770320_0.shtml.

第三节　南孚电池借壳亚锦科技——鼎晖助力，游子回家路

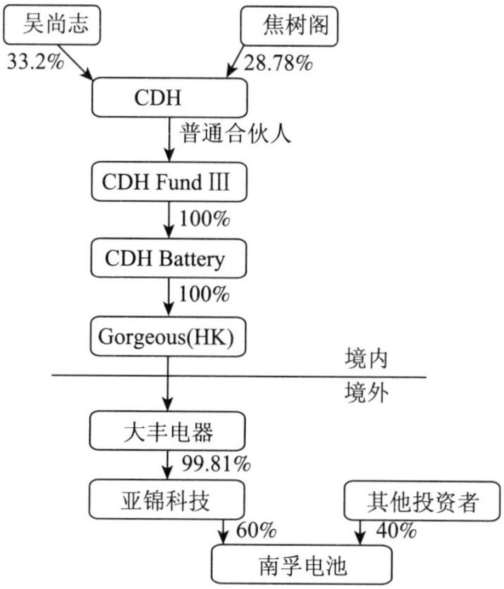

图 4-9　南孚电池借壳亚锦科技后股权结构图

资料来源：全国中小企业股份转让系统。

2015 年，经过鼎晖投资的连续资本运作，不仅转化了南孚电池的外资企业身份，还巧妙地借壳亚锦科技挂牌三板。此次运作背后的金主鼎晖把自己 78.755%的股权分两步转到大丰电器手中。第一次导入 54.469%完成了借壳上市；第二次将剩余部分导入，在定增股价上升之后赚取利润，两次倒手，一分钱没有花费，却赚得了 40 多亿元的利润。

南孚电池起源于福建南平，从诞生以来就是我国电池产业的佼佼者，但它的资本路却走得离奇曲折。从全内资企业，到被外国资本大鳄点点蚕食，后沦为同业手下的子公司，多次易主让这个中国电池龙头企业飘摇动荡。值得庆幸的是，在老朋友 China Diamond Holdings Company Limited（以下简称：CDH 或鼎晖投资）的推动下，这个漂泊在海外资本市场的游子终于回家了，借了身衣服，开始了在国内三板市场的精彩生活。资本，从来都是趋利的，但也是最高明的，鼎晖与南孚十几年的分分合合加上这次助推南孚回归，给出了最好的诠释。

2015 年 9 月 30 日，宁波亚锦电子科技股份有限公司（股票代码 830806，以下简称“亚锦科技”）与福建南平大丰电器有限公司（已更名为宁波亚丰电器有限公司，以下简称“大丰电器”）签署《发行股份购买资产协议》，大丰电器将以其持有的南孚电池 60%的股权认购亚锦科技拟发行的 26.4 亿元的股份。定向发行完成后，亚锦科技的注册资本由 500 万元飙升至 26.45 亿元，亚锦科技的控股股东变为大丰电器，而实际控制人则由彭利安变为吴尚志与焦树阁，这两个人是鼎晖投资的高管。至此，南孚电池将自身资产注入亚锦科技这件外衣，开始了三板生活。

一、事件亮点

（1）游子回归，外资变内资。因股权问题，南孚电池上市遥遥无期，通过转手大丰电器，南孚终于解决外资难题，回归国内控股企业。

（2）巧换衣，秒借壳，高运作。解决外资难题，寻找并购标的，鼎晖投资帮助寻求三板市场“华丽衣裳”，巧妙资本运作完成借壳，挂牌三板。

(3) 左手倒右手，倒满一捧金。手握南孚股权与大丰电器，鼎晖投资通过两次资本运作，用零成本赢得高收入！

二、并购背景

并购方：亚锦科技

宁波亚锦电子科技股份有限公司致力于医疗数字化、信息化的开发与服务。公司成立于 2004 年，注册资金 500 万元，位于昆明高新开发区。公司集产品研发、销售、售后服务、硬件销售、网络集成为一体，是为医疗卫生行业信息化建设提供专业整体解决方案的服务商。

公司的运营规模很小，而且从公司公布在股转系统上的年报来看，已经连续亏损。随着医药软件行业的竞争日益激烈，亚锦科技的股东们也找不到扭亏为盈的办法，这种境况也为其成为壳公司提供了条件。

表 4-6　亚锦科技 3 年营业情况　　单位：元

项目	2015 年 1—6 月	2014 年度	2013 年度
营业收入	1,186,344.38	3,034,807.38	3,519,133.21
营业利润	-584,754.54	-787,317.66	181,877.97
利润总额	-332,079.96	-330,249.51	181,877.97
净利润	-346,971.71	-218,952.65	132,844.98

资料来源：全国中小企业股份转让中心。

标的方：大丰电器

国内电池龙头企业南孚电池的股东、实际控制人为吴尚志与焦树阁，两人通过鼎晖投资间接控制大丰电器。鼎晖投资的投资经验丰富，成绩斐然，在清科集团 2016 年度中国股权投资年度排名榜单中，中国私募股权投资机构（PE）中排名第一。其目前拥有私募股权投资、创业投资、地产投资、夹层投资、证券投资和财富管理六大业务板块，主要投资了双汇集团、美的集团、九阳小家电、梅花味精、蒙牛乳业、现代牧业、百丽集团、绿叶制药、迪信通、万洲国际、一嗨租车、康辉医疗、汉庭酒店和学大教育等众多知名企业和上市公司。由此可见，两位实际控制人能够利用大丰电器与亚锦科技让南孚电池有序巧妙地登录三板，其操作手法让人叹为观止。

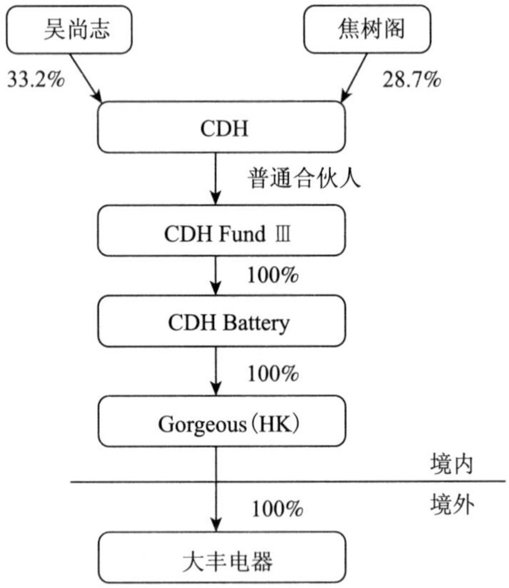

图 4-10　大丰电器控制人控制方式示意图

资料来源：全国中小企业股份转让系统。

南孚电池

福建南平南孚电池有限公司系国家520户重点企业之一、国家高新技术企业、外经贸部重点扶持的出口企业、中国电池行业龙头企业、福建省重点企业。作为中国第一、世界第五的碱性电池生产商，南孚电池凭借多年对国内电池零售市场的深耕细作，其在国内电池领域的市场份额已经接近56%，出口产品更是行销世界五大洲60多个国家和地区。

南孚电池主要产品包括碱性电池、碳性电池、充电电池、锂电池及其他产品，其中以碱性电池为核心。目前，我国的碱性电池市场占有率只有 47%，远低于欧美 80%左右，碱性化率在 3~5 年内有望提高至发达国家水平。南孚碱性电池毛利率大约 50%，净利率 20%左右，产品极具竞争优势，碱电池在我国的巨大发展前景，南孚电池的发展前途一片光明。

南孚电池 2013 年度、2014 年度、2015 年 1—6 月营业收入分别为 19.81 亿元、18.56 亿元、10.68 亿元；净利润分别为 4.39 亿元、3.63 亿元、2.53 亿元。业绩稳定且有增长趋势。这次交易不仅让亚锦科技扭亏为盈，市值大增，更让南孚科技将资产巧妙地转移到国内资本市场，而唯一美中不足的是，交易前带上了 ST 的小帽子，看来南孚电池还要忍受一段时间的“退市风险”了，但无伤大雅。

图 4-11 是南孚电池这个“民族企业”海外流荡的经历①。

---

① 三板富．鼎晖为何让南孚电池借壳新三板 浮盈要超百亿？中国经济网——国家经济门户 http：//finance.ce.cn/rolling/201601/15/t20160115_ 8311791.shtml.

黄敏北．雷震．全景网．亚锦科技被南孚电池大股东大丰电器借壳_ 中国电池网 http：//www.itdcw.com/archives/news/100150b02015.html

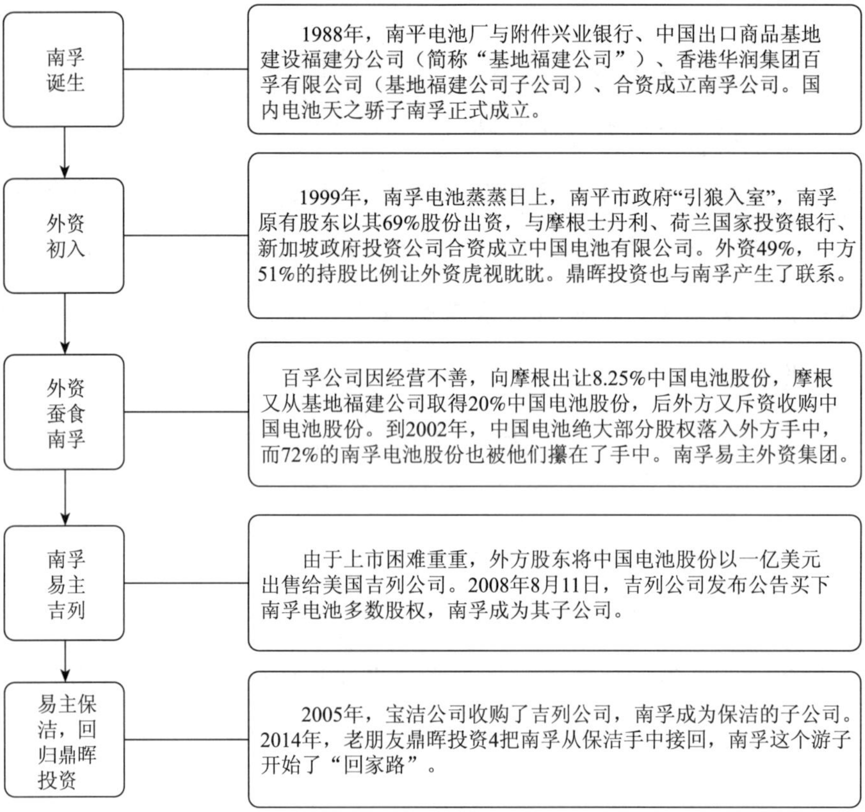

图 4-11　南孚电池外资经历

三、并购事件发展

第一步，集中南孚电池的 60% 股份到大丰电器手中。吴尚志和焦树阁通过鼎晖投资持有南孚电池 78.775% 的股份和南平电器 100% 股份。为了完成本次收购，2015 年 9 月，GIANT HEALTH（或香港大健康，指 CDH GIANT HEALTH（HK）LIMITED）与大丰电器签订《股权转让协议》，前者将其持有的南孚电池 54.469% 股权转让给后者，使得大丰电器持有南孚电池 60% 股份。受让过程中，南平实业集团等两大股东放弃优先认购权。

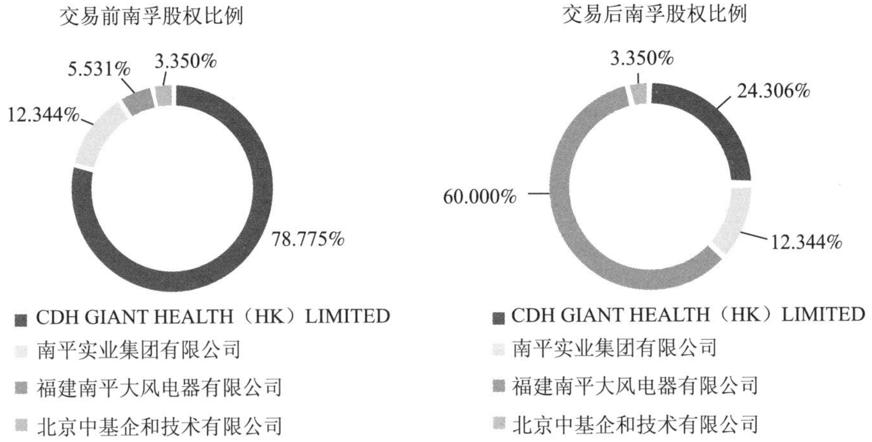

图 4-12　交易前后南孚电池股权对比

第二步，大丰电器将南孚电池资产注入壳资源亚锦科技完成上市。2015 年 9 月，大丰电器的唯一股东 Gorgeous（HK）（GORGEOUS COMPANY LIMITED（香港））做出决定同意大丰电器以其持有的南孚电池 60%（每股 1 元，总计 26.4 亿元）的股权为对价认购亚锦科技定向增发的股份。同月 29 日，南孚电池召开董事会，同意大丰电器所作决定。

2015 年 9 月 30 日，亚锦科技召开第一届董事会第九次会议，通过《关于公司发行股份购买资产的议案》等相关协议，2016 年 1 月 15 日亚锦科技股东大会审议通过上述议案。

中联评估出具的中联评报字【2015】第 1032 号《资产评估报告》，南孚电池股东全部权益在评估基准日 2014 年 12 月 31 日的评估价为 442,986.27 万元，评估增值 342,660.81 万元，增值率 341.55%。大丰电器持有的南孚电池 60%的股权对应价值为 265,791.762 万元。考虑到南孚电池于 2015 年 8 月根据董事会决议，向老股东分红 6 亿元，并结合南孚电池截至 2015 年 1—8 月经营业绩、2015 年度盈利预测情况及未来成长性等因素，亚锦科技和大丰电器经协商一致，标的资产的交易价格以具有证券、期货相关业务资格的资产评估机构出具的评估结果为基础，确定目标公司60%股权的转让价格为26.4亿元。

表4-7 交易前后押金亚锦科技股东变动

股东名称	本次收购前		本次收购后	
	持股数量(股)	持股比例	持股数量(股)	持股比例
彭利安	2,600,000	52.00%	2,600,000	0.10%
大丰电器	—	—	2,640,000,000	99.81%

资料来源：全国股份转让系统亚锦科技披露报告。

第三步，借壳后拟定增，布局电池产业，或左右倒手套现。在2016年2月24日，也就是南孚完成借壳后的第五天，亚锦科技发出公告，拟以2.5元/股发行数量不超过18亿股的公司股份，募资金额不超过45亿元人民币。本次发行的目的是为满足公司未来筹划电池行业并购事宜的资金需求，并适当补充公司流动资金。发行对象包括在册股东和不超过35名新增投资者，且均以现金认购。

网上又有传言标明本次募集资金其中一项目的就是收购CDH GIANT手中所持南孚的24.206%，如果这一传言属实，那么鼎晖投资可能会套现40多个亿。

四、案例及亮点分析

（一） 游子回归，外资变内资

鼎晖投资从2014年接回南孚电池就准备为其寻找上市机会，但是在美国上市需要漫长的审核，而国内主板又因为受“股权不明晰”等种种法律监管条理的阻碍，鼎晖投资因而锁定了融资条件优异的国内三板市场。鼎晖投资利用大丰电器（境内自然人为法人）这个公司作为操作主体，将自己手中 54.496%的南孚电池股权转让到大丰电器手中，这样大丰电器就集中了 60%的南孚电池股份在手上，一个外资企业就这样成为了国内公司控制的企业，为借壳上市创造了便利条件。这样的操作也为有外资背景的想要上市的企业做出了样本，集中股权于国内公司，会有更多的机会与便利条件完成上市。

（二） 巧换衣，秒借壳，高运作

一方面，将南孚电池股份集中到国内大丰电器手中；一方面，鼎晖投资也在三板市场上为南孚电池“挑衣服”，连续亏损、盈利前景不明晰，出售意见明显的亚锦股份落入眼帘。随后亚锦股份成为南孚电池的“衣服”，南孚电池完成借壳。现在的三板市场公司数量有 10000 多家，有许多公司亏损，而且想赚钱很难，这些优质的壳资源会越来越多，相信未来会有更多的优质资产华丽换衣借壳，资本市场永远是优胜劣汰，同时，监管层的工作会越来越严谨。

（三） 左手倒右手，倒满一捧金

同是自己手中的南孚电池的股权，鼎晖把自己左手 78.755%的股权分两步转到右手大丰电器手中。第一次导入 54.469%完成了借壳上市；第二次将剩余部分导入，在定增股价上升之后赚取利润，两次倒手为内部倒手，一分钱没有花费，却赚得了 40 多亿元的利润，谁能说鼎晖投资的资本运作手法不高明呢？

五、案例小结

本次并购，让我们看到了鼎晖投资高超的资本运作手法，从逻辑到利润的计算，再到股权转让方式手法都透露着作为国际顶尖投资机构的智慧。从外资企业的转换，到借壳上市，再到增发获利退出一气呵成。对于鼎晖投资而言，他们可以获利退出，但是对于南孚电池，这个漂泊在外的国内电池龙头重新回归我国资本市场，让国人欣慰，毕竟那是我们一手建立起来的民族电池龙头企业。对于亚锦科技来说，成功出手企业，扭亏为盈并在三板市场上出尽了风头，虽有被借壳的无奈，但并不是随便哪个企业都可以找到南孚电池这样的优质资产的。

总 结

对于准备上新三板的公司来说，通过借壳的方式进入新三板已经被大家所熟知，但是像鼎晖投资这样的资本运作确是一种新颖的玩法，毕竟鼎晖投资为全球知名投资机构，由其操刀运作也不足为奇。同时，这样的案例也给很多新三板公司资本运作提供了思路，一次借壳，分批注入资产，从而获得较高的投资回报。虽然此前类似的运作思路都发生在投资方，根据标的的发展情况分阶段的并购，但从本并购来看这种方式应用于借壳资产注入也未尝不可，类似的玩法能不能在新三板与主板公司之间发生呢？我们相信是有的。

第五章

措置有方，运筹帷幄——看三板企业整合资源提市值

第一节　和君商学（831930）并购汇冠股份——视野与章法的结合

第二节　君实生物（833330）吞并众合医药——新三板首例成功换股并购

第三节　钢钢网（831277）认购首钢股份——坎坷重组路，成功到何时?

第四节　卡特股份（830816）收购合建重工（831147）——跨层并购

新三板企业数量急剧增加，但是该如何辨别企业的发展前景呢？一方面可以看企业市值，但又不限于此；另一方面也可以看企业占有的市场数量，产业上下游占领多少资源。市场的资源必然有限，但是登陆资本市场的企业越来越多，为此近年来众多企业纷纷招兵买马，只为在市场饱和之前占领更多的资源，进而提高企业盈利能力，提升企业市值。这些企业中有新三板市场新秀和君商学通过并购主板公司进一步扩大自己的资源版图；有君实生物和众合医药互相整合资源，换股并购；有钢钢网通过二级市场参股上市公司整合上下游；有新三板创新层企业卡特股份跨层并购整合新三板市场内资源……

现在的商业是看企业资源的时代，到底企业在整合资源的过程中都是怎么玩的，让我们一起挖掘资源整合中的奥秘！

第一节　和君商学（831930）并购汇冠股份——视野与章法的结合

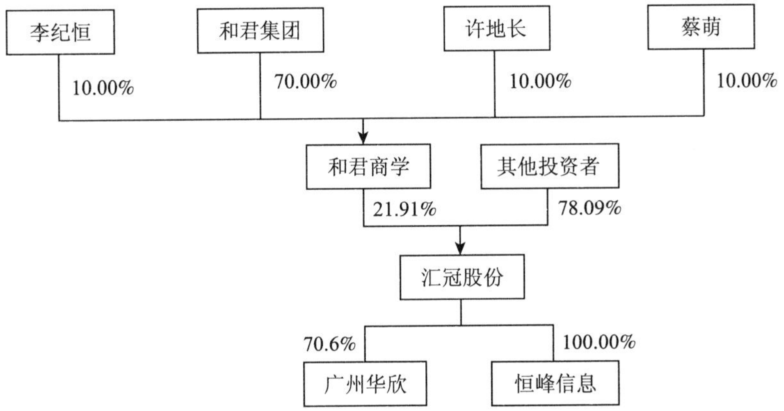

图 5-1　和君商学并购汇冠股份后股权结构图

资料来源：全国中小企业股份转让系统。

2015 年 6 月，和君商学在支付 13.6 亿元人民币受让西藏丹贝所持有的 21.91%的汇冠股份后，通过汇冠股份以 8.06 亿元收购恒峰信息 100%股权，并增持广州华欣 19.6%的股权，形成以上市公司为主体的教育信息化和智能教育装备体系。外加在新三板教育领域的完美布局和设立用于战略投资、教育领域专项投资的基金，形成了以三板、基金和上市公司以及创业公司为支撑的成熟的产融互动模式。

近年来，在国家经济放缓和深化供给侧改革的经济背景下，“产融互动”被越来越多的企业家挂在嘴边，产融互动的理论不难理解，但是实际操作起来却难度很大。如果要找到产融互动的完美范例，那么思科与红杉的案例绝对是首选。

思科凭借一个可以让不同类型计算机相互连接的“路由器”，掀起了一场互联网革命。并且，思科于1999年上市，市值一度达到5,500亿美元，超过了微软。互联网科技行业的技术创新日新月异，作为全球领先的网络硬件公司，思科最担心的是颠覆性网络技术的出现。颠覆性技术一旦出现，便可以借助资本的力量迅速在成长，瓦解自己的商业帝国。为此，思科必须在全球范围内准确扫描新技术、新人才，通过风险孵化、并购整合到自己的体系里面来。

由于思科是一家上市公司，限于公司决策慢，以及保密问题、风险承受能力、财务审计等问题都是障碍。思科便拉上自己的老东家红杉资本一起玩这套“产融互动”模式。在这些模式中，思科利用自己的技术眼光、产业眼光、全球网络，扫描发现新技术公司，对项目进行技术上和产业上的判断，把项目推荐给红杉进行风险投资。红杉投资后，联手思科对项目进行孵化培育，如果孵化成功了，企业成长到一定阶段，就溢价卖给思科，变现收回投资，或换成思科的股票，让投资变相“上市”，由此，思科成为了并购大王[①]。

产业整合效率在这套模式中发挥了极大的作用。将并购进来的项目镶嵌到思科的系统平台中，强化了系统的整体效益和竞争力。如果此轮整合有了效果，华尔街将会给予思科更多的资本供应，有了资本供应，

① 《解读产融互动的完美范例》王明富 http：//www.hejun.com/thought/column/wangmingfu/6696.html

便能开展下一轮并购。通过并购，形成了更强的技术垄断，公司的价值便水涨船高。如果把思科与红杉的故事进行抽象化，便有图 5-2 的逻辑：

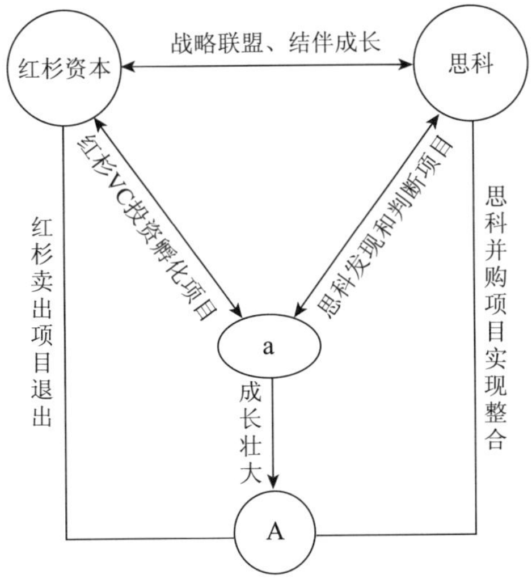

图 5-2　思科与红杉资本产融互动模式图

资料来源：和君商学官方网站。

思科与红杉的故事虽然已经过去多年，但它们之间演绎的产业与资本完美融合的逻辑和商业实践至今依然具备标杆意义。在中国，便有这样一家企业完美地书写了中国版的“产融互动模式”。仅两年的时间，从一家净资产 1800 万的培训公司成长为净资产 25 亿、估值 45 亿的新三板资本集团，旗下还控股估值 70 亿的创业板公司汇冠股份。接下来我们就一起感受一下产融互动应用的最高境界，和君商学（证券代码：831930）并购汇冠股份（证券代码：300282）的“前世今生”。

一、事件亮点

（1）三板并购主板公司，真正的蛇吞象。和君商学和汇冠股份通过并购达成战略结盟，一方面，和君商学的人才和管理理念可以嫁接到汇冠股份；另一方面，和君商学可以通过汇冠股份为而科技创新人才提供孵化平台。

（2）形成以三板、基金和上市公司以及创业公司为支撑的成熟产融互动模式。通过并购上市公司形成教育信息化和智能教育装备体系产业链条；与此同时，在新三板领域已经覆盖商学、法律、出版和幼教等多个领域和行业，进一步完善和君系“一体两翼”的业务格局。

二、并购背景

并购方：和君商学

作为一家商学教育公司，和君商学业务始于2001年，2014年完成改制，当年营业收入只有3,000万元。和君商学于2015年2月登陆新三板，股票代码：831930。和君商学聚焦于管理培训和商学学习，以线下面授培训、线上网络培训相结合的模式，以企业家和企业高管培训、企业人才培训、企业管理内训、高等院校从商毕业生的就业和创业能力培训为主营业务，逐步开发和建设基于移动互联网和大数据的技术平台运营系统，为企业（主要是中小企业）和个人提供企业管理培训服务。

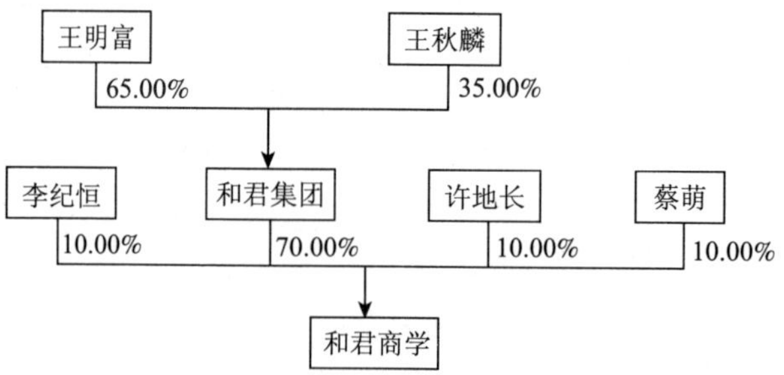

图5-3 和君商学股权结构图

资料来源：全国中小企业股份转让系统。

和君集团成立于2011年6月，原名为和君有限责任公司，2011年8月变更为现名称，其经营范围为：经济信息咨询；投资与资产管理；设计、制作、代理、发布广告；市场调查；应用软件服务；基础软件服务；技术推广；会议服务；承办展览展示活动。

标的方：汇冠股份

2011年12月，汇冠股份（300282）在深证证券交易所创业板上市。截至目前，形成三大板块业务：触摸屏业务、PROEDU交互式电子白板业务和移动智能终端的精密结构件业务。其中，触摸屏业务是汇冠股份的起始业务，拥有核心专利和技术。PROEDU交互式电子白板是汇冠针对教育领域推出的整体解决方案，可以将当前最先进的教学软件与触摸技术完美结合，可以构成一个完整的交互式教学系统，增强教学的互动性和趣味性，从而提高教学效率。移动智能终端的精密结构件产品应用于联想、三星、华为、中星、比亚迪、金立、海尔、TCL、摩托罗拉等品牌机型，曾被联想和比亚迪授予多个奖项。2015年，汇冠股份的信息交互业务共实现营业收入30,679.42万元，同比增长21.56%；红外触摸屏毛利率同比增长11.13个百分点，光学触摸屏毛利率同比增长10.31个百分点，交互式电子白板及配套智能教学软件毛利率同比增长9.40个百分点。精密结构件业务实现营业收入132,497.10万元，与2014年持平；毛利率同比增长3.64个百分点；实现净利润8,638.74万元，同比增长75.79%。

汇冠股份自2011年12月上市以来，盈利基本在千万以上，但根据汇冠股份2015年年报显示，公司2014年实现营业收入16.35亿元，同比增长98.57%，归属于上市公司股东的净利润为-1.14亿元，同比下降93.9%。

表 5-1 汇冠股份 2014 年、2015 年财务数据

	2015 年	2014 年	比上年同期增减
营业收入（元）	1,635,730,742.83	823,772,761.99	98.57%
归属于上市公司股东的净利润（元）	-111,463,747.50	11,159,695.53	-1,098.81%
资产总额（元）	2,172,860,675.45	2,070,713,487.82	4.93%

资料来源：东方财富 Choice 数据库、全国中小企业股份转让系统。

三、并购事件发展

（一） 兵马未动，粮草先行

和君商学于 2015 年 2 月 5 日挂牌新三板，3 月 27 日便推出股票发行方案，拟以 100 元/股的价格发行股份 300 万股，募集资金 3 亿元。不过根据 6 月 2 日公布的股票发行情况报告书来看，最终发行 265 万股，募集资金 2.65 亿元，但是定增对象却是星光熠熠，其中不乏上市公司股东和资本大佬。除新东方董事长俞敏洪、千合资本创始人王亚伟外，还包括新大陆、欣旺达、江中药业、海王集团等 10 多家上市公司或其董事长，被誉为新三板股东阵容最豪华的公司。

对于此次发行股份，和君商学实际控制人王明富坦言“公司抓住 2015 年的一波新三板行情成功引入一批明星股东，除了获取资金支持外，还取得了信誉背书，及时完成了汇冠股份的收购；这又为后续新的定增提供了支撑，实现了良性互动”。

紧随 4 月份的首次定增，2015 年 7 月 2 日，和君商学以每股 150 元的价格向民生银行质押 700 万股权共计贷款 10.5 亿元。值得一提的是，此次和君商学耗资 13.93 亿元从西藏丹贝手中收购汇冠股份 23.08%股份的资金来源正是银行体系，收购完成后和君商学将成为汇冠股份的第一大股东及实际控制人。

（二） 大局已定，顺势而为

2015 年 6 月 17 日，和君商学正式发布重大资产重组预案，宣布预计支付 14 亿元人民币受让西藏丹贝投资有限公司所持有的汇冠股份 27,869,400 股流通股股份。

随着 2015 年 6 月的 A 股市场股价大幅波动，和君商学于 2015 年 10 月 14 日宣布，经与西藏丹贝协商，将交易总金额降低至 13.6 亿元，同时延期支付 1.5 亿元，将依条件调整并延期支付部分延期款项。原标的股份的转让价款总额为 13.934,7 亿元。现在比之前的价款少了 3,347 万元。

根据《非上市公众公司重大资产重组管理办法》第二条的规定，此次交易资产总额占和君商学 2014 年年度经审计的合并财务会计报表期末资产总额的比例达到 50%以上，已经构成重大资产重组。

表 5-2　和君商学 2013 年、2014 年财务数据

指标	2014 年	2013 年
营业收入（元）	30,562,771.89	11,514,023.38
归属挂牌公司股东的净利润（元）	6,382,493.11	1,982,193.54
总资产（元）	29,174,905.32	15,245,924.02

资料来源：全国中小企业股份转让系统。

根据和君商学披露的财务数据显示，2014 年度和君商学的营业收入 3.056 亿元，总资产仅为 2.914 亿元。与此同时，按照 2015 年 5 月份披露的股票发行情况报告书计算，和君商学的股本总数达 1256 万股，价格为 100 元/股，市值为 12.56 亿元。

尽管并购总价有所调整，但作为新三板挂牌公司的和君商学耗资 14 亿元并购创业板上市公司汇冠股份已是“蛇吞象”之举，同时和君商学还自带品牌优势，所以并购消息一出，市场当即表现得颇为兴奋。

不过，在创业板不得借壳的规定下，和君商学也强调其不存在后续借壳计划，入主只是为了战略协同。和君商学取得控制权后，引入职业管理人员优化汇冠内部生产经营，对汇冠的经营管理、精益生产、研发管理、改善经营效率和未来的开拓新格局都有望产生重大促进作用。

正因如此，2016年1月14日和15日，汇冠股份董事长解浩然、董事会秘书张辉、副总经理徐楚，以及核心管理人员海洋、尉洪朝、赵晓明等6人，通过二级市场增持公司股票，6人在此之前均未持有公司股票。这表明和君商学并购后，提升管理能力和产生的协同效应，客观上使公司高管更有信心。

（三） 并购番外篇，开拓新格局

2016年8月，汇冠股份耗资4915万购买广州华欣科技有限公司19.6%的股权，此次收购还得追溯到2013年。2013年11月25日，汇冠股份与广州视睿电子科技有限公司、广州视源电子科技股份有限公司、广州视荣投资管理有限公司及广州华欣电子科技有限公司订立《股权转让协议》，以自有资金出资人民币1,000万元收购目标公司51%股权，同时出让方有权选择按华欣科技2014年度、2015年度两个会计年度经审计的扣除非经常性损益后的净利润的平均值的8.5倍作为目标公司的估值，并有权要求汇冠股份按该估值以现金收购甲方所持目标公司19.6%的股权。

广州华欣电子科技有限公司前身为广州视睿电子科技有限公司的事业部，主要研发、生产、销售触摸框，被广泛应用在教育系统、商业展示、企业会议、广告查询、游戏娱乐、工业控制等领域，不仅全面覆盖国内市场，并且远销美洲、澳洲、东亚等多个国家和地区。虽然此次占用了汇冠的大量现金，但是由于标的方在业务产品上跟汇冠股份有很强的关联性，所以随着收购的完成，汇冠股份的经营情况也开始好转。此前已经收购华欣科技的51%的股权，所以此次收购完成汇冠股份合计持有华欣科技的70.6%的股权。

2016年7月12日，汇冠股份以8.06亿的价格收购恒峰信息的100%股权。其中，以发行股份方式向交易对方支付56,420.00万元，占交易对价的70%；以现金方式向交易对方支付24,180.00万元，占交易对价的30%。

恒峰信息作为一家长期为中小学、职业学校及各级教育管理部门等各类教育机构提供教育信息化解决方案、教育软件服务提供商，目前已经累计服务基础教育学校2,300余所，年覆盖学生250万左右，累计服务职业教育院校110余所，年覆盖学生130万人以上。

此前汇冠股份决定在充分利用现有技术储备和量产能力的基础上，通过自身内生及外延并购等手段，最终完成打造智能教育服务生态圈的战略布局。为实现该战略，汇冠股份计划整合部分优质的教育信息化系统集成商，此次交易将会帮助汇冠股份实现智能教育装备与教育信息化的有机结合，在提升盈利的同时获取下游教育客户资源，为最终实现围绕教育装备、教育信息化、教育内容、教育场景等智能教育服务生态圈奠定基础。

四、案例及亮点分析

在并购汇冠股份时，和君商学在重大资产重组报告书中强调本次交易目的在于，和君商学和汇冠股份可以达成战略结盟，最终使得和君商学与汇冠股份打造成为运作规范、质地优良、效应良好、创新动力强劲、产业可持续发展的两家优质上市公司。

无论是汇冠股份并购华欣电子和恒峰信息，还是和君商学成立私募基金、收购公司，都是和君系的教育版图在扩大的过程。所谓的和君系，主要是指2011年成立的和君集团及其下属子公司和君咨询、和君资本以及和君商学，实际控制人为董事长王明富；和君集团本着实践出真知、理论与实践相结合的理念，形成了以咨询业务为体，以资本业务和商学业务为两翼的“一体两翼”的业务格局。

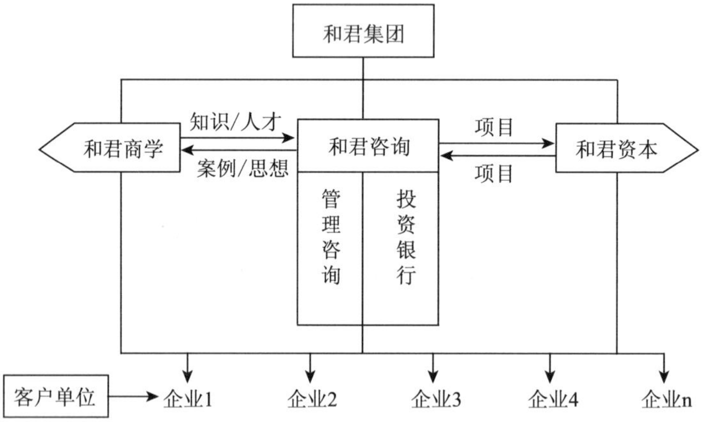

图5-4　和君集团“一体两翼”格局示意图

资料来源：和君商学官方网站。

在和君系的三大板块中，和君商学与教育领域的关系最为密切，动作最为频繁。自2015年2月，和君集团将旗下商学教育业务单独分拆挂牌新三板后，和君系在教育领域的扩张步伐就未有过片刻停歇。一方面，我们感叹和君系的教育版图的发展速度之快，另一方面我们还应该感叹和君系的教育领域布局堪称完美。

2016年7月，和君集团提出原创思想和方法论：创业企业成长的FLA模型。这一模型便是由思科与红杉的案例抽象复盘而来。

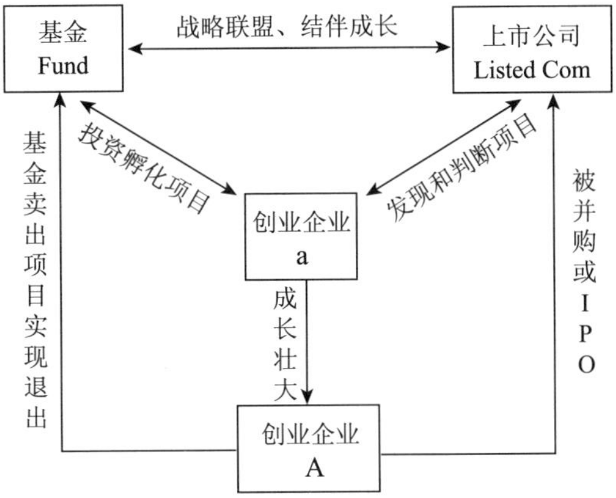

图 5-5　创业企业成长的 FLA 模型

资料来源：和君商学官方网站。

在和君商学挂牌四个月后便斥资近 13.6 亿元收购的汇冠股份 21.91%股权的时候，二者便已经结成战略联盟，相伴成长。汇冠股份的主营也由触摸屏业务、教育信息化业务向智能教育装备领域战略转型。此后，汇冠股份收购恒锋信息便是和君商学入主汇冠股份后，在教育领域的首次重大布局。这一次探索将完成和君商学在 FLA 模型中上市公司并购创业企业的模块布局。

在 FLA 模型中的投资孵化板块、和君商学已经形成了成熟的“三步走战略”，通过设立公司、并购重组和成立相关专项基金，增强了和君商学自身主营业务并在相关领域形成战略协同效应。

2016 年，和君商学先后出资 2,000 多万元成立合资公司和独资公司 3 家，分别为江西和君商学、和君华夏和君为教育，其中和君华夏和君为教育将会帮助和君商学在出版行业和法律教育行业大展拳脚，并与主营业务形成协同、延伸与互补。出资设立公司的同时，和君商学“买买买”的节奏也在加快。10 月，和君商学以现金 1,000 万元对上海浪潮教育进行增资，本次交易完成和君商学将持有上海浪潮教育的40%的股权，成为后者的控股股东，进一步完善和君系的教育产业线的布局。距上次收购不足一个月，11月18日和君商学出资4,950.00万元人民币受让北京华职教育55.00%股权，交易完成后公司持有华职教育股权比例为55.00%，成为华职教育的控股股东。值得一提的是，华职教育是国内专业的民营职业教育出版策划和发行企业，其产品线涵盖中等职业教育、高等职业教育、应用型本科、学历文凭考试类及职业资格考试类等几大类别。华职教育拥有完整图书著作权达1400余种，累计开发数字化教学资源包超过500种；同时拥有强大的发行渠道及网络，全国范围内经销商达500余家。此次通过控股华职教育战略性进入职业教育出版策划和发行业务，进一步完善了和君商学的产品和服务。此外，和君系从2014年开始布局幼教产业，通过资管计划或直接转让的方式，间接入股威创股份，并以此加码对教育领域的投资。

收购的同时，和君商学还出资设立了正德明盛一号私募投资基金和一支教育产业并购基金，分别用于公司战略投资和教育领域专项投资。至此，和君商学的整体的教育产业规划便显而易见，一方面在新三板领域已经覆盖商学、法律、出版和幼教等多个领域和行业，另一方面通过上市公司已经形成的教育信息化和智能教育装备体系。并形成以三板、基金和上市公司以及创业公司为支撑的成熟的产融互动模式。

五、案例小结

在挂牌新三板短短两年的时间里，便有三轮高额定增、外加明星股东、蛇吞象式收购等等充满野心却又不失章法的资本运作真可谓一盘好棋。其背后的棋手便是明星企业家王明富，就任君安证券研究所所长期间，王明富曾提出：投资者要想获得超额利益，需要进行一次从发现价值到构造价值的跨越，“发现价值是去寻找黑马，而构造价值是去培植黑马”。对此，业内人士如此解读：“说得简单一点，就是先控制一定上市公司，然后将手头的实业装进去，必要时改变一下原上市公司的主业或产业概念，然后利用杠杆原理从资本市场融得更多的钱，顺着产业概念大举并购、整合、迅速实现盈利、再融资、再并购，如此来回大循环，以杠杆原理滚雪球，通过产业整合，最终成为产业之王”[①]。

总结

和君一直以来都极力倡导产融互动的模式，而此次并购又通过自身经历完美诠释了产融互动的实践意义。事实证明，在国家经济下行压力增加和供给侧改革的背景下，产业与资本融合的模式对于新三板企业非常重要，可以利用资本运作的金融手段，完成产业调整，扩大产业链布局。而并购又是产融互动模式实现在的路径之一，这其中标的的选择，产业链的布局都着实重要，当然还要看企业如何利用新三板这个资本平台筹集更多资金，为产融互动模式的落地注入更多动力。

① 《王明富：和君“蛇吞象”底气何来》http：//mt. sohu. com/20161104/n472267074. shtml

第二节 君实生物（833330）吞并众合医药——新三板首例成功换股并购

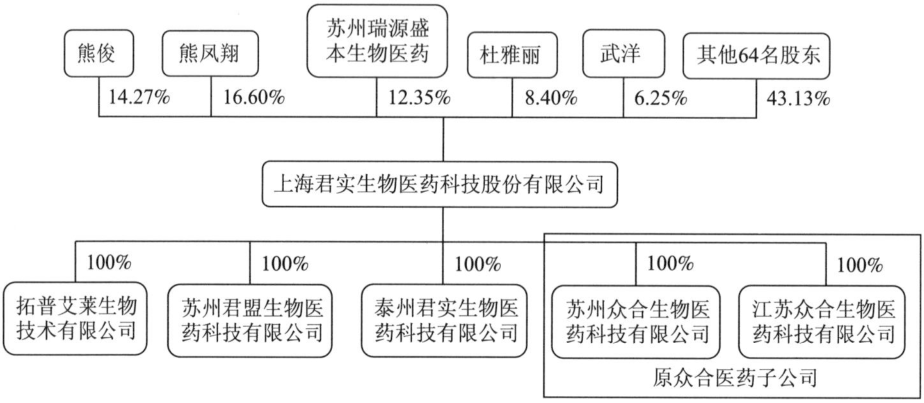

图 5-6 并购完成后，实际控股人持股比例

资料来源：全国中小企业股份转让系统。

2015年，君实生物与众合医药以1∶19.87的比例换股并购成为新三板首例换股并购案例。并购完成后，众合医药法人主体注销，在行业容量大、资本要求高的背景之下，换股并购合并之后，双方需求互补，达到了消除同业竞争的目的，解决了并购双方由于新药研发占用大量资源造成的现金流紧张的难题，实现资源整合。

伴随着“十三五”国家出台的药品行业新政策，三板医药行业融资成为关注点，2015 年 1 月 1 日—2016 年 8 月中旬，三板医药行业总计募集资金超过 115 亿元，而在众多三板医药企业中，君实生物（证券代码：833330）作为融资能力排名第一的三板医药公司吸引了的目光。2015 年，君实生物通过横向并购合并众合医药（证券代码：430598），在实现资源整合后，不仅募集资金速度最快最多，公司市值更是在其变更转让方式为做市的当天（2016 年 8 月 18 日）直飙至 57 亿元。

“冰冻三尺非一日之寒，滴水穿石非一日之功”。君实生物强大的融资能力与高市值并非一蹴而就，君实生物的成就还需从并购行为进行分析。

一、事件亮点

（1）当日挂牌，当日停！如此“干脆利落、无一分拖泥带水痕迹”缘为何？只为团结亲兄弟。

（2）关联交易典范。早在君实生物挂牌之前，公司就已经和众合医药沟通并购事宜：并购目的并非“借壳上市”，而是实现双方在技术、人力等资源上的整合。此次挂牌动作即宣布并购众合医药行动正式开始。

（3）首例新三板换股并购案例。开创三板并购新时代，为同行并购身先士卒、率先垂范！

二、并购背景

并购方：君实生物

君实生物与众合医药均属于生物药品制药行业，都从事单克隆抗体新药的研发，并提供相关的技术开发、技术咨询、技术转让、技术服务，新药的生产和销售。

2012年12月，上海君实生物医药科技有限公司成立。在经历4次股权转让和3次增资之后，2015年5月，君实有限改为君实股份，同年8月13日，上海君实生物医药科技股份有限公司（简称：君实生物，833330）正式挂牌新三板。

根据君实生物发布的公转书，公司自2012年成立以来，营业利润一直不理想，2013年、2014年持续亏损。从2015年上半年公告看，公司在报告期内营业收入为999,999.97元，净利润为-8,187,488.27元，较上年同期增加929,245.27元，亏损减少3,400,0850.54。

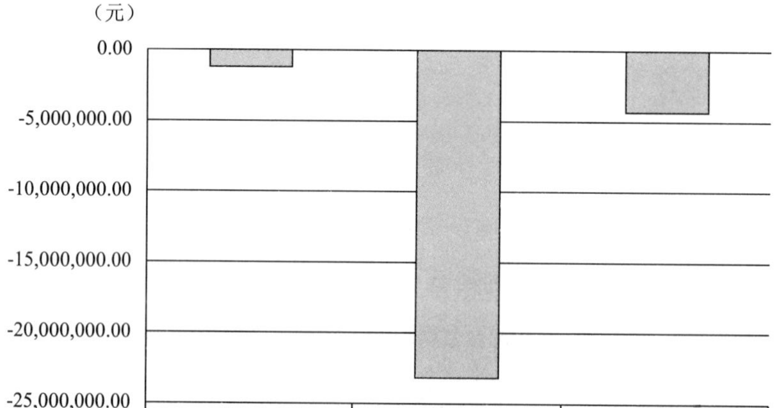

	2013年	2014年	2015年1—4月
□净利润（元）	-1,202,885.08	-23,175,148.15	-4,321,668.75

图5-7　君实生物2013—2015年4月三年净利润对比图

资料来源：全国中小企业股份转让系统。

标的方：众合医药

上海众合医药科技股份有限公司（简称：众合医药，430598）成立于2008年，2014年1月24日成为三板企业，公司2011—2015年连续5年亏损。

根据众合医药2014年年报的数据显示，公司营业收入为566.04万元，归母净利润为-207.88万元，经营活动产生的现金流量净额为-1,699.66万元同比减少102.12%；2015年半年报显示，2015年上半年，归属于挂牌公司股东净利润为-5,606,804.52元，每股收益-0.04元。

行业背景

两家公司所处的行业注定了巨大的前期投入，以及面临巨大的投后风险。坚持在这一行业一干到底的原因，除了公司拥有专业研发团队及部分高层拥有相关学历背景外，必须肯定单抗药物的巨大行业前景。我国生物技术药物市场规模从2005年的5.38亿元增长至2013年的37.75亿美元，期间保持了30.6%的复合增长率。其中，单抗药物销售额占生物技术药物销售额的比例从2005年的22.1%增长至2013年的53.9%，单抗药物的市场规模保持42.6%的复合增长率，远高于其他医药行业细分子行业。目前，我国单抗药品市场规模总体偏小，但是市场需求增长迅速，未来驱动力来自国外单抗原研药物专利到期，国产单抗仿制药的爆发式增长，国家政策扶持以及国内病患的刚性需求。[①]

国内单抗产品原创性较低，与全球单抗产品近百种靶点相比，国内仅针对其中十余种靶点进行产品开发，同质化竞争严重。并且，目前我国单抗行业的研发重点仍是仿制药，具备仿创药研发能力的仅为实力较强的几家制药企业，尚无制药企业具备原研药的研发能力。

---

① 资料来源：君实生物公转书。

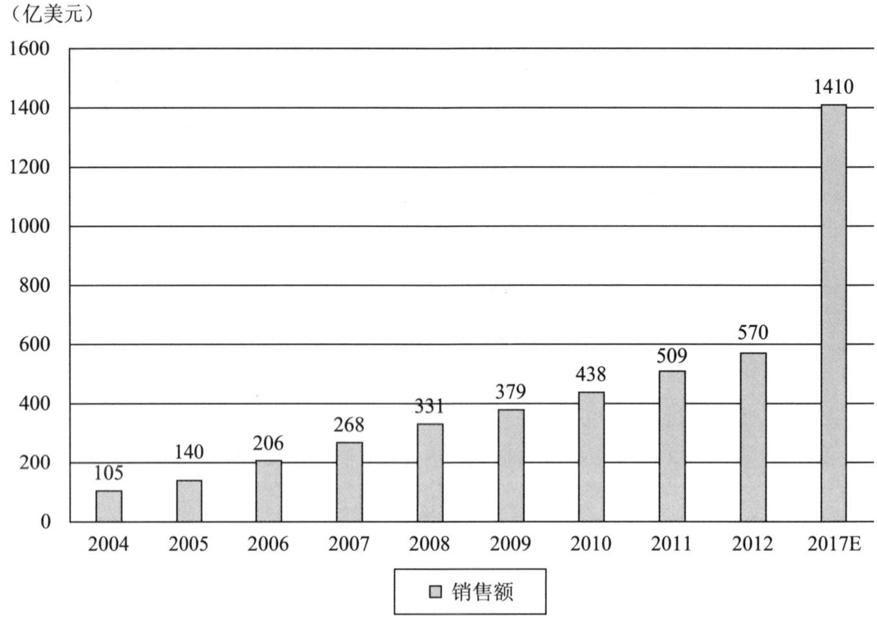

图 5-8　全球单抗药物销售额情况及预测

资料来源：FDA、中金公司研究部。

重要的是，目前国内单抗产品的研发生产企业主要有两类：大型医药公司和海归创业公司。由于单抗行业是个耗资的行业，从研发到临床，药监局审批到最终上市进行营销竞争，每个环节都需要大量资金支持，小型公司很容易因资金链断裂而退出竞争或被大型企业收购。本行业最终的竞争将会是团队与资金的综合竞争。

本次并购正是发生在行业容量大、资本要求高的背景之下，双方为了需求互补，达到消除同业竞争的目的而进行的。

三、并购事件发展

第一步，协商确定。2015 年 6 月 26 日，君实生物发出吸收合并上海众合医药科技股份有限公司的公告。2015 年 7 月 10 日和 8 月 19 日，君实生物和众合医药董事会和股东大会分别审议通过《关于调整君实生物吸收合并众合医药实施时间》的议案，同意君实生物股转系统挂牌后再实施吸收合并众合医药。且采用“换股并购”模式。

第二步，估值。经过双方协商，综合君实生物和众合医药在研项目的研发前景、市场价值以及双方的财务情况——两家公司研发的产品来看，众合医药目前有 6 个在研项目，其中 5 个项目是仿制药或者仿创药，只有 1 个项目是创新药，而君实生物拥有的 6 个在研项目全部都是创新药。通过对 JS 及 UBP 项目从创新型、潜在市场、潜在竞争、适应症、市场潜力的分析，JS 具有更大价值。所以，确定一估值比例：君实生物：众合医药 = 2：1。

通过估值比例君实生物：众合医药 = 2：1，以 2015 年 4 月末众合医药每股净资产为确定标准：众合每股净资产：1.303408933 元/股。君实生物换股发行价格 =（众合医药换股价格×众合医药总股本）×2/君实生物发行前总股本 =（1.303408933 元/股 ×146071040 股）×2/14700000 股 = 25.903441958 元/股。

第三步，实施情况。君实生物本次发行 7,350,000 股股票，全部用于吸收合并众合医药，发行数量占发行后总股本的比例为 33.33%。本次交易前，君实生物第一大股东及实际控制人熊凤祥、熊俊父子直接持有公司股份 379.20 万股，占其股本总额的 25.80%。本次交易后，熊凤祥、熊俊父子直接持有君实生物股份 680.63 万股，占公司股本总额的 30.87%，仍为君实生物第一大股东及实际控制人，实际控制人未发生变化。

四、案例及亮点分析

（一） 换股并购

换股并购是指收购公司将目标公司的股票按一定比例换成本公司股票，目标公司被终止，或成为收购公司的子公司。

换股并购作为权益融资方式一种，对应股票支付。综合来看，换股并购有以下优势：

（1）目标公司的股东仍保留其所有者权益，能够分享兼并公司所实现的价值增值。

（2）换股并购可以改变并购双方的股权结构：有利于企业重组、优化治理结构。

（3）目标公司的股东可以推迟收益实现时间，享受税收优惠。

（4）与现金支付相比，有效减轻并购企业财务压力，降低成本，换股并购方式合法实现减税避税，有利于对目标公司高级管理人员进行股权激励。

换股并购的劣势：

（1）股票发行要受到证券交易委员会的监督以及其所在证券交易所上市规则的限制，发行手续繁琐、迟缓使得竞购对手有时间组织竞购，亦使不愿被并购的目标公司有时间部署反并购措施。

（2）换股收购经常会招来风险套利者，套利群体造成的卖压一级每股收益被稀释的预期会招致收购方股价的下滑。

（3）对兼并方而言，新增发的股票改变了其原有的股权结构，导致了股东权益的“淡化”，其结果甚至可能使原先的股东丧失对公司的控制权。

换股模式的优点利用——规避并购的资金问题

根据众合医药2014年年报显示，由于资金问题，众合医药需要在产品生产和研发的同时进行技术服务和技术转让，以保持公司持续经营的能力。

君实生物采用换股并购方式合并众合医药，显然解决了并购双方由于新药研发占用大量资源造成的现金流紧张的难题。

（二） 关联交易及折股比例

1. 关联交易

本次并购双方构成关联交易，熊凤祥和熊俊父子同时为两家公司的实际控制人，并且其他股东之间的联系也将并购公司千丝万缕地拧在了一起。（见图5-9）

2. 换股比例：亲兄弟，明算账

在换股并购的过程中，最核心的内容就是双方公司折股比例的确定，折股比例作为一个集“准确性与艺术性”为一体的关键步骤，需要并购双方将谈判技巧发挥到淋漓尽致。

根据以往的经验，医药公司一般根据“公司产品线+产品销售能力”进行定价。但在本次案例中，双方的主要项目均处于研究状态中，尚没有实现真正意义上的销售和盈利，又因为两家公司处于协议转让状态，无法以股价进行衡量。故使用前面所述的估值法对所有项目进行估值。

当然，存在“缝隙”的地方，怎么会没有“余地”呢？君实生物与众合医药的折股比例也经过了数次协议最终商定：

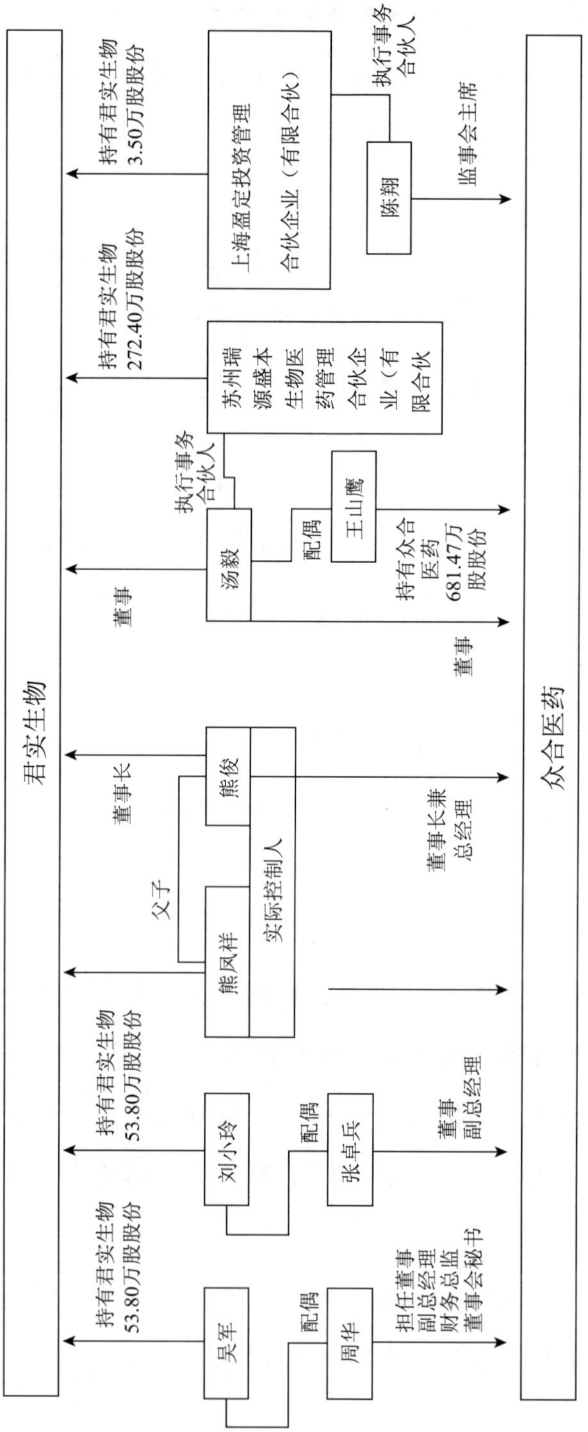

图5-9 并购双方关联图

资料来源：全国中小企业股份转让系统。

期间，换股比例从 1：19.87（众合医药每股 1.32，君实生物发行价格 26.23 元/股），更新到 0.050317983：1。君实生物和众合医药关联程度堪比“亲兄弟”，这笔账算的也是非常精细的①。

折股比例的不确定性，使得双方公司的谈判在并购实施过程中起到很大的作用。

本案例由于双方关联属性强大，谈判的作用没有得到完美体现。但是在不构成关联交易的并购中，这笔精细的账目就更需要相互之间不断地交谈，以达到互相的最高/低期望值。尤其是并购的被动方，若想要实现一个好对价，就要练就“舌战群儒”的本领！

表 5-3 国内换股并购案例示例

案例	折股方法
新华同方并购鲁颖电子	每股成本价值加成法
第一百货（600631）并购华联商厦（600632） 国内第一例上市公司间换股并购案	非流通股：每股净资产加成系数法 流通股：以每日加权平均价格为基础的加成系数法
浙能电力换股吸并东电 B 股	市盈率法定价

资料来源：网络资料收集整理。

（三） 融资最强

如前文所述，君实生物处于持续亏损状态。然而，自并购案完成复牌（2015 年 12 月 22 日）后，君实生物成为了三板市场上备受投资人信任的股票，将两方的资源进行整合后，市值超越创新层公司，融资能力也成了新三板上的最牛公司之一！

紧跟复牌公告，君实生物接连发布了 3 次定增消息，分别募集资金

① 读懂新三板．新三板又现神话！收入 5 万的公司市值 57 亿．http：//finance.qq.com/a/20160824/010200.htm

349,988,625 元、2,49,991,875 元、30,600,000 元合计融资 6.3 亿元。2016 年 7 月 29 日，君实生物发布定增融资方案，拟募集 3.681 亿元，且完成了投资者认购意向。这样看来，君实生物合计能够融到 11.18 亿元。2016 年 9 月 9 日，君实生物变更协议转让为做市一个月不到，市值飞速蹿高。

表 5-4　2016 年 9 月君实生物、三板医药公司市值

代码	名称	周成交均价（元）	周成交金额（万元）	周换手率（%）	市值（亿元）（数据截至 2016 年 9 月 9 日）
831265	宏源药业	9.36	1,200.95	1.79	17.50
830931	仁会生物	42.99	1,111.38	0.43	71.27
831550	成大生物	17.74	736.24	0.20	65.96
430492	老来寿	6.88	665.29	4.06	2.92
833330	君实生物	11.45	649.16	0.21	61.35
834611	老肯医疗	8.50	492.72	1.11	7.52
831920	车头制药	12.25	410.28	0.79	10.80
430140	新眼光	13.47	396.05	0.54	11.34
835720	宝藤生物	23.67	392.99	0.62	16.16
430353	百傲科技	12.29	390.79	0.75	6.31

资料来源：全国中小企业股份转让系统。

根据君实生物披露的 2016 年半年报。君实生物已连续 3 年亏损，报告期内，完成营业收入 5.34 万元，同比减少 94.66%；归属于挂牌公司股东的净利润亏损 3,905.00 万元，同比大亏 183.09%；基本每股收益-0.15 元，同比减少-76.19%。可以说，公司高市值创造了三板神话。另外，君实生物也对外公布公司在 2020 年会扭亏为盈，我们不妨持续关注，保持期待！

五、案例小结

纵观整个合并案例，君实生物利用并购手段得到了技术整合，募集了解决企业现金流紧张所需要的大量资金。并且，并购完成后发起了数次对外投资，以此获利进而不断补充研发经费，同时达到拓展公司现有业务范围的目的。融资能力的强弱与公司管理层有必然关系。根据《君实生物公开转让说明书》披露，董事长熊俊自2004—2011年10月，一直从事基金管理，2007年后一度任上海宝盈资产管理有限公司董事长。我们一直强调，在当今环境下，具备资本视角对企业管理人的重要性。君实生物的成功融资并非偶然，正是因为有一个了解资本，懂得运用资本市场力量的董事长，才能在创新药研发阶段实现公司市值的飞涨。

总 结

本次并购最大意义就是通过吸收合并，两家公司在技术、产品、市场等多方面资源都得到整合，大幅提升企业实力，然后以产品市场刺激资本市场，利用资本市场进一步辅助产品市场，从资本角度看，君实生物进行了一次很好的市值管理。神话并不是偶然，对于时下的新三板公司来说，通过并购可以实现资源整合，达到1+1>2的效果，但是不能脱离新三板这个资本市场，将企业接触的产品市场和资本市场分开，二者应该是相互促进、相互影响的。

第三节　钢钢网（831277）认购首钢股份——坎坷重组路，成功到何时？

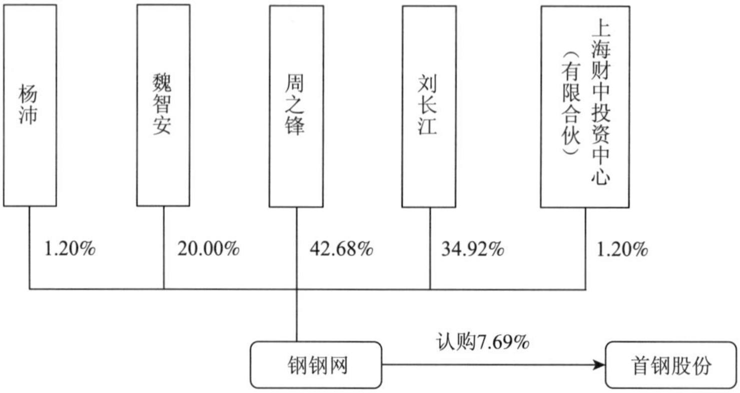

图5-10　和君商学并购汇冠股份后的股权结构图

资料来源：全国中小企业股份转让系统。

2015年9月，钢钢网拟斥资20亿元，以4.91元/股的价格认购首钢股份40,733.20万股股票。希望有效地利用首钢股份在钢铁生产行业的领先地位，沟通钢铁产业链，提供更为可靠的现货资源，完善钢钢网通过自主研发运营的第四方互联网钢铁综合服务平台，包括四方平台、大象钢票、小象快运和战略投资等，形成钢铁电商新模式。

主板上市公司参与新三板公司定增并不新鲜，但一家非 PE 的新三板公司不惜筹资数十亿认购主板公司增发的股份可谓是资本市场的首例，消息一出引起轩然大波，各大媒体争相报道。

一、事件亮点

（1）资源整合，连出重拳。钢钢网为整合钢铁行业上下游产业资源以缓解钢铁行业“产能过剩”的囧途，多次参与认购钢铁企业的股份，但是极少成功。

（2）自筹资金，蛇吞象。作为非 PE 的新三板公司，钢钢网若想以“蛇吞象”的方式参股上市公司，只能自筹资金。虽然多次定增，但依然囊中羞涩，在这条认购的路上走得实在艰辛。

二、并购背景

并购方：钢钢网

钢钢网于 2011 年 1 月 12 日正式成立。2014 年 5 月 28 日，完成股份制改革。2014 年 11 月 19 日，成功在“新三板”挂牌（股票代码：831277），成为国内首家在新三板挂牌的钢铁电商平台。2015 年 4 月 10 日，钢钢网全新改版上线，转型为首家钢铁电商第四方服务平台，将现货资源、钢铁咨询、物流运输、金融服务融为一体，为客户提供一站式服务。

钢钢网是一家专业从事钢铁行业商业信息及增值服务的互联网平台综合运营商，主要为客户提供企业宣传推广、商情发布和搜索、行情资讯等电子商务增值服务。通过旗下运营的“钢钢网”平台，向钢铁行业用户提供全面、及时的钢铁现货商情信息和行情资讯等增值服务，同时增加了网页的访问量、聚集了大量访问用户，进而通过收取广告费、会员服务费等来实现网站的收入和利润。

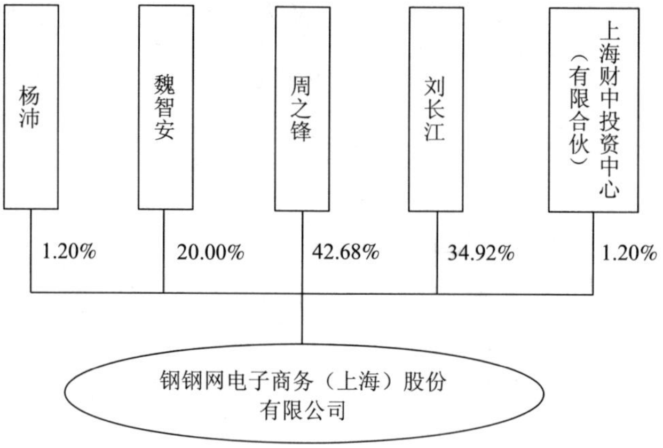

图 5-11　钢钢网挂牌新三板时股权结构图

资料来源：全国中小企业股份转让系统。

标的方：首钢股份

首钢股份（000959）属于钢铁行业，其产品包括热系和冷系两大类，主要经营钢铁冶炼，钢压延加工；钢材轧制、其他金属冶炼及其压延加工和销售；投资及投资管理等。

2015年，全球经济增速放缓，我国经济进入新常态，固定资产投资增速回落，房地产开发投资增长乏力，传统用钢行业工业增加值增速明显回落，导致钢材市场需求明显下降，市场竞争加剧，钢材价格持续下跌，并创新低。2015年，钢铁行业处于普遍亏损状态，进入前所未有的“冰冻期”。面对复杂的市场环境，首钢股份在稳抓生产，调整结构，降低费用的同时还积极开展资本运作。

表 5-5　首钢股份财务数据表

	2015年	2014年	增减比例
营业收入（元）	17,843,232,849.43	23,985,250,720.77	-25.61%
归属上市公司股东的净利润（元）	-1,136,621,053.88	62,643,797.43	-1,914.42%
总资产（元）	66,538,457,393.16	61,546,325,239.24	8.11%

资料来源：全国中小企业股份转让系统。

三、并购事件发展

2015 年 9 月 8 日，首钢股份发布《北京首钢股份有限公司非公开发行 A 股股票预案》称拟向北京首钢基金有限公司、钢钢网（上海）电子商务股份有限公司、西藏林芝福彤珠宝金行有限公司、北京韬蕴六号股权投资中心（有限合伙）、金鹰基金管理有限公司、泰达宏利基金管理有限公司、广西容县新容公路有限公司共 7 名特定对象非公开发行不超过 2,240,325,500 股人民币普通股股票，发行价格为 4.91 元/股，募集资金总额不超过 1,099,999.8205 万元。募集资金用于首钢京唐钢铁联合有限责任公司二期工程项目、曹建投股权收购及后续 PPP 项目、偿还银行贷款等相关事宜。

2015 年 10 月 22 日，钢钢网发布重大资产重组报告书详细披露此次认购事宜，钢钢网拟以 4.91 元/股的价格认购首钢股份 40,733.20 万股股票，合计人民币约 20 亿元。由于此前钢钢网重新改版上线，定位为四方服务平台，希望能有效地沟通钢铁买家、卖家和物流。此次参与首钢股份定向增发希望能有效地利用首钢股份在钢铁生产行业的领先地位，沟通钢铁产业链，提供更为可靠的现货资源，提高公司的经营能力。

但值得注意的是，钢钢网此次交易的金额约 20 亿元，占最近一个会计年度经审计的期末资产总额的比例为 8439.99%，占期末资产总额的比例为 19889.31%，远远超过重大资产重组的标准。对于如此大手笔的投资计划，不禁让人质疑，一家净资产不足亿元的公司，怎么拿出 20 亿元？

虽然自钢钢网挂牌新三板以来进行了一系列资本运作，已经连续完成两轮定增，分别在2015年5月和6月两个月内分别发行4369万股、269万股，共募集资金7,077.83万元。但是相比于此次的“阔绰”，明显是有心无力。从其2015年上半年报披露的财务状况可知，钢钢网2015年上半年实现营业收入487.81万元，亏损448.5万元，资产总计8,438万元，负债总计765万元。所以，从钢钢网的经营状况来看，这笔“巨款”对于囊中羞涩的钢钢网来说也是难以负荷。

四、案例及亮点分析

如果说此次认购是钢钢网公司战略中的一环，那么从最近两年钢钢网的资本动作来看可谓是野心勃勃，对于公司上下游资源的整合连出重拳。

实际上在2015年5月，钢钢网便打出战略“第一拳”。当时杭钢股份计划向钢钢网发行946.97万股股份，发行价格为5.28元/股，交易金额合计约5,000万元，而对于当时的钢钢网来说已经属于“蛇吞象”之举。但仅仅过去几个月，便在2015年9月首钢股份的定增中打出了“第二拳”。此后在2016年5月，钢钢网又打出“第三拳”，拟出资1.2亿元认购同为新三板企业的中钢网（股票代码：831727）定向发行的股份，数量为2000万股，认购价格为每股6元，希望有效利用中钢网为钢贸行业客户提供B2B电子商务应用服务及现货交易，更好地为钢贸行业客户提供“优质全面的免费信息及撮合服务+便捷可靠的金融服务+高效先进的物流服务”。

然而，理想很丰满，现实很骨感。虽然钢钢网在自建的钢铁生态圈上连连布局，但是毕竟短时间内难以整合过多资源。所以在实际实施的过程中，有多个重大资产重组项目夭折。2016年8月，钢钢网因为相关规定和公司财务状况，只完成了杭钢股份500万元认购计划，实际履行的交易不满足重大资产重组的条件，钢钢网决定终止此次重大资产重组。2017年3月，历时将近半年之后，钢钢网再次宣布由于投资耗时较长，同时根据政策及公司整体规划的变化，原拟以1.2亿元认购中钢网2000万股股票的计划“流产”了，再一次终止重大资产重组①。

2015年5月—2016年5月这一年里，钢钢网共抛出了三份重组方案，连出重拳，却均未成功落地。此次认购首钢股份也是仅剩的重组项目，目前生死未卜。

五、案例小结

最近几年，钢铁行业普遍产能过剩，经营困难是行业内公司的普遍难题。尽管钢钢网走的是钢铁电商新模式，通过自主研发运营第四方互联网钢铁综合服务平台，包括四方平台、大象钢票、小象快运和战略投资等，但是也很难独善其身。根据钢钢网的财务数据显示，2015年全年都处于亏损状态，到2016年上半年才盈利280万元。定增方面的情况也不容乐观，钢钢网在2015年6月的第三次增发历时近两年仍未完成。

钢铁电商的平台之路前期需要积累巨大的客户群和成交量，这个过程需要持续投入。一方面需要大量的资金，同时还需要大量的上下游行业资源。钢钢网自挂牌新三板以来，三次定增，三次重大资产重组，可谓是豪情满天。但是三次定增仅前两次募集少量资金，第三次

① 解读新三板．钢钢网坎坷重组路：继杭钢股份后终止认购中钢网．http：//www.p5w.net/kuaixun/jdxsb888/201703/t20170308_1730544.htm

定增什么时候成功依然遥遥无期。反观资产重组也前后两次双双夭折，仅剩下此次并购首钢股份的重组案在推进中。由此看出，钢钢网的发展不禁让资本市场感叹：坎坷重组路，成功到何时？

总结

类似的情况在现在的新三板市场上并不少见。一方面，挂牌新三板的公司数量持续增长，但是优质企业依然稀缺，基础层企业融资依然是一个难题；另一方面，对标主板市场来看，当前新三板市场的并购和资产重组的数量依然不符合这个超过一万家挂牌企业的资本市场。随着分层制度的落地，要想改变当前这个困境，还是要从根本上提升企业实力，进入优质资本市场。

第四节　卡特股份（830816）收购合建重工（831147）——跨层并购

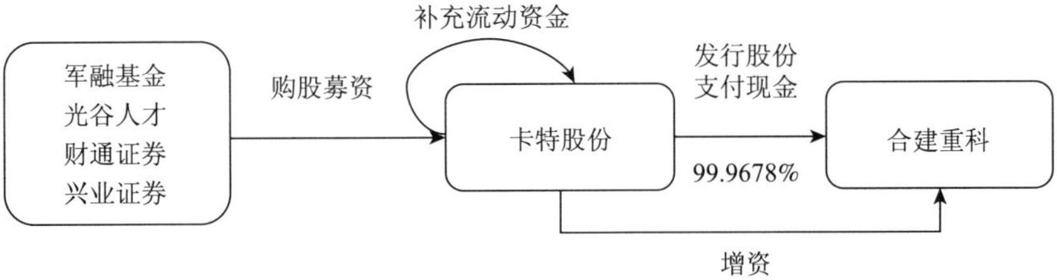

图 5-12　本次并购的资本运作简图

资料来源：全国中小企业股份转让系统。

2016 年 9 月，卡特股份以支付现金与发行股份购买合建重科 99.97%股权，同时向军融基金、光谷人才、财通证券、兴业证券发行股份募集配套资金 8,178.588 万元，此次资本动作实现了收购、增资、补充流动资金三个用处。此次三板创新层企业对基础层企业的战略收购，也是新三板首例做市企业之间的并购，双方将在道桥工程领域强强联合，利用双方优势产生会有巨大的协同效应。

作为一个新兴市场，为解决三板市场体量大、信息杂，全国股转公司对症下药，三板分层制度诞生。三板市场企业将分为创新层和基础层，创新层的企业成了资本的香饽饽，估值飙升，雄心勃勃地继续向主板冲刺；但基础层的企业好像被资本打入冷宫，无人理睬。近一年来，三板市场成了企业收购并购主战场，但发生在三板市场内部的却很少，跨层并购这种“香饽饽”爱上“冷宫女”更是少之又少，下面我们就来看看这个有历史意义的并购故事。

2016年9月2日，卡特股份（830816，新三板创新层公司）发布公告，拟购买浙江合建重工科技股份有限公司（831147，新三板基础层公司）99.97%股权，同时募集配套资金8,178.588万元。本次交易于12月20日完成，交易完成后合建重工将退出新三板，并变更成有限责任公司。

一、事件亮点

（1）新三板首例跨层并购。本次并购是在新三板分层制度实施以来，创新层企业首次对基础层企业的战略收购，也是新三板首例做市企业之间的并购。

（2）并购同时募集配套资金，一石三鸟。本次并购采用股权加现金的支付方式，并购的同时募集配套资金8,178.588万元，分别用来收购、增资和补充流动资金，可谓一石三鸟。

二、并购背景

并购方：卡特股份

武汉卡特工业股份有限公司成立于2005年10月21日，2016年6月27日成为新三板首批创新层挂牌企业（830816）。公司经营业务范围主要是金属加工机械制造，液压和气压动力机械制造。依托德国精湛的制造工艺在桥梁、冶金、石化、船舶等重型装备制造领域有很强研发能力，经过多年市场磨砺，在市场上有很强竞争力。公司年报显示，2013 年，营业收入 20,043,064.67 元；2014 年，营业收入 34,270,414.17 元；2015 年，营业收入 47,153,033.23 元。逐年稳步上升。但是从 2016 年的半年报来看，在报告期内，不论营业收入还是净利润卡特股份都出现了下滑。

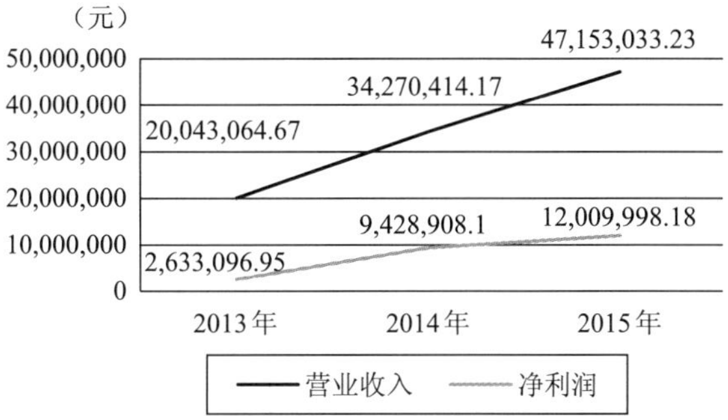

图 5-13　2013—2015 年卡特股份财务数据图

资料来源：全国中小企业股份转让系统。

董事长施向华先生 1998—2002 年就职于美国 OTIS 电梯合肥分公司任销售经理；2002—2005 年 9 月，就职于马鞍山大华机械制造有限公司任销售经理；2005 年 10 月，进入武汉卡特机械制造有限公司。可见施向华先生在销售领域练就了一身本领。

标的方：合建重科

浙江合建重工科技有限公司，成立于 2001 年 11 月 8 日，原新三板基础层挂牌企业（831147）。公司主营业务：桥式起重机、门式起重机、桥梁起重设备、移运设备的制造、安装、改造、维修（凭特种设备许可证经营）；卷扬机、牵引机械制造、销售；起重设备租赁；工程技术咨询；货物进出口、技术进出口。年报显示：2013 年，公司营收 82,408,136.12 元；2014 年，92,028,258.25 元；2015 年，111,688,278.70 元。营业能力逐年稳步上升。

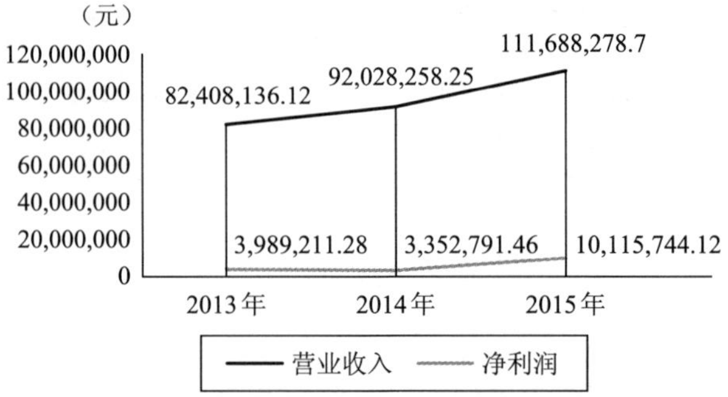

图 5-14 2013—2015 年合建重科财务数据图

资料来源：全国中小企业股份转让系统。

原董事长陈敏兆，1989—1991 年在浙江大学机械系学习；1991—2001 年 1 月，任温州广银集团有限公司佛山销售公司经理；2001—2012 年，任公司董事长兼总经理；2012—2014 年，任有限公司的董事长。陈敏兆先生不仅是高级工程师在技术方面有所建树，销售岗位的经历也让其有不错的营销能力。

三、并购事件发展

2016 年 9 月 1 日，卡特公司召开第二届董事会第五次会议通过《武汉卡特工业股份有限公司发行股份及支付现金购买资产并配套募集资金暨重大资产重组的议案》等文件宣布收购合建重工。

作为回应，合建重科同日召开董事会审议通过《关于卡特股份以发行股份与支付现金的方式收购公司股东所持 99.9678%股份暨附条件生效的公司组织形式变更的议案》等议案宣布同意收购并向股转公司提出申请终止挂牌。

2016 年 9 月 19 日，卡特公司发布《关于终止召开 2016 年临时股东大会》的公告，原因是因重大资产重组相关文件还在审核中。

同日，合建重科召开董事会，审议通过《关于转让众鑫小贷股权的议案》，确定将6%的股权转让给浙江超风矿用机械制造有限公司，但该公司不符合相关资质，因而转交股东大会，由于相关文件的审核问题，合建重科的股东大会也宣布推迟召开。

2016年10月28日，卡特股份召开董事会提请召开临时股东大会，同时在股转系统发布《武汉卡特工业有限公司2016年第二次临时股东大会通知》，宣布临时股东大会召开事宜。

同日，合建重科也在全国股转系统网站上披露《2016年第二次临时股东大会召开的通知公告》。

2016年11月12日，卡特股份召开第二次临时股东大会，审议通过《武汉卡特工业股份有限公司发行股份及支付现金购买资产并配套募集资金暨重大资产重组的议案》等文件，董事长施向华先生因涉及关联交易回避表决。

同日，合建重科召开第二次临时股东大会，审议通过《关于卡特股份以发行股份与支付现金的方式收购公司股东所持99.9678%股份暨附条件生效的公司组织形式变更的议案》等议案宣布同意收购并向股转公司提出申请终止挂牌。

表5-6　卡特股份并购前后前五大股东情况变化表

序号	交易前			交易后		
	股东名称	持股数（股）	持股比例（%）	股东名称	持股数（股）	持股比例（%）
1	施向华	25177000	72.98	施向华	25357556	38.74
2	天星资本	2989000	8.66	陈敏兆	9341512	14.27
3	兴业证券	1472000	4.27	军融基金	6944400	10.61
4	吕桂华	1013000	2.94	光谷人才	4000000	6.11
5	李伟	900000	2.61	天星资本	2989000	4.57

资料来源：全国中小企业股份转让系统。

四、案例及亮点分析

（一） 一艘破冰船， 两杆彩旗飘

我们可以把卡特股份的并购案例看作是并购企业案例中的破冰船，这样比喻是因为它的开创意义。这艘船上的第一大彩旗就是跨层并购，卡特股份是创新层的三板公司，而合建重工则是位于基础层的三板企业，这次并购打破了层间隔绝，开创了三板企业并购的新形态，未来还有可能看到更多的创并基、基并创，为三板间的企业并购打开了更多的想象空间。本次并购会鼓励更多像合建重科这种半只脚踏进创新层的企业寻找更多的并购机会进入创新层，还有会有更多的创新层企业为了冲刺主板寻找基础层标的公司加强实力，看来风已经刮起来了，谁能飞上天呢?

第二大彩旗就是做市企业间的首次并购，开启了三板上的做市企业做出了并购模式的模板，新三板内部优秀企业的合并也将对三板的流动性会有所帮助。

（二） 借石打鸟， 一石三鸟

这是从资本运作方面来看这次并购的。从卡特公司 2016 年半年报来看，营业收入 4,278.79 万元，同比下降 26.13%，归属于挂牌公司股东的净利润 122.48 万元，同比减少 79.90%，由于研发与拓展业务规模，造成了这种业绩下滑。因而卡特公司并没有能力完成收购，所以卡特股份选择了采取了股份加现金的支付方式，并用定增的方法募集资金，也就是所谓的“借石”，（这里我们特别说一下卡特股份是用三板股份来对价支付，这说明了资本方对于三板的股份越来越重视）借

来的石头用在了三个地方，一是用于收购合建重科；二是用于增资合建重科；三是用于自身流动资金的补充。这次的募资，可谓是一石三鸟。这种支付股份并购的方式对于工程建设等重资产现金流少的企业来说简直是神来之笔。

五、案例小结

此次并购对于双方来说意义重大，卡特股份主要业务领域是道桥工程里的液压气压机械设备制造，而合建重科在同行业的机械起重机方面也是小有影响力，两者客户群交叉点多，双方通过并购强强联合，实现渠道和资源共享，利用双方优势能发挥较大协同效应。与此同时，军融基金和光谷人才签订一亿元的业绩对赌，似乎足以解释为何两位董事长先生对合并后企业发展有着十足的信心。

总 结

在这次新三板内的跨层并购案例之后，更多业绩优良的创新层企业都开始跃跃欲试，借着自身在创新层的估值优势在基础层招兵买马，加速向主板冲刺。相信也会有不少像合建重科这种不甘身处基础层的企业需要找到创新层的“好婆家”。新三板目前的分层制度有利于投资方寻找标的方向，并且基础层公司标的相比未挂牌公司整体实力较强，价格比主办上市公司也较为便宜，相信更多创新层企业跨层并购基础层企业，特别是在精选层正式落地后，新三板内的跨层并购之风将为新三板再添上浓墨重彩的一笔。

第六章

百尺竿头，更进一步——三板企业并购未挂牌公司协调发展

新三板并购的触角伸向主板，伸向国外，同样也伸向了潜力无限的未挂牌企业。对未挂牌企业而言，只要是优秀、稳健发展的，就可以通过被并购登陆资本市场。对于新三板企业来说，资本市场本就是一个优胜劣汰的战场，不前进就是退步。而并购三板之下的企业，较之并购板内和上市企业省去了必要的制度审核时间，同时又补充了公司必备的战略资源。当然，三板公司也要练就慧眼识珠，火眼金睛的本领，以快速找到优质的未挂牌企业。

第一节　华新能源并购新环能源——八成股权，最大融资额

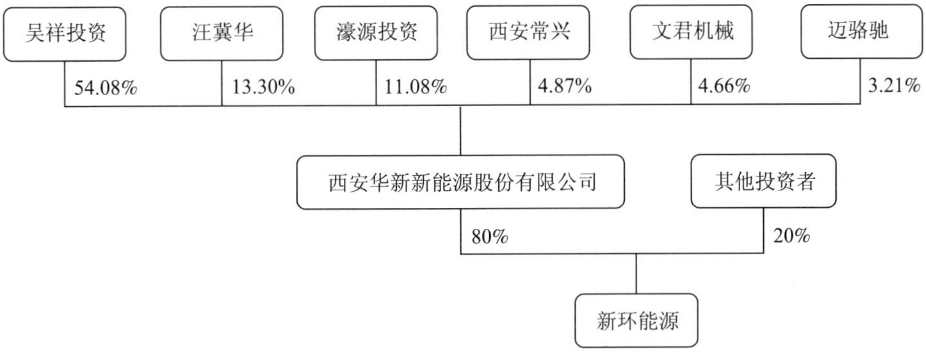

图 6-1　并购后新华能源股权结构图

资料来源：全国中小企业股份转让系统。

2016 年，华新能源耗资 12.8 亿元并购自己的上游企业——A 级锅炉制造商新环能源，也因此创造了新三板企业 2016 年融资额最大的并购项目。在行业需求和利润空间下滑的背景下，华新能源通过并购上游企业，纵向整合产业链，扩大自身企业规模，控制业务核心成本多，提高抗风险能力，将企业生命线牢牢地掌握在自己手中。

多大的企业都会因为市场动荡出现阵痛。阵痛中，如果想办法转型熬过去了，那么，企业会继续蓬勃发展；相反，则会垂垂老死。现

在新华能源就因为其主营产品市场，满身疼痛。为了企业走出波动低谷，2016年华新能源决定并购自己的上游企业——A级锅炉制造商新环能源。此次并购华新能源融资12.8亿元，是新三板企业2016年融资额最大的并购项目，惹人注目。当前新三板产业相关并购非常活跃，可以从本次并购中寻找一些新三板企业并购活动发展的蛛丝马迹。

一、事件亮点

（1）快速实现企业规模扩大，实现多元化经营。面对行业需求和利润空间下滑的压力，通过并购优质企业，扩大规模、提升业绩、提高抗风险能力。

（2）产业垂直纵向整合，有效控制业务核心成本。并购产业上游企业，降低采购成本，提高采购设备的质量，将企业生命线牢牢掌握在自己手中。

二、并购背景

并购方：华新能源

华新能源于2015年11月正式挂牌，是国内余热余压发电领域领先的综合节能服务提供商，专业从事工业余热余压发电的工程设计、技术服务、设备成套、工程总承包、合同能源管理，以及生物质发电工程项目总承包的国家高新技术企业。从2016年半年经营报告所披露的信息中不难看出，在国家环保政策日趋严格，高能耗行业余热利用加速的今天，华新能源的经营业绩已经受到影响，并且产生了波动。

表 6-1　华新能源营收概况比较

	本期	上年同期
总资产增长率（%）	2.79%	20.37%
营业收入增长率（%）	-4.64%	72.19%
净利润增长率（%）	20.98%	110.54%

资料来源：全国中小企业股份转让系统。

面对行业整体较为严峻的发展形势，和不算乐观的发展前景，要想谋求更大的企业发展，在未来的市场竞争中保有一席之地，赢得更多的企业利润，华新能源必须做出“大并购”。

那么华新能源此次并购选择的上游供应商新环能源又是一家怎样的企业呢?

标的方：新环能源

西安新环能源有限公司，成立于2005年3月16日主要经营余热、生物质、多介质热动力专业及电器设备，具有专业的研发团队，具备A级锅炉以及I、II类压力容器的制造资质。在2013年、2014年以及2015年的经营中，新环能源的净利润均有较大幅度的增长，经营业绩良好。

表 6-2　2013—2015 年新环能源财务指标概况

主要财务指标	2013 年	2014 年	2015 年
资产总额	117,972,627.41	232,452,887.50	507,370,602.73
负债总额	28,766,281.77	112,792,112.06	309,219,041.67
所有者权益	89,206,345.64	119,660,775.44	198,151,561.06
主要财务指标	2013 年	2014 年	2015 年
营业收入	127,198,971.67	211,282,151.34	383,822,947.55
营业成本	88,824,876.57	156,557,399.28	265,826,205.17
净利润	21,134,737.05	31,062,593.10	78,490,785.62

资料来源：全国中小企业股份转让系统。

对于提供成套服务的华新能源来说，核心设备采购在成本中占比不容忽视，采购成本对于总体成本的控制具有很大的意义。同时，所采购的核心设备质量会对企业所提供的产品和服务产生非常直接的影响。类似的情况会对企业在市场上的竞争力产生非常大的影响。

并购一家核心设备供应商不仅仅能够降低企业获取核心设备所需的成本，还能够大大提升企业对于核心设备生产质量的掌控能力。借此企业在市场上的竞争能力也能够得到提升。华新能源便选择了这种方案。

对于华新能源来说，并购新环能源这样一家具有完整生产经营体系的上游公司能够让华新能源较为容易地掌控核心设备的成本以及质量。同时由于新环能源本身经营业绩良好，这样的并购也能够使华新能源公司规模整体扩大，在愈发激烈的市场竞争当中获得更强的风险抵抗能力。由此看来，这场12.8亿元的大并购就顺理成章。

三、并购事件发展

表6-3　并购事件发展顺序表

2016.4.28	披露《西安华新新能源股份有限公司关于重大事项暂停转让公告》(2016-020)
2016.5.9	披露《西安华新新能源股份有限公司重大资产重组停牌公告》(2016-021) 西安华新能源停牌
2016.5.13	新环能源召开股东会会议，审议通过：同意华新能源发行股份购买霍尔果斯德辰能源有限公司、西安常兴、文军机械、豫航科技合计持有的新环能源80.00%的股权，新环能源各股东均放弃各自享有的优先购买权
2016.5.19	发布《西安华新新能源股份有限公司第二届董事会第十次会议决议公告》(2016-025) 《西安华新新能源股份有限公司第二届监事会第三次会议决议公告》(2016-026) 《西安华新新能源股份有限公司2016年第三次临时股东大会通知公告》(2016-027) 《西安华新新能源股份有限公司发行股份购买资产暨重大资产重组报告书》(2016-028) 《国海证券股份有限公司关于西安华新新能源股份有限公司发行股份暨重大资产重组之独立财务顾问报告》(2016-029)

续表

2016.5.19	《北京长安律师事务所关于西安华新新能源股份有限公司发行股份购买资产的法律意见书》（2016-030） 《西安新环能源有限公司审计报告》（2016-031） 《西安新环能源有限公司全体股东全部权益评估项目资产评估报告》（2016-032）
2016.6.20	披露《西安华新新能源股份有限公司重大资产重组进展公告》（2016-038）
2016.7.7	新环能源召开股东会会议，审议通过：调整后的重大资产重组方案
2016.7.12	华新能源召开了第二届董事会第十二次会议 披露《发行股份购买资产暨重大资产重组报告书（更正后）》（公告编号［2016-049］） 《国海证券股份有限公司关于西安华新新能源股份有限公司发行股份购买资产暨重大资产重组之独立财务顾问报告（更正后）》（公告编号［2016-050］） 《北京市长安律师事务所关于西安华新新能源股份有限公司发行股份购买资产的法律意见书（更正后）》 （公告编号［2016-051］）
2016.8.2	披露《发行股份购买资产暨重大资产重组报告书（更正后）》（公告编号：2016-058） 《独立财务顾问报告（更正后）》（公告编号：2016-059） 《2016 年第三次临时股东大会延期召开的通知》（公告编号［2016-060］）
2016.8.3	披露《北京市长安律师事务所关于西安华新新能源股份有限公司发行股份购买资产的补充法律意见书（一）》（公告编号［2016-061］）

资料来源：全国中小企业股份转让系统。

虽然本次并购所有款项均使用股票融资的方式进行支付，对比交易前后的数据，不难看出，虽然此次并购金额较大。但是对对于华新能源来说其股权主体结构并未发生太大的变动，华新能源的实际控股人也并未发生改变。

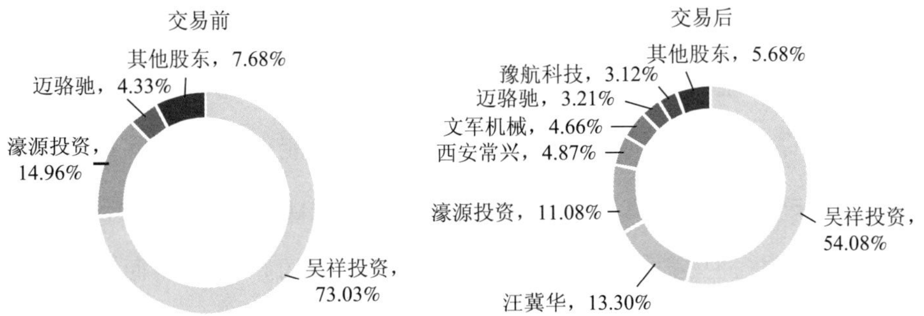

图 6-2　交易前后新华能源股权对比

资料来源：全国中小企业股份转让系统。

四、案例分析及亮点分析

结合两家公司的经营业绩数据可以看出，对于华新能源来说，此次并购是华新能源增强自身市场竞争力，在越来越严峻的市场竞争环境下保持发展的一个重要决定。我们将借助此次并购分析当前余热发电企业未来的发展趋势以及新三板公司并购未上市公司活动的发展方向。

（一） 扩大企业规模，多元化经营，提升风险抵抗力

华新能源是一家提供“一篮子”工程方案服务的企业，即鸡蛋都放在一个篮子里了，其盈利结构较为单一，因此，受行业波动影响相对较大。当前余热发电行业利润空间的缩小已经对企业盈利产生了影响。新环能源作为一家余热锅炉制造企业，其主要盈利方式和面向的市场与华新能源显然不同。此次并购对于华新能源来说，无疑是一次企业经营领域多元化拓展和企业规模扩张的过程，从而降低企业所面临的行业波动风险。

那么，并购本身难道就没有风险了吗？毫无疑问，答案是有。企业的任何活动都存在风险，降低风险的关键在于对各种活动所带来风险的衡量。

从过去的经营业绩来看，新环能源具有相当强的盈利能力，且近年来获得的利润逐年上升。同时，华新能源还能够借助并购与新华能源共享客户资源，因此，华新能源并购新环能源有利于增强企业盈利能力。另一方面并购还是对华新能源经营范围的扩充，在面对行业波动的时候，这也能很好地提升华新能源的风险抵抗能力。权衡之下，华新能源选择并购新环能源也就不难理解了。

（二） 产业纵向整合，将企业生命线牢牢把握在自己手中

华新能源多提供工程项目总承包业务，而新环能源经营的则是余热锅炉的研发、生产和销售，也就是说，新环能源在产业链上处于华新能源的上游地位，属于华新能源的供应商层次。此次并购是一种公司业务的纵向延伸。这样的纵向延伸究竟能给企业带来怎样的好处呢？

首先，成本控制。新环能源所生产的余热锅炉是华新能源建设余热发电项目的核心设备之一，因此，余热锅炉的采购费用对华新能源的成本有较大的影响。并购新环能源对于华新能源来说，能够减少一笔交易成本费用，同时，华新能源能够在从新环能源购买余热锅炉时获得较为优惠的价格，对降低成本提升市场竞争力也能够有很大的贡献。

其次，质量保证。对于向顾客提供成套服务的华新能源来说，供应商提供的产品质量将直接影响其顾客满意度，对于企业来说这也是直接决定企业在市场上生存能力和竞争能力的一个重要因素。取得新环能源的实际控制权后，华新能源就能够对新环能源提供公司企业管理、生产控制方面的支持，对产品制造过程进行更加严格的监督，进而保证甚至提升其产品质量。一方面能够使新环能源自身的效益得到提升，另一方面华新能源提供的服务质量也能够得到一定的保证，可谓一箭双雕。

五、案例小结

12.8亿元的大额并购，所有款项全部股票对价支付，实际控制人确未发生变更，足以看出华新能源的企业实力。此次并购在新三板市场上也赚足噱头，令人瞩目，华新能源并购新环能源是新三板企业通

过发起并购，扩大企业规模、进行纵向产业整合增强自身企业竞争力的典型代表，也是当前新三板企业发起并购活动的一个缩影。

总 结

对于大多数新三板企业来说，都还处于某个产业链的一个环节，企业也多数处于发展阶段，但天有不测风云，谁又知道明天这个市场上回发生一些什么呢？但当暴风雨来临之时，通过纵向并购实现产业链整合着实是一种不错的选择，向上游并购，可以降低采购元件的成本，在源头可以提高产品质量；向下游并购，可以把握前端市场，稳定提升产品销量。所以，新三板企业不能仅仅做一个代工厂，而是要从产品思维跳出来，过渡到产业思维上面，打造企业细分领域的全产业链条，而实现这种目的最快捷、最方便的方式就是通过并购整合产业资源。

第二节　颖泰生物并购福尔有限案例——顶层视角重组资源，内部优化产业

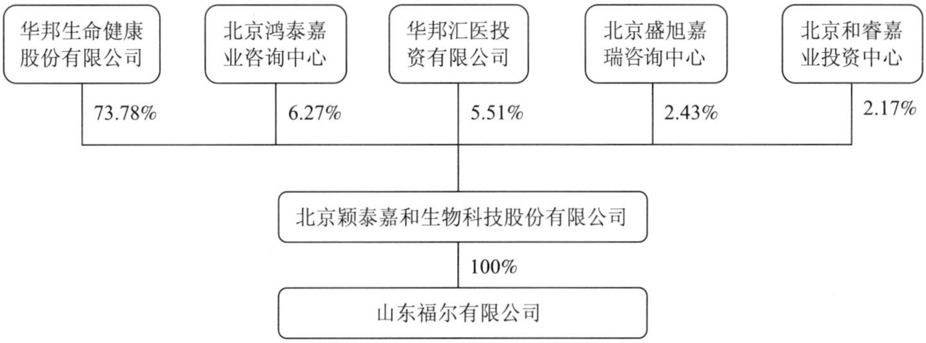

图 6-3　并购后颖泰生物股权结构

资料来源：全国中小企业股份转让系统。

2016 年 5 月，通过华邦操盘使其子公司颖泰生物并购另一家子公司福尔有限，让两家公司积极互补、资源共享，加强了品牌影响力。颖泰生物的相关公告显示并购完成后，颖泰生物通过收购优化生产工艺，使得生产成本下降，净利润与毛利率均比同期有所上涨。

随着农化行业的行内竞争日益激烈，农化公司招兵买马，也有不少公司精简机构重点图谱，华邦生命健康股份有限公司就向后者做出了选择。华邦将自己旗下的颖泰生物和山东福尔股份有限公司统一合并到颖泰生物体系内部，实现了对福尔有限公司的间接上市，可见，

已经做好了拥抱资本市场的准备了。有了新三板资本市场的帮助，再加上华邦股份的强大实力，相信在这场农化产品市场争夺战中，他们会取得耀眼的战绩。

一、事件亮点

（1）有效实现资源互补，快速提升企业品牌。通过母公司操盘双子企业合并，在激烈的竞争中，双剑合璧，成利刃一把。

（2）实现技术增强，业绩提升，使并购效率最大化。并购完成后，双方在技术研发上产生协同效应，研发能力大幅增强，通过国家多项认定。

二、并购背景

并购方：颖泰生物

北京颖泰嘉和生物科技股份有限公司（新三板833819，以下简称：颖泰生物）成立于2005年7月，法定代表人为蒋康伟，注册资本为11.06亿元，经营范围包括农药及中间体的开发、生产和销售等。颖泰生物于2015年10月20日正式挂牌全国中小企业股份转让系统。根据颖泰生物公开发布的年报和半年报显示，公司2015年实现营业收入33.33亿元，净利润为1.82亿元，较上年同期增长10.33%。2016年上半年营业收入达19.9亿元，净利润为1.77亿元，毛利率20.7%。

标的方：福尔有限公司公司

山东福尔有限公司公司（以下简称：福尔有限公司）成立于1994年4月，法定代表人为苗海峰，注册资本为2.26亿元，经营范围包括化工中间体加工、销售及进出口业务、化工中间体的技术开发、技术及工艺转让等。根据其转让公告显示，公司 2015 年实现营业收入 5.79 亿元，净利润为 8,718 万元。

颖泰生物在并购前，其最大控股股东为华邦生命健康股份有限公司（002004，以下简称：华邦健康），而福尔有限公司为华邦健康 100%控股子公司，因此此次并购实际上为同一企业控制下的企业之间并购。

行业背景

颖泰生物所处的农药行业，在 2016 年国内外农化市场上的表现整体低迷，产品价格下滑，行业竞争加剧。在此背景下，我国农药行业面临从生产到销售的多方面压力，市场行情加速下跌，从而引发行业进入微利时代。

2016 年 5 月，中国农药工业协会正式发布《农药工业“十三五”发展规划》。“十三五”期间，中国农药工业将坚持走新型工业化道路，鼓励通过兼并、重组等形式实现企业生产经营规模大型化，以创新发展为主题、以提质增效为中心，进一步调整产业布局和产品结构，推动技术创新和产业转型升级，减少环境污染，满足现代农业生产需求，并提高我国农药工业的国际竞争力①。

由此看出，2016 年，我国农药行业挑战与机遇并存，行业发展趋势对农药企业的发展提出了更高的要求，而同时也为颖泰生物这样的优秀企业提供了更大的发展空间。

---

① 现代农药．《农药十三五丨〈农药工业“十三·五”发展规划〉发布》，2016-05-30. http：//www.0791quanquan.com/news_ jiankang/topic_ 1857143/.

三、并购事件发展

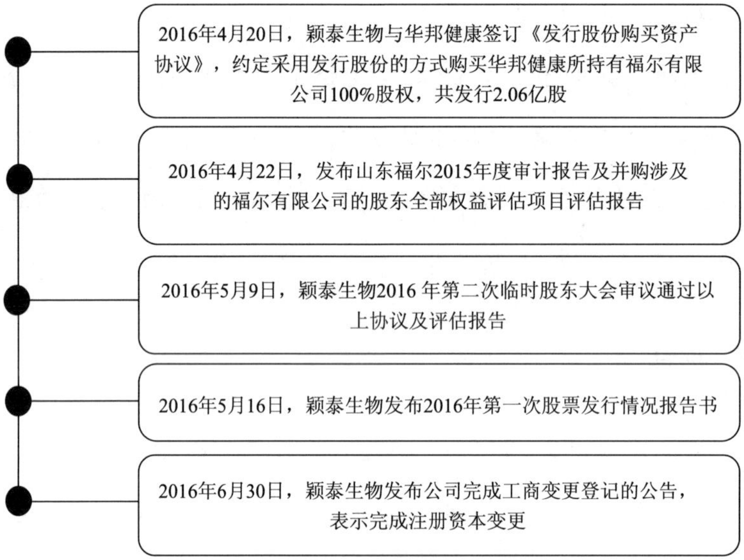

图 6-4　并购事件发展概况

资料来源：全国中小企业股份转让系统。

表 6-4　交易前后颖泰生物前五大股东变化情况

序号	交易前			交易后		
	股东名称	持股数（股）	持股比例（%）	股东名称	持股数（股）	持股比例（%）
1	华邦生命健康股份有限公司	610000000	67.78	华邦生命健康股份有限公司	816000000	73.78
2	北京鸿泰嘉业咨询中心（有限合伙）	69330000	7.70	北京鸿泰嘉业咨询中心（有限合伙）	69330000	6.27
3	华邦汇医投资有限公司	60970000	6.77	华邦汇医投资有限公司	60970000	5.51
4	北京盛旭嘉瑞咨询中心（有限合伙）	26900000	2.99	北京盛旭嘉瑞咨询中心（有限合伙）	26900000	2.43
5	北京和睿嘉业投资中心（有限合伙）	23960000	2.66	北京和睿嘉业投资中心（有限合伙）	23960000	2.17

资料来源：全国中小企业股份转让系统。

四、案例及亮点分析

（一） 资源整合， 优势互补

华邦操盘通过并购的方式整合两家旗下控股公司，使两家企业积极互补，在农化产品市场大战中占有更加有力的市场地位。颖泰生物主要从事农药行业，而福尔有限公司从事化工技术研发，可见这次资源整合共享，必将使双方业务协同发展，加强了品牌的影响力。

（二） 技术增强， 业绩提升

此次并购完成后，根据颖泰生物的相关公告显示，其净利润与毛利率均比同期有所上涨，原因是公司通过收购优化生产工艺，使得生产成本下降。同时，公司新获得的授权国家发明专利增加了 28 项，又获得高新技术企业证书等多项荣誉称号，由此看出，颖泰生物的技术研发创新能力得到了增强。

五、案例小结

此前，在美中嘉和并购傲华科技的案例中，泰合医疗控股就通过并购的方式整合旗下两家子公司，并将资产曲线注入新三板，达到资源整合，优势互补的目的。无独有偶，本次并购也为国内其他控股多家子公司的控股公司点明了一条新的道路，随着经济更快发展，企业快速建立自己商业帝国的同时，须考虑每个分公司或参股公司的结构与主营业务。有时候，企业利润达到了天花板，可能是组织内部资源不匹配的原因。那么，通过并购整合内部结构，达到有效的整合资源，也不失为一种选择，同样可以为公司带来业绩大幅提升的效果。

第三节　赞普科技并购之路——汇才与物，开辟IDC全国市场

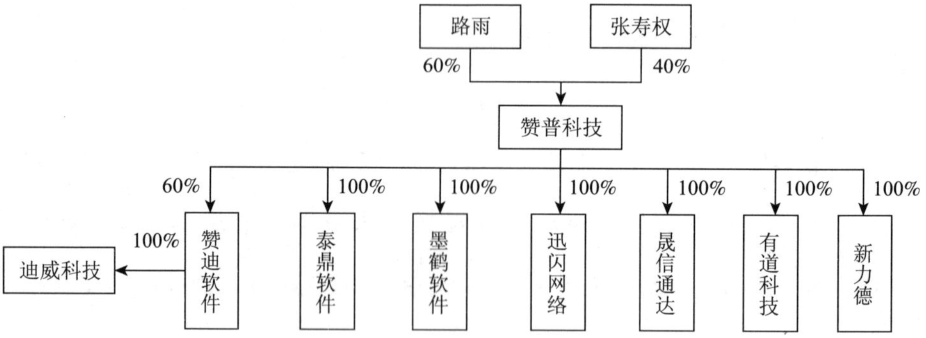

图6-5　赞普科技并购后股权机构图

资料来源：全国中小企业股份转让系统。

2015年，赞普科技开启了一波“一吞三”的并购潮，以3,300.50万元总价收购晟信通达、有道科技、新力德三家公司。作为行业的龙头企业，为了在行业发展初期占领更多的资源，赞普科技通过并购上下游企打通IDC服务的上游带宽资源，进一步打造成熟的IDC服务产业链，为即将建成的全新IDC机房提供带宽资源，公司全产业链的业务优势进一步增强。

当前，我国互联网行业正处于快速发展的阶段，而 IDC 是互联网行业发展的基础设施，具有良好的市场前景。对于任何一个诱人的市场将有可能吸引更多的投资者和公司进入这一领域，IDC 行业未能避免。作为行业的龙头企业，为了在行业发展初期占领更多的资源，赞普科技（证券代码：831405）更是在 2015 年开启了“一吞三”的并购之路。

一、事件亮点

（1）成功的关联交易。本次交易采用现金+股权的支付方式，其中需要向交易对方封强发行 67.5 万股，交易完成后封强将成为公司股东，并且在交易完成内 12 个月内聘请封强担任赞普科技的副总经理。

（2）实现重大资产重组标准。根据赞普科技的 2014 年财务数据显示，此次交易总额占 2013 年期末资产总额的 51%，占净资产总额的 155.72%，根据相关规定，符合重大资产重组情况。

（3）多方满意的的对赌协议。封强承诺以目标公司扣除非经常性损益后的净利润为基础，若扣除非经常性损益后的净利润未达到承诺业绩，则封强按照约定承担补偿责任。若超过业绩承诺，则给予封强超额部分的 40%作为奖励。

二、并购背景

并购方：赞普科技

赞普科技是一家专业的互联网综合服务商，主营数字网络建设、数据接入及增值服务和智能化网络产品及服务。数字网络建设和数据接入及增值服务是赞普科技发展的基石，智能化网络产品及服务是其未来拓展方向。赞普科技前身为天津赞普电子科技有限公司，于 2003

年5月19日由赵华、阎子阳共同出资共建。2014年7月1日，变更为股份有限公司。2014年12月3日起在全国股份转让系统挂牌公开转让，挂牌时公司股权结构如图6-6：

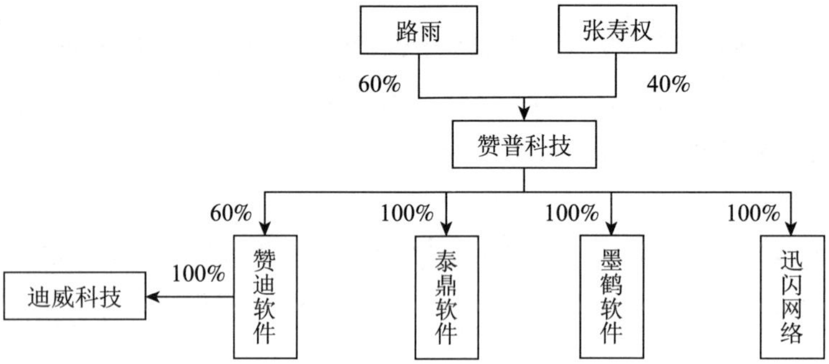

图6-6　赞普科技股权机构图

资料来源：全国中小企业股份转让系统。

根据赞普科技2015年年度报告显示，报告期内各项业务发展良好，营业收入和净利润均实现快速增长。公司营业收入11,766万元，较上年同期增长44.41%；经营成本6,517万元，较上年同期增长44.87%；净利润为2,257万元，较上年同期增长111.58%；资产总计29,673万元，较上年同期增长358.48%；经营活动产生的现金流量净额625万元，较上年同期增长39.65%。

表6-5　赞普科技2015年度财务数据

	2015年	2014年	增加比例
营业收入（元）	117,656,005.23	81,471,621.30	44.41%
归属于挂牌公司股东的净利润（元）	22,571,614.72	10,667,971.91	111.58%
资产总额（元）	296,728,205.18	64,720,666.51	358.48%

资料来源：全国中小企业股份转让系统。

标的方：晟信通达、有道科技、新力德

天津晟信通达科技有限公司（以下简称：晟信通达）于2009年10月13日注册成立，由自然人王莹（王军之妻）出资51万元，刘昆（封强之妻）出资49万元共同建立，注册资本为100万元。2015年7月12日，股东王莹将其持有的公司21%的股权转让给封强，股权转让价格为420万元；股东刘昆将其持有的49%的股权转让给封强，股权转让价格为980万元；股东王莹将其持有的30%的股权转让给王军，股权转让价格为600万元。

天津有道科技有限公司（以下简称：有道科技）于2012年12月12日登记注册，由自然人刘国鹏出资50万元设立。经过三次股权转让，最终王军持有有道科技的30%股权，封强持有其70%股权。

天津新力德网络信息咨询有限公司（以下简称：新力德）于2014年6月19日成立，由自然人刘昆出资100万元设立。2015年7月28日，股东刘昆将其持有的公司70%的股权转让给封强，股权转让价款为210万元；全体股东一致同意 股东刘昆将其持有的公司30%的股权转让给王军，股权转让价款为90万元。

标的公司主要通过整合基础电信资源、设备资源、电力资源等，搭建IDC服务平台，并结合客户的类型、需求、消费习惯等因素，为客户提供服务器租赁、服务器托管、带宽租用服务，并收取相关服务费用。值得一提的是，以上三家标的公司股东和持股比例相同，均为王军持有30%股权，封强持有70%股权。

行业背景

近年来，中国数据中心业务发展迅速，并保持了良好的增长势头。

2014年，中国IDC市场增长迅速，市场规模达到372.2亿元人民币，同比增速达到41.8%，在过去的6年，中国IDC市场复合增长率达到38.6%。从发展阶段上看，2009—2011年，天津赞普科技股份有限公司的重大资产重组报告书显示，8年间IDC市场处于高速增长期，增速维持在40%以上。从2012—2013年，受宏观经济下滑影响，整体市场增速下降到25%以下。在这期间政府加强政策引导，逐步开放了IDC牌照申请。到2014年，政策导向已初步见效。2015年，中国IDC市场延续高速增长态势，市场总规模达到518.6亿元。未来3年，IDC整体市场增速将保持在35%以上。到2018年，中国IDC市场规模将接近1400亿元，增速达到39.6%。

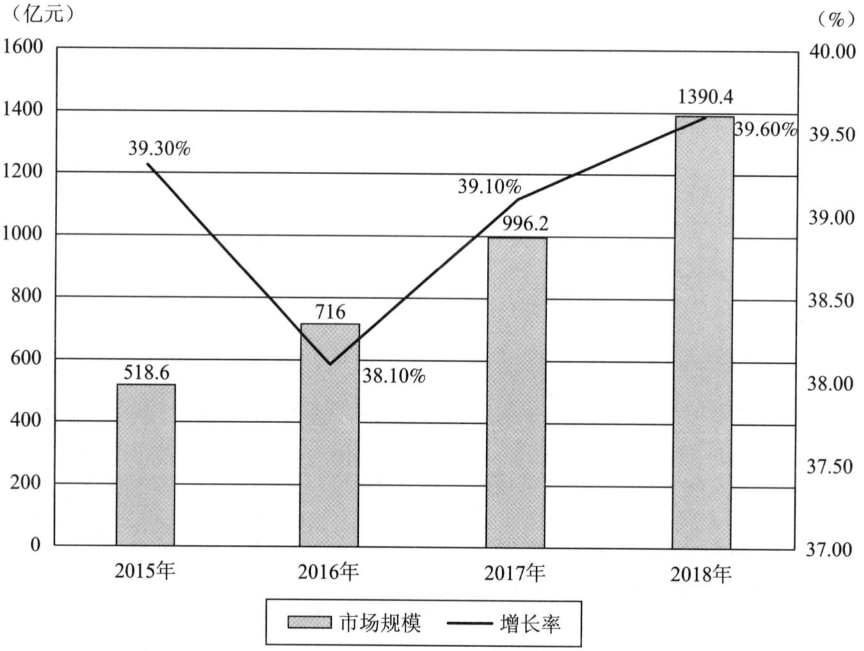

图6-7 中国IDC行业市场预测

资料来源：中国IDC圈。

根据赞普科技的重大资产重组报告书显示，北京将不再审批数据中心（IDC）建设新项目，这将给天津 IDC 市场带来巨大的发展机会。目前，北京 IDC 规模型公共机房数量 64 个，是河北、天津两地总和的 4 倍，北京 IDC 市场甚至独占全国市场份额的 38%。数据中心作为新科技快速发展的排头兵，以此资源项目为依托，可为京津冀一体化的规划和资源配置，提供一种先期重要的探索和突破，为天津 IDC 市场带来新的发展机会。

三、并购事件发展

2015 年 9 月 14 日，赞普科技发布重大资产重组报告书，拟以发行股份及支付现金的方式购买晟信通达 100%股权、有道科技 100%股权、新力德 100%股权。其中，封强持有晟信通达 70%股权、有道科技 70%股权、新力德 70%股权；王军持有晟信通达 30%股权、有道科技 30%股权、新力德 30%股权。本次交易以每股 17 元的价格发行股份 76.50 万股支付交易对价 1,300.50 万元，采用现金支付 2,000.00 万元，交易总价达 3,300.50 万元。

此前并购方和标的方分别召开董事会会议和股东大会审议通过相关并购议案。本次交易赞普科技向封强发行 765,000 股。并且根据《股权收购协议》规定，本次收购还聘请交易对方封强为公司副总经理，封强在交易结束后十二个月内成为公司的高级管理人员。所以根据相关规定，本次收购构成关联交易。

按照赞普科技 2014 年财务会计报表显示，此次交易价格为 33,005,000 元，占 2013 年期末资产总额 64,720,666.51 元的 51%，占 2013 年期末净资产总额 21,195,140.93 元的 155.72%。根据《重组管理办法》第二条规定，构成重大资产重组。

四、案例及亮点分析

数据中心服务（IDC）是赞普科技主营业务之一，赞普科技通过自建高标准专业级机房，搭建运营管理平台，在良好的机房环境和网络资源基础上，为客户提供 IDC 服务。2014 年，公司机柜已经全部出租，IDC 机房规模成为限制业务发展的主要因素，2015 年上半年，IDC 业务受现有的机房空间及机柜数量限制，业务持续处于饱和状态。但随着云技术和大数据环境的快速发展，IDC 业务在未来几年内一定会快速增长。因此，解决 IDC 机房规模有限与 IDC 业务需求快速增长这一突出矛盾，已经极大的限制赞普科技未来的发展。而解决这一问题只有两条路径：一是自建 IDC 机房，二是整合现有的、成熟的 IDC 服务商。

据了解，赞普科技投资 3.91 亿元新建的 IDC 数据中心机房已于 2015 年年底进入开工建设阶段，规划建筑面积 3.5 万平方米，总建 16 个模块（其中含有 4 个云计算模块），提供 2200 个机柜，专注于提供高密度云计算架构定制服务和大数据的 IP 孵化服务，建成后能承载 4 万台机器同时运行，可提供 IDC 基础服务、云服务、互联网总和解决方案等服务，预计 2018 年全部投产，该机房将成为京津冀地区具有规模影响力的民营 IDC 机房之一，年产值最高可达 3 亿元、净利润达 1 亿元，将为给公司带来丰厚稳定的现金流。

但是自建 IDC 数据中心机房毕竟不是解决目前业务需求的最优办法，燃眉之急还需补充成熟的血液。这也是赞普科技此次并购的最原始推动力，希望通过并购顺应 IDC 迅速发展的市场行情，抓住云计算、大数据的发展契机，落实其战略发展布局，整合优质资源，进一步扩大市场占有率及业务规模。

赞普科技通过并购晟信通达公司向其用户提供 IDC 服务，包括服务器托管、服务器租赁和带宽租用，并且凭借其多年来与中国联通天津市分公司建立的深度合作关系，更便捷地获得中国联通天津市分公司稀缺的 IDC 机房资源。此外，通过并购上游企业有道科技和新力德，赞普科技将打通 IDC 服务的上游带宽资源，进一步打造成熟的 IDC 服务产业链，为即将建成的全新 IDC 机房提供带宽资源，公司全产业链的业务优势进一步增强。

五、案例小结

赞普科技业务运营以 IDC 数据中心为基础，以光纤城域网资源为枢纽，以智慧社区宽带网建设结合智能 WIFI 网络建设为用户提供全方位的互联网接入与增值服务，形成一体化的联动运营模式。机构分析师认为，这种运营模式已在市场中成功验证，未来的营收和盈利增长较为确定[1]。鉴于目前在建的 IDC 数据中心，项目投资较大，建设期较长，所以这种模式无法快速实现在全国范围内的布局。通过此次并购，赞普科技可以引入租赁机房发展 IDC 的业务模式，借力目标公司与中国联通实现良好合作关系，凭借 IDC 市场快速发展势头，实现 IDC 业务在全国的布局的战略目的。

总 结

赞普科技为了占领资源，完成产业链布局，短时间内并购三家公司可谓疯狂。但可以理解，一个市场从发展到成熟

① 赞普科技做市商增至 9 家“海陆空”商业模式铸就三板稀缺标的 http://company.stcn.com/2016/0413/12667163.shtml

也就那么几年，窗口期很短，如果在短时间内不能在市场上站稳脚跟可能最后被吃掉的就是自己。对于新三板公司来说，新三板更多是提供一个接触资本市场，资源交流的平台，但最后企业产品市场怎么去发展，产业链怎么布局还要系统化、战略化。在这期间，并购是帮助企业把握住国家政策红利的窗口期，快速发展占领市场资源重要途径之一。

第七章

草创未稳，然大有可为——三板企业初尝并购基金

第一节　墨麟股份并购无端科技——迂回战术，是以借力打力

第二节　信中利收购深圳惠程——移步避险，并购基金显奇效果

企业并购奇招之一，并购基金。虽然设立程序略微繁琐，虽然架构稍显复杂，但是，并购基金在诸多大型并购案例中频立战功。就像泡茶一样，虽然要烧水、挑茶、净杯……但最后小饮一口的茶香，会让你忘记之前的繁杂程序。同样的，三板企业通过并购基金避开重大资产重组，找到给力的并购伙伴时，也会忘记并购基金的种种冗杂，品味其带来的并购战果，可谓回香萦绕！在本章节中，将分享三板企业巧用并购基金进行并购的两个故事。

第一节　墨麟股份并购无端科技——迂回战术，是以借力打力

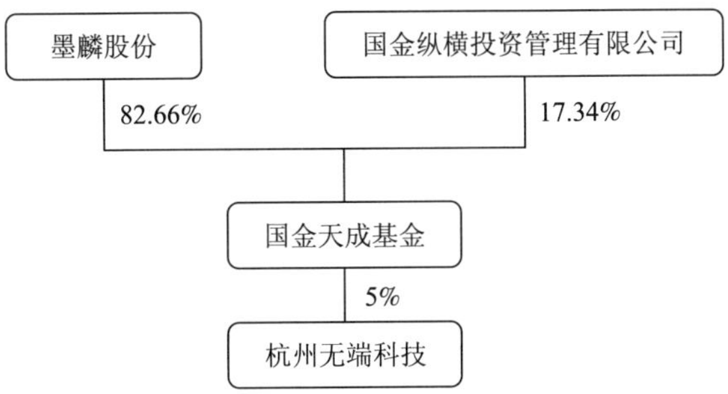

图 7-1　墨麟股份并购后股权机构图

资料来源：全国中小企业股份转让系统。

墨麟股份以 5,058.8 万元认购国金天成基金，出资比例为 82.66%，并通过基金并购杭州无端科技 5%的股权。此次并购墨麟股份不仅使企业的闲置资金充分利用起来；又利用基金的专业投资团队的专业眼光与操作手法，借助并购基金专业团队的力量帮助自己顺利地完成了并购，对现有商业模式和盈利结构进行拓展调整，增强企业竞争力。

2016 年 3 月 15 日，深圳墨麟科技股份有限公司召开第一届董事会第十二次会议，审议通过《关于公司对外投资暨关联交易的议案》正式决定与深圳国金纵横投资管理有限公司合作，成立国金天成基金，

之后由国金天成进行直投，并购杭州无端科技股份有限公司。为什么墨麟股份要舍近求远，通过国金天成基金这一“迂回路线”完成并购呢？

一、事件亮点

（1）运用专业投资管理团队借力打力。本次并购墨麟股份借助专业化投资管理公司的经验并购无端科技加快投资进程、方便投后管理。

（2）业务多角度扩张，经营多元化。当墨麟股份面对产品生命周期短、更新换代快、当前经营业绩下滑，利用自有闲置资金拓宽业务范围，提高盈利能力。

二、并购背景

并购方：墨麟科技

深圳墨麟科技股份有限公司（以下简称：墨麟股份）于2015年12月23日挂牌新三板，股票代码835067。公司是一家处于信息传输、软件和信息技术服务业中的网络游戏、手机游戏及相关产品的开发商、运营商。目前，墨麟股份主要从事页游、手游、端游等网络游戏的研发和授权运营业务。

2015年，墨麟股份的营业收入与2014年同期相比下降近百分之三十七，毛利率下降两个百分点，净利润的增加也主要是由于上海灵娱等子公司带来的投资收益。2016年上半年，墨麟股份的营业收入持续下降，老游戏流水趋于下降而新游戏还未上线时企业整体的盈利能力就会受到很大的影响。同时，墨麟股份作为游戏研发商，所研究的游戏都由腾讯，YY等游戏平台运营，这种对于游戏平台的依赖性会影响公司发展。

显然，墨麟股份要想在越来越激烈的市场竞争中保有一席之地，对其商业模式和盈利结构做出调整势在必行。墨麟股份本身作为一家游戏开发运营商，在互联网游戏领域进行拓展是一个相对来说比较稳妥的方式。与目前墨麟股份主要经营的页游和手游不同，FPS 类游戏是游戏中相对长线而且稳定的一种。因此，墨麟股份以开拓 FPS 游戏市场为目的对并购目标进行了选择。

标的方：无端科技

杭州无端科技有限公司成立于 2010 年 1 月，是一家新锐游戏公司，曾成功制作多款热门游戏，其中 FPS 游戏《生死狙击》是无端科技主打产品之一，2015 年这款游戏已经登录土耳其、巴西、北美、俄罗斯、越南五大海外市场。其用户注册量超过 1 亿，PCU 超过 60 万，月活跃用户超过 3000 万，月流水可达 7,000 万元。正是因为看重无端科技在 FPS 类游戏的开发能力和未来的盈利潜力，墨麟股份选择无端科技以达到自身多元化经营的目的[①]。

并购基金合作方：国金纵横投资管理有限公司

国金纵横投资管理有限公司是一家专业为企业提供系统化解决方案和产业链资源整合的投资公司，主要面向互联网项目，在移动互联网产业格局重构中寻找投资机会。国金纵横具有深厚的行业理解与判断力，并且成功完成上百宗互联网交易并购案例[②]。

墨麟股份没有选择直接收购无端科技的股份，而是选择先与深圳国金纵横投资管理有限公司进行合作，共同注资成立国金天成基金，

---

① 百度百科：无端科技相关介绍。

② 国金投资相关资料，http：//www. theific. com/article. php.

再借助国金天成完成对无端科技的并购。

通过认购国金天成的注册资本，墨麟股份可以充分利用国金天成投资团队在互联网行业、资本运作、兼并收购等方面的丰富经验，使墨麟股份对无端科技的并购更加顺利。同时也有助于为墨麟股份在未来发展储备更多的潜在并购机会，抓住市场机遇，完善公司局全产业链布局战略。

三、并购事件发展

表7-1 并购事件发展

2016.3.15	墨麟股份召开第一届董事会第十二次会议，审议通过《关于公司对外投资暨关联交易的议案》
2016.3.16	墨麟股份披露《对外投资暨关联交易公告》
2016.3.31	墨麟股份召开第三次临时股东大会，审议通过《关于公司对外投资暨关联交易的议案》

资料来源：全国中小企业股份转让系统。

在此次交易中，墨麟股份以5,058.8万元认购国金天成基金，出资比例为82.66%。国金天成新增注册资本认购完成后，国金天成将直投杭州无端科技有限公司。国金天成将以2,400万元投资认购无端科技增资，并以3,600万元购买无端科技股权，合计投资6,000万元。投资完成后国金天成持有无端科技5%股权①。

四、案例及亮点分析

在此次并购交易中，墨麟股份通过基金认购的方式完成了对无端

① 游戏观察.《国金天成3600万投资无端科技 墨麟认购前者5,058.8万元出资额》，2016-03-18. http：//www.youxiguancha.com/zibendongtai/26721.html.

科技的并购和投资，这样通过基金完成的并购方式究竟有哪些优势？完成此次并购之后对墨麟股份的经营有什么意义呢？

（一）“舍近求远” 还是“借力打力”？

比起直接对无端科技进行并购，借助国金天成基金完成对无端科技的并购似乎是舍近求远。然而，企业是一个以盈利为目标的组织，企业的行为必然以利益为根本驱动，所以墨麟股份这一步棋显然并非走了弯路，而是有其独特的考虑。

术业有专攻，作为一家互联网游戏开发运营企业，墨麟股份的管理决策人员对游戏市场有深入的了解和敏锐的判断，但是与国金纵横这样专业的投资公司相比，在投资并购交易方面，墨麟股份的操作经验和市场判断明显存在劣势。

借助与国金纵横共同认购国金天成基金注册资本，墨麟股份能够在此次交易中获得以下几个方面的好处：

在并购中分担部分投资资金。墨麟股份选择与国金纵横合作，国金纵横要取得国金天成基金的管理权，注入一定的资金必不可少，这在一定程度上也为墨麟股份分担了并购无端科技所需的部分资金。

通过合作能够充分利用国金投资团队在互联网项目投资中的丰富经验以及人才资源，让此次并购更加顺利地完成。

因此，通过认购基金的方式完成并购并非舍近求远，而是借助投资公司和基金团队的资源借力打力，让并购更加顺利。

（二） 多元化经营， 充分利用企业闲置资金

此次墨麟股份对无端科技进行投资主要利用的是企业自有闲置资金。过多的闲置资金对于企业来说并非好事，这意味着企业没能充分

利用企业资源，会对企业整体盈利能力产生影响。利用闲置资金对外进行投资可以充分利用资金提升企业盈利能力。

同时墨麟股份收购选择的标的公司为有成熟FPS游戏开发经验的无端科技，这也是对墨麟股份现有商业模式和盈利结构的一次拓展调整，增强企业竞争力，可谓一箭双雕。

五、案例小结

墨麟股份通过认购国金天成基金完成了对无端科技的收购，是企业利用第三方基金完成并购的一个典范案例，既完成了企业经营结构的扩充调整，又使企业的闲置资金充分利用起来，而且充分利用了第三方基金专业团队的专业眼光与操作手法，借助并购基金专业团队的力量帮助自己顺利地完成了并购，可谓一举两得。所以，企业如果想要通过并购的方式调整自己的业务范围，必将会接触陌生的业务领域，此时与投资管理公司合作成立相关的产业基金不失为一种最佳的选择，在并购标的公司的同时还可以有效利用投资管理公司手中的资源，包括专业人员、项目资源、投资理念等。目前，有越来越多的上市公司或者新三板挂牌公司采用投资基金的模式参与并购，随着国家推动政府引导基金的落地，相信在未来会有更多相关的产业基金等参与到企业的并购中去。

第二节 信中利收购深圳惠程——移步避险，并购基金显奇效果

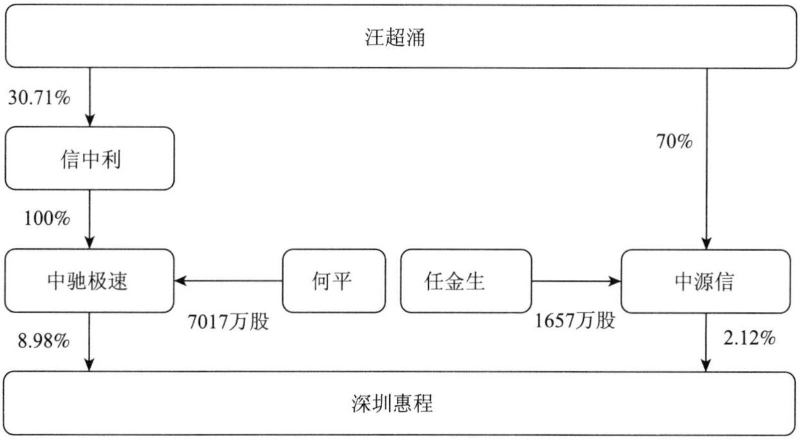

图 7-2 信中利并购交易结构图

资料来源：全国中小企业股份转让系统。

2016 年，信中利原计划斥资 16.5 亿元，溢价高达 113.7%拿下深圳惠程 11.1058%股权。但为避免重大资产重组，实际控制人汪超涌，引入关联方，签订补充协议，让信中利的并购出资降低到重大资产重组门槛之下，降低了购买的资产净额和资产总额，从而规避了重大资产重组，使审批流程还是谈判过程都变得简介快速，“多快好省”地完成了并购。

一方经营惨淡，股东减持走的只剩空壳；一方筹资无门，寻求突破。信中利与深圳惠程的姻缘看起来顺理成章。但是要吞下深圳惠程这个融资平台，信中利必然达到重大资产重组标准，加上自身是监管层喜欢扎堆围观的PE，信中利的收购可谓是一步一陷阱。但让人拍手称快的是信中利居然很快就完成了并购，这就是大咖专业能力的有力体现。

一、事件亮点

（1）巧设妙计，避开重大资产重组：如果按照信中利最初的收购计划实行会涉及到重大资产重组，所以引入关联方中信源，将信中利的出资额降低到重大资产重组的标准下，“多快好省”地完成了并购。

（2）专业投资大咖运作快、稳、准。作为国内最知名的PE公司之一，信中利的专业能力毋庸置疑，精准选择标的，巧妙设计方案，简化交易流程，稳步推进并购进程，不足百天快速完成并购。

二、并购背景

并购方：信中利

北京信中利投资股份有限公司（833858，以下简称：信中利）成立于1999年5月，法定代表人为汪超涌，是一家老牌PE投资公司，注册资本为6.45亿元，经营范围包括创业投资、创业投资咨询、项目投资、资产管理等。信中利于2015年10月23日正式挂牌全国中小企业股份转让系统。

根据信中利公开发布的年报和半年报显示，公司2015年实现营业收入8.027亿元，净利润为5.38亿元，较上年同期增长498.71%。2016年半年营业收入达4.09亿元，净利润为2.55亿元，毛利率76.64%。

中驰极速体育文化发展有限公司（以下简称：中驰极速）成立于

2015 年 2 月，是信中利 100%控股的全资子公司。根据公开资料，中驰极速成立于收购案前，并未产生任何主营业务收入，截至 2016 年 4 月 5 日，中驰极速的营业收入始终为零，净利润为-26.01 万元。

关联方：共青城中源信投资管理合伙企业

共青城中源信投资管理合伙企业（有限合伙）（以下简称：中源信）成立于 2016 年 4 月，法定代表人为汪超涌，注册资本 5000 万元，经营范围包括投资管理、资产管理和项目投资。企业并未公开相关财务资料，但从成立时间来看，我们认为中源信和可能和中驰极速一样是专门为此次股权收购而设立。

标的方：深圳惠程

深圳市惠程电气股份有限公司（002168.SZ，以下简称：深圳惠程）成立于 1999 年 7 月，注册资本为 8.25 亿元，经营范围包括股权投资、资产管理、投资咨询等。深圳惠程于 2007 年 9 月在深圳证券交易所上市。根据公司年报显示，2013 年营业收入 4.33 亿元；2014 年营业收入 3.13 亿元；2015 年营业收入 2.09 亿元，营业收入逐年下降，并且在 2014 年出现亏损的情况。

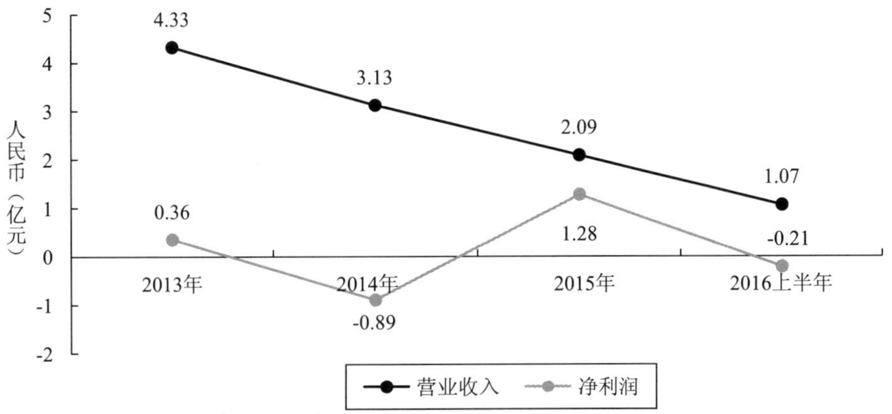

图 7-3 深圳惠程盈利能力分析图

资料来源：全国中小企业股份转让系统。

并购产生背景

我们都知道信中利作为一家投资公司，怎样募集到资金对于公司来说至关重要。信中利自身并没有多少自有资金，主要依靠向有限合伙人募集基金进行投资，从中赚取管理费和收益分成，因此信中利在募集资金上有永不满足的诉求。而收购深圳惠程股份，成为其股东则可以帮助信中利解决融资难的问题。由于深圳惠程身在A股募集资金有着得天独厚的便利，信中利在入股深圳惠程后，其私募股权投资业务一定会获得一个募集资金有效的募资退出渠道，这也是信中利溢价高大113.7%拿下深圳惠程股权的原因，相信高溢价一定会有很高的回报[①]。

深圳惠程近几年财务数据显示，其营业收入及净利润水平连年下滑。2014年，其净利润跌到近年低谷，亏损达到0.89亿元，尽管2015年度扭亏为盈，但2016年上半年又重归亏损。面对亏损，公司管理层希望通过资本层面的变化来解脱困境[②]。

公司一直亏损，股东必然失去信心深圳惠程几位主要股东密集抛售公司股份，纷纷减持套现离场，由此可以看出面如此惨淡的经营状况，大股东也无意继续苦苦支撑。这就为信中利入主深圳惠程提供了可乘之机，再加上超高的溢价，何氏夫妇没有理由将其拒之门外，股权收购的成功来的顺畅而自然。

---

① 新财富杂志.《资本市场再现蛇吞象！新三板企业竟豪掷千金溢价收购A股上市公司》，2016-09-21. https：//xueqiu. com/9188259934/75183384.

② 巨潮资讯网，《深圳惠程：股东减持公司股份》，2013-03-19. http：//www. p5w. net/stock/ssgsyj/sme/201303/t4753485. htm.

三、并购事件发展

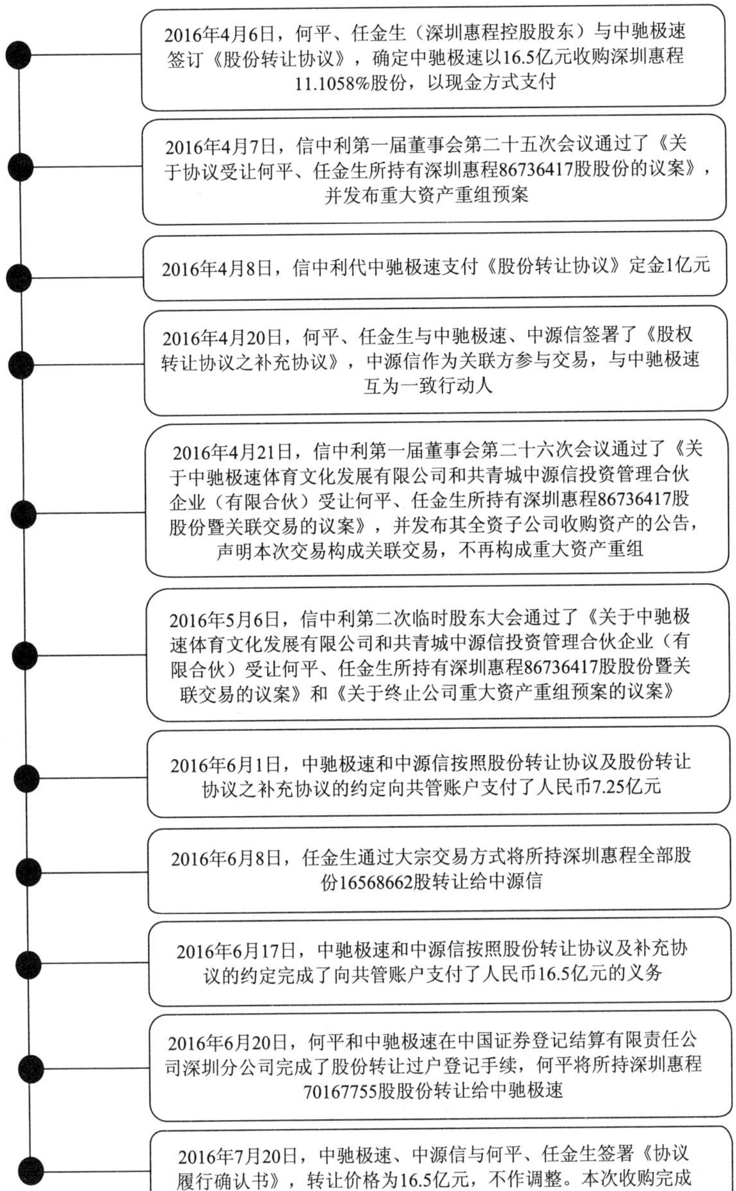

图 7-4　并购事件发展顺序

资料来源：全国中小企业股份转让系统。

表 7-2　交易前后深圳惠程前五大股东变化情况

序号	交易前			交易后		
	股东名称	持股数（股）	持股比例（%）	股东名称	持股数（股）	持股比例（%）
1	何平	70167755	9.08	中驰极速体育文化发展有限公司	70167755	8.98
2	中央汇金资产管理有限责任公司	28882200	3.74	中央汇金资产管理有限责任公司	28882200	3.70
3	任金生	16568662	2.14	共青城中源信投资管理合伙企业（有限合伙）	16568662	2.12
4	张景华	6500000	0.84	纪晓文	8950000	1.15
5	广东粤港股权投资基金有限公司	6145160	0.80	杨富年	8950000	1.15

资料来源：全国中小企业股份转让系统。

四、案例及亮点分析

本收购案例亮点在于，本是一起涉及重大资产重组的股份收购，然而信中利通过增加关联方，降低购买的资产净额和资产总额，从而规避了重大资产重组使审批流程和谈判过程都变得简介快速。以下为新三板企业的重大资产重组特点以及对案例的分析。

（一）　重大资产重组

重大资产重组是指公众公司及其控股或者控制的公司在日常经营活动之外购买、出售资产或者通过其他方式进行资产交易，导致公众公司的业务、资产发生重大变化的资产交易行为。这里的公众公司是指股票在全国中小企业股份转让系统公开转让的公众公司。

那么，什么样的资产交易才会列为重大资产重组呢？《非上市公众公司重大资产重组管理办法》中明确规定：

（1）购买、出售的资产总额占公众公司最近一个会计年度经审计的合并财务会计报表期末资产总额的比例达到50%以上。

（2）购买、出售的资产净额占公众公司最近一个会计年度经审计的合并财务会计报表期末净资产额的比例达到50%以上，且购买、出售的资产总额占公众公司最近一个会计年度经审计的合并财务会计报表期末资产总额的比例达到30%以上。

当公众公司及其控股或者控制的公司购买、出售资产，达到以上标准之一的，即构成重大资产重组。

（二） 案例分析

信中利2015年度财务报表显示，截至2015年12月31日，信中利资产总额为36.79亿元，资产净额28.75亿元，由于本次并购采用现金支付的方式，购买标的资产支付的价款为16.5亿元，交易金额已达到重大资产重组标准。

那么，重大资产重组会给信中利的这次收购带来什么影响呢？

证监会与全国中小企业股份转让系统对于公司本身重大资产重组并没有过多的要求，但对于督导券商、信息披露等程序上的审批有着种种关卡，再加上信中利是市场以及监管层敏感的金融投资公司，一步走错就会让公司陷入复杂的审批检查流程，还要面对证监会不断的询问函。时间长、难成功、变数多，基本可以总结为信中利如果按照重大资产重组来进行此次并购的弊端。还有超高的溢价，也会对市场造成围观效应，围观的不止投资者，还有监管层①。

---

① 袁益.《信中利收购深圳惠程1+1妙招 规避新三板重组红线》，2016-04-28http：//mt.sohu.com/20160428/n446600172.shtml，

从各方面考虑，信中利是要极力避免重大资产重组的，汪先生想到了一个锦囊妙计，那就是签订补充协议、引入关联方，让信中利的并购出资降低到重大资产重组门槛之下。如此一来，信中利收购深圳惠程股份的交易，无需上报审批，交易流程大为简化，只需信中利股东大会批准即可生效。我们可以通过图7-5、图7-6的对比来看这次交易架构的变化。

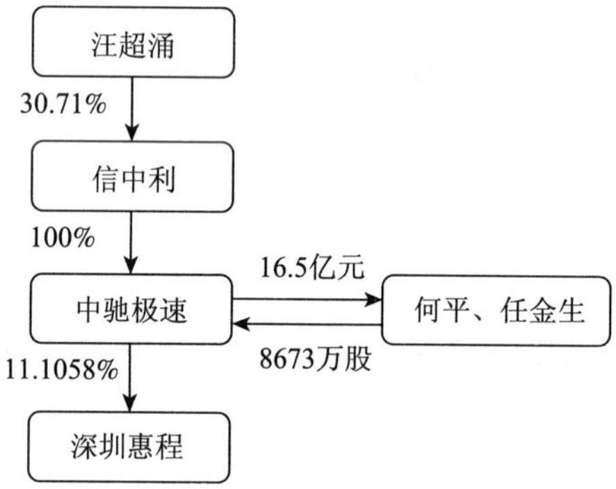

图7-5　补充协议签订前交易结构图

资料来源：全国中小企业股份转让系统。

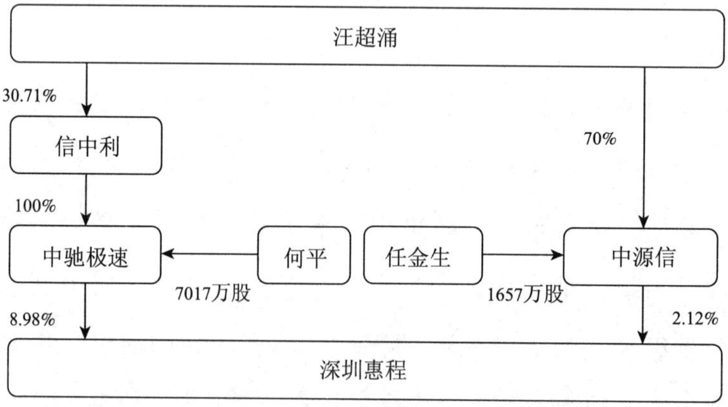

图7-6　补充协议签订后交易结构图

资料来源：全国中小企业股份转让系统。

五、案例小结

信中利的这次股权收购给了新三板企业一个最简单的信息，在达成并购目的的情况下，尽量避免重大资产重组，将会省下审批、披露等许多麻烦的过程。尤其是在企业对并购标的极其渴望的时候，不妨引入关联方与其他可控制、或者与业务往来的企业成立并购基金，减少自身账面并购出资额，有效地规避重大资产重组，减少并购事件的复杂流程是最好的选择。

总 结

事实上，新三板企业设立并购基金的企业数量已经其实可观，并逐年增加。新三板企业处于高速发展期，通过并购进行扩展是不可或缺的战略步骤，设立专业的产业基金，由专业机构进行投资管理，可以节省公司很多成本投入。总而言之，企业并购的方式随着环境的不同而不同，新三板成长期企业要学会运用外界力量来达成目标。

第八章

拓宽思路，谋求新机遇——主板公司并购新三板力求新盈利点

一方面，在信息化和“互联网+”的趋势下，越来越多的传统行业进入夕阳期；另一方面，节能和绿化环保成为时代经济发展的主流思想，供给侧改革也加速了第一产业去产能。

不论从哪方面看，主板公司产业转型升级都是必要且紧迫的。这些谋求新盈利点的公司通过在信息较为充足的三板市场选择成长期企业进行并购能够快速补充企业下滑的业绩空缺。本章中的三个案例就都是为了多元化发展、追求新营业点的并购。

第一节　南洋股份迎娶天融信——57 亿彩礼，成 2016 年融资额度最大

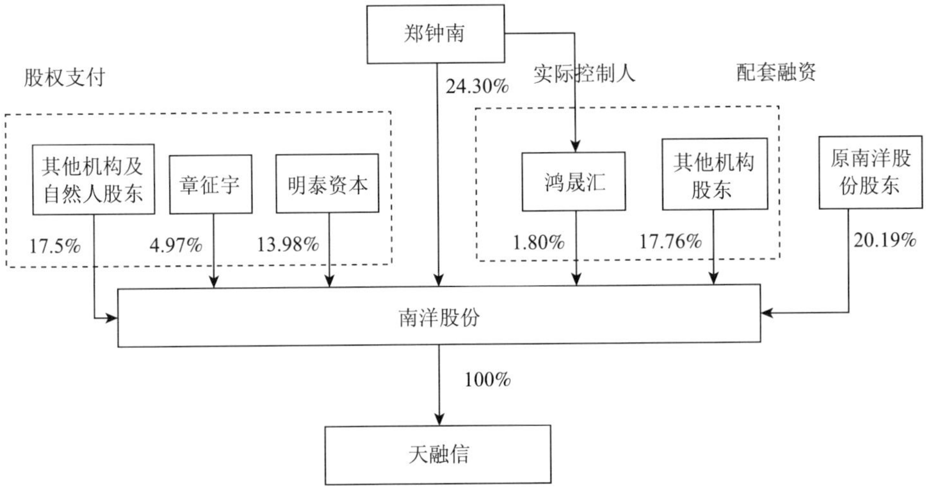

图 8-1　并购后南洋股份的股权结构图

资料来源：东方财富 Choice 数据库、全国中小企业股份转让系统。

南洋股份作价 57 亿以 7 倍溢价收购天融信 100%股权，是近两年来新三板当之无愧的最大并购案。天融信因此成为 2016 年“卖身价”最高的新三板公司，此案南洋股份股权支付 36.2 亿，现金支付 20.79 亿元，同时向鸿晟汇等 9 家机构募集配套资金 21.2 亿元，“空手道加杠杆”手段让南洋股份成功解决 57 亿元天价并购款。最重要的是，南洋股份将借助天融信进入到新的业务领域，找到新的业务增长点，进入信息安全行业。

为了拓展企业经营版图，在越来越激烈的市场竞争中谋求一席之地，直接并购一家有完整经营生产体系的新三板企业成为不少上市公司的选择。广东南洋电缆集团股份有限公司也是并购大军的其中之一。虽然此次并购估值定价非常之高，但是从2016年8月2日双方召开股东大会正式通过并购决议起至2016年12月31日标的资产过户完成，整个并购过程花费五个月时间，其并购方案的设计显然可圈可点。

一、事件亮点

（1）三板近两年金额最大并购案之一。品牌优势、竞争优势明显、行业地位突出和收益快速增长造就天融信57亿天价估值，成为近两年来新三板最大的并购案之一。

（2）股权大幅稀释，但仍保持绝对控股权。在股权大幅度稀释的情况下，南洋股东仍保持了对公司的绝对控制权利。以保持股权比例为主，以协议商定为辅，现金加股份，支付方式双管齐下，让南洋成功支付天价并购款。

（3）巨额并购下“有惊”而“无险”。在明晰所有责任划分后，依据行业特性规避可能影响未来收益的所有风险，对可能出现的损失和补偿方式作出周密安排。面对巨额并购，南洋真正做到了“有惊”而“无险”。

二、并购背景

并购方：南洋股份

广东南洋电缆集团股份有限公司（以下简称：南洋股份）创建于1985年。2008年2月1日在深圳证券交易所成功挂牌上市，股票简称：

南洋股份，股票代码：002212。公司总部设在汕头，专业生产电线电缆以及配套生产电线电缆用PVC料等产品。生产基地总面积约40万平方米，年生产能力约50亿元，是华南地区最大型的生产电线电缆的企业。

一直以来南洋都奉行“以市场为导向、以质量为生命”的企业宗旨结合“立足华南、辐射全国”的发展战略，已经构建了“南北呼应”的战略发展格局。即便国内外经济环境复杂多变，南洋逆水行舟，仍然连续三年保持主营业务收入和利润总额的双增长。其主营业务收入情况如下：

表8-1 南洋股份2013—2015年营业收入情况

项目	2015年度		2014年度		2013年度	
	收入	比重	收入	比重	收入	比重
电力电缆	183,066.42	80.24%	156,369.05	69.24%	143.802.73	78.48%
电气装备用电线电缆	40,650.08	17.82%	65100.57	28.83%	36,185.94	19.75%
其他	4,432.55	1.94%	4419.70	1.94%	3,238.49	1.77%
主营业务收入合计	228,149.05	100%	225,841.21	100%	183,227.16	100%

资料来源：东方财富Choice数据库。

毫无疑问，南洋股份的经营发展状况良好，这一方面得益于公司正确的发展方针战略，另一方面与南洋所处行业背景也有密切联系。

目前，国民经济大多数行业都与电线电缆相关，电线电缆被喻为国民经济的“血管”和“神经”。电线电缆行业占据着中国电工行业四分之一的产值，是机械工业中仅次于汽车行业的第二大产业，在国民经济中占据非常重要的地位，这样的客观条件决定了市场对于电线电缆具有持续稳定的需求。

但是对于公司生存和进一步发展来说，仅仅有市场需求是远远不够的。虽然稳定的市场需求让国内电线电缆生产企业具有较大的生存空间，但是对技术要求较低的中低压电力电缆市场容量已经趋于饱和，价格竞争日趋激烈，总体行业利润率逐渐下降。而发展高压、超高也交联电缆等高端产品领域存在较高的品牌、技术、资质等壁垒，目前市场已有的资源和市场份额多被少数行业龙头企业所占有。

基于这样的行业竞争背景，南洋为了继续保有企业较高的竞争优势，在未来的发展中获取更多的利益，南洋公司决定落实“主业为主，适度多元化”的中长期发展战略，开疆辟土，寻求新的业绩增长点。由此也就产生了南洋股份跨行、跨板并购天融信的并购决议。

一个巴掌拍不响，一次并购不是仅仅依靠一家公司单方面的意愿和决策就能够完成的，除了收购方的决策，并购方的意愿和努力同样重要。那么天融信是一家怎样的公司呢？又是出于怎样的考虑决定接受并购呢？

标的方：天融信

北京天融信科技有限公司，1995年成立于北京，于2015年11月挂牌新三板，是中国领先的网络安全、大数据与安全云服务提供商。基于下一代可信网络安全架构和业界领先的网络安全、大数据与云服务，天融信致力于帮助用户降低安全风险，创造业务价值。目前，公司已经形成具有核心竞争力的安全产品、安全服务、安全集成三条业务主线，在网络及应用安全、安全管理、数据安全和平台工具等安全产品上具有多项核心技术和专利，在同行业竞争中具有相当的竞争优势。

从企业经营报告来看，天融信在近三年业务规模及整体盈利能力均有较大幅度的提升，总资产、营业收入和净利润复合增长率分别达到 41.45%、22%、48.69%，经营状况良好。同时，天融信的业绩远远超过南洋股份，2015 年南洋股份营收 22.81 亿元，净利润仅 0.56 亿元，而天融信 2015 年营收 8.55 亿元，净利润却达 2.3 亿元。

除了企业自身经营情况良好外天融信所处的信息安全行业整体发展势头良好。根据 IDC 发布的《中国 IT 安全硬件、软件和服务 2015—2019 全景图》，预计中国信息安全市场 2014—2019 年的复合增长率为 16.6%。其中，信息安全硬件市场的增长最快，复合增长率为 20.3%①。不难看出，由于信息技术的快速发展和更加广泛的应用，信息安全行业未来的发展空间将非常宽广。

既然天融信自身经营状况良好甚至优于南洋股份，那为何天融信要接受南洋股份的并购呢？主要原因有以下几点：

第一，天融信虽然经营状况良好但其股份仅在新三板挂牌销售，而南洋股份则为非常成熟的上市公司。毫无疑问这次并购会大大提升天融信的知名度，本次天价并购本身就会让更多的人知道天融信；同时作为南洋股份重要的子公司，天融信也将受到更多的关注。综合这样直接和间接的宣传作用将大大提升天融信的市场知名度进而降低宣传成本，同时吸引更多的客户，与南洋股份实现双赢。

第二，南洋股份与天融信主营业务领域不同，两者合并重组后可以构成波动风险较低且具备更加广阔发展前景的业务组合。一方面扩大上市公司盈利空间，另一方面也能够保障中小投资者利益。

第三，并购完成后天融信原本完全自力更生的发展模式将会发生

---

① 我国信息安全硬件市场规模最大增速较快分析（图）_ 中国产业信息网 http://www.chyxx.com/industry/201511/359353.html.

改变，南洋股份作为其母公司可以在经营管理、财务规划、区域发展等多方面给予天融信更多的支持和助力。

第四，双方企业在各自领域都属于优秀的企业，具有各自的优质客户源。并购完成后，双方能够共享优质客户扩大经营和盈利。

第五，成为南洋股份的子公司之后，天融信就能够较为便利地享用成熟上市公司的融资渠道，为进一步发展筹集投入资本提供便利。

三、并购事件发展

（一） 收购谋划与定价

早在2016年4月30日，南洋股份就发布了重大事项停牌公告，后续，公司也不断地发出关于筹划发行股份及现金支付购买资产的相关公告。直到2016年8月3日，南洋股份终于发布关于“发行股份及支付现金购买资产并募集配套资金暨关联交易”的相关报告。

并购案中，采用收益法对标的资产进行估值评价，以2016年4月30日为基准日，天融信100%股权估值为590,191.80万元。后期，由于考虑了天融信股份的基准日后以10股26.40元（含税）向全体股东分派现金红利。共计分配利润200,000,000.64元。经双方协商，确定交易价格为570,000万元。

（二） 资金谋求，股权变化

并购支付需要57亿元，而南洋股份当前资产总额仅315,561.66万元，资产净值179,825.20万元。根据2015年年报披露公司货币资金为360,093,149.58元。为解决购买资金问题，南洋股份将以发行股份和现金支付相结合的方式购买明泰资本等6家机构和章征宇等21位自然人合法持有的天融信合计 100%股权。

发现股份、现金支付

首先，确定发行股份价格，以南洋股份发布第四届董事会第十七次会议公告前 60 个交易日公司股票交易均价为标准，确定以 8.66 元/股，发行 418,085,467 股向标的方天融信支付 362,062.01 万元；

同时，现金支付 207,937.99 万元。

配套融资

本次配套融资，鸿晟汇等 9 家机构认购上市公司募集配套资金所发行的股份 218,556,698 股，以 9.70 元/股募集 212,000,00 万元。用于本次交易现金对价支付及支付本次交易相关费用。（注：由于南洋股份控股股东及实际控制人郑钟南为鸿晟汇的实际控制人，以及在本次交易完成后，明泰资本将持有南洋股份 13.98%股份，明泰资本将成为南洋股份关联方，所以本次交易构成关联交易。）

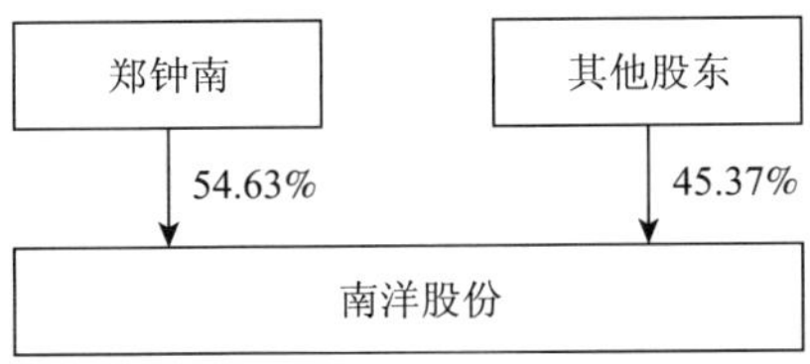

图 8-2　并购前南洋股份的股权结构图

资料来源：东方财富 Choice 数据库、全国中小企业股份转让系统。

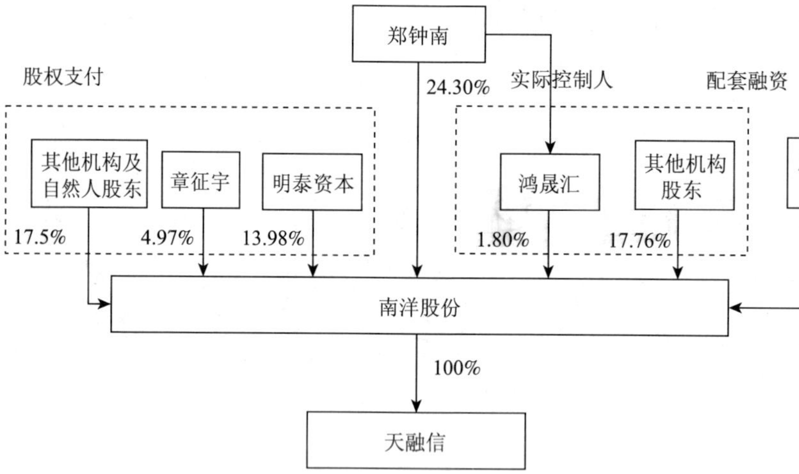

图 8-3 并购后南洋股份股权结构图

资料来源：东方财富 Choice 数据库、全国中小企业股份转让系统。

（三） 并购完成

南洋股份并购申请经证监会批准，实施完成后，北京天融信科技股份有限公司依法整体变更为北京天融信科技有限公司，终止新三板挂牌。南洋股份实际控制人不变。南洋股份实现多元业务发展。

表 8-2 南洋股份并购以来公告列表

2016. 4. 30	广东南洋电缆集团股份有限公司发布重大事项停牌公告
2016. 5. 3	天融信科技股份有限公司发布筹划重大事项股票暂停转让公告 广东南洋电缆集团股份有限公司公司股票正式停牌 天融信科技股份有限公司公司股票正式停牌
2016. 8. 2	南洋股份审议通过与本次并购案例相关的各项议案： 《关于公司发行股份及支付现金购买资产并募集配套资金符合相关法律法规的议案》 《关于本次交易构成关联交易的议案》 《关于公司与北京天融信科技股份有限公司全体股东签署附 条件生效的<发行股份及支付现金购买资产协议>、<业绩补偿协议>的议案》 审议通过《关于公司全体股东向广东南洋电缆集团股份有限公司转让公司 100%股权暨公司性质整体变更的议案》等

续表

2016.9.6	南洋股份向中国证券监督管理委员会提交发行股份购买资产并募集配套资金的申请
2016.9.27	中国证券监督管理委员会对南洋公司提出的申请下发审查一次反馈意见通知书
2016.10.18	南洋股份对中国证券监督管理委员会反馈意见做出回复
2016.10.31	审议通过《关于北京天融信科技股份有限公司依法整体变更为北京天融信科技有限公司的议案》
2016.12.5	天融信正式终止挂牌
2016.12.22	中国证监会批复《关于核准广东南洋电缆集团股份有限公司向百荣明泰资本投资有限公司等发行股份购买资产并募集配套资金的批复》核准通过南洋公司申请
2016.12.31	发行股份及支付现金购买资产并募集配套资金暨关联交易之标的资产已完成过户

资料来源：东方财富 Choice 数据库、全国中小企股份转让系统。

四、案例及亮点分析

在短短半年的时间里，两家公司完成了从筹备重大资产重组事项停牌到天融信公司性质变更最终完成标的资产的过户。作为近两年来最大的新三板并购案，我们认为，其方案主要有以下三大亮点：

（一） 七倍溢价背后的秘密

在本次并购中，57 亿元的并购价格和 7 倍的溢价估值是一大亮点，这也是本次并购备受关注的重要原因。

在《中国证监会行政许可项目审查一次反馈意见通知书》中，明确提出了对于天融信估值提高的疑问，天融信最近三年分别于 2013 年 10 月、2014 年 2 月、2015 年 3 月、2015 年 7 月发生股权转让或增资，对应的天融信股份整体估值分别为 1.59 亿元、16 亿元、32 亿元、42 亿元；2016 年 4 月及交易评估日，天融信股份评估作加近 60 亿元，与之前转让或者增资时的估值相比增长率分别为 3610.69%、268.75%、84%、40.47%。那么究竟是什么原因使增值幅度如此之大的天价估值被南洋股份所接受并通过相关部门的审核呢?

首先，与传统制造业不同，以信息安全相关业务为主营业务的天融信属于轻资产公司，其价值主要体现于其核心技术、专利产权、相关资质、人力资本等无形资产，同时企业的管理组织文化、产品研发创新能力、消费群体以及客户资源等不体现于账面的资产价值和企业实力要素都会对天融信未来的盈利能力产生非常重大的影响。而交易双方更加看重的恰恰是企业未来的经营状况和获利能力，因此，本次评估定价采用收益法进行。

其次，天融信是一个“德财兼备”的好公司:

“德”——企业的资源条件

得益于当前天融信稳定并且良好的经营状况和突出的竞争优势，在收益法评估下，天融信获得了非常高的估值评价。

此外天融信作为国内最早进入信息安全行业的公司之一，其产品在政府、金融、能源、电信等行业广泛应用。积攒的丰富的经验和核心技术能力自不必说，重要的是天融信具有非常优质的客户资源。在近两年披露的经营信息中，天融信一大客户均以“某单位”代称，表明天融信与国家政府有长期密切合作，在国家信息安全保障工作中扮演重要角色。

这些企业自身条件特征都为天融信在估值中大大加分。

“财”——企业的盈利数据

从天融信披露的经营信息中可以看到在2013—2015年主营业务收入从6,368.94万元增长到12,569.48万元，复合增长率达40.48%。同时其营业收入和净利润复合增长率分别为22.25%和48.68%。在2016年6月

30 日，公司实现营业收入 288,793,610.39 元、归属于挂牌公司股东的净利润 31,389,319.48 元，分别比上年同期增长 36.90%、64.28%。

用数据说话，天融信近年来的营业数据让天融信股份全体股东不仅敢于，更加能够对未来几年内的收益做出很高的承诺，这无疑也是天融信获得很高的评价估值水平的重要原因。

还有“蒸蒸日上”的信息安全行业：从外部环境来看，信息安全行业也随着对应市场发展以及社会整体信息技术水平的提升进入加速发展期，这对于天融信腾飞来说无疑是一阵强劲的东风。

其次，根据南洋股份对证监会回复文件显示：通过将上市公司收购信息安全行业可比案例如立思辰收购国瑞信安、顺网科技收购亿赛通、绿盟科技收购江南信安的市盈率和溢价对比，以往这些并购案例的交易溢价率在 443.35%~760.25%之间，南洋股份收购天融信的交易溢价率为 719.98%，显然在此范围内。

结合企业能力和发展环境的定性分析和对近几年企业盈利数据的定量分析，很好地证明了戏剧性的 7 倍溢价估值仍然是合理的、现实的。这也是为什么 57 亿元的天价估值能够通过深交会和中国证监会双重审核的原因所在。

（二） 股权支付+配套融资，南洋怎样维护控制权?

此次并购中，天融信估值 57 亿元，而南洋股份当前资产总额仅 31 亿元，显而易见，要完成此次并购，进行大规模融资势在必行，而且南洋股份的股权结构必然会产生重大改变。如何完成融资，筹集足够的价款后在股权结构巨变中保证上市公司保有自身独立性，维持原有股东对公司的控制权？南洋股份有其自己的高招。

招数一：现金加股票，支付方式双管齐下

在这次并购中，南洋股份同时采用了股票支付加现金支付的支付方式，向天融信股东发行股份数量合计418,085,467股，支付现金207,937.99万元，合计570,000万元。

对于南洋股份来说，虽然部分价款已经采用股票支付的方式，但是现金支付的部分仍然大大超出其公司账面现金数量，那么南洋股份究竟为什么仍然要选择以现金支付的方式支付36.48%的价款呢？

主要有以下几点原因：

（1）天融信股东在本次交易完成之后需要缴纳个人所得税和企业所得税，因此，对现金有客观需求。

（2）股票市场相对来说波动较大，使用股票支付对于天融信股东来说风险高于现金支付，经过双方的谈判协商，最终就现金股票支付比例达成一致。

（3）南洋股份为保持自己公司独立性和原有实际控制人不发生改变需要对发行股票数量进行控制。

由于天融信第一大股东明泰资本持有天融信超过40%的股权，而此次并购涉及价款数额太过庞大，如果南洋股份完全采用发行股份的方式完成交易，则明泰资本将获得南洋价值25.24亿元的股份，转而成为南洋股份的最大股东。如果这种情况发生南洋股份的现有股东将无法保持自己对公司的实际控制权，南洋股份的公司独立性也会受到严重影响。

在种种考虑之下，即便南洋股份现金吃紧，股东们仍然选择以现金的方式支付20.8亿元价款，这样明泰资本通过天融信得到的南洋股份将仅有13.9亿元。交易完成后，明泰资本的持股比例仅13.9%，虽

然南洋股份原股东持股比例被大幅度稀释，但第一大股东郑钟南的持股比例仍然达到 24.3%。也就是说并购完成后，南洋股份的实际控制人依然是郑钟南。

招数二：南洋保证自身公司独立性的第二重保险，交易相关的重大承诺

为了保证南洋原有股东的控制权，南洋除了精确地计算并选择合理的支付结构外，还要求明泰资本做出了一系列相关承诺如:《关于保证上市公司独立性的承诺函》《关于不增持上市公司股份的承诺函》。这些承诺与股权比例的控制共同作用，为保证上市公司的独立性不会因为并购的发生和股权结构的变动而受到影响再添一重“保险”。

（三）“高估值，高承诺”，双高之下南洋如何规避种种风险?

任何交易都会存在风险，此次南洋股份以天价并购天融信的并购中更是如此。更大的交易金额势必带来更大的交易风险。面对这些风险，南洋股份究竟如何见招拆招，兵来将挡水来土掩，以求最大程度降低风险呢?

接下来就让我们细细拆解面对种种风险南洋究竟如何规避。

(1) 来自天融信公司当前财务状况的风险。公司公告显示，天融信被南洋股份并购之前，天融信正在实施对北京傲天动联技术有限公司（以下简称：傲天动联）的收购，而此次收购发生时，天融信仍然有可能需要为傲天动联收购事项中的违约行为支付赔偿。天融信还向傲天动联提供了 1.49 亿元借款，处于尚未回收的状态。

天融信股份及其子公司相关租赁房屋有 48 处，这些租赁也存在相应的租赁违约风险可能影响天融信未来的经营稳定性。

鉴于此次的高估值主要出发点即为天融信未来盈利能力的增长，因而对于南洋股份来说，任何可能影响天融信未来经营稳定性的风向都需要进行合理规避。针对以上提到的可能的风险，南洋股份见招拆招，一一做出了以下相应的规避。

首先，落实确认天融信签署终止有关收购事项协议，确认天融信对终止收购已经做出相应安排且未发生法律诉讼或其他经济纠纷。同时，明泰资本也向南洋股份做出承诺，如果在后续并购过程中，因为傲天动联收购事项发生了损失，明泰资本将以现金的形式做出全额补偿。

针对天融信对傲天动联的借款，明泰资本出具了承诺：明泰资本将督促天融信借款回收事项，如果借款回收过程出现无法回收或者其他损失，明泰资本将对南洋股份就本金以及利息做出全额补偿。

对于天融信的租赁资产，与终止收购事项类似。南洋首先确认天融信当前在租赁中没有任何纠纷产生，同时明泰资本也承诺如果后续因为租赁相关事项发生损失，明泰资本将会提供全额现金补偿。

（2）由于行业性质带来的风险。由于天融信属于信息安全行业，为轻资产企业，经营管理水平、人才资源、资质证书、域名、专利等无形资产对其经营和盈利具有重大影响，如果由于实际控制人的变更导致天融信无形资产到期续期产生法律障碍，会对天融信盈利有重大影响。

针对天融信所处行业特征以及公司性质可能带来的风险，南洋股份同样有一套相应的应对措施。

为了保证天融信的专利、资质证书、商标等无形资产不会因为实际控股人的变更发生无法续期的请款进而影响天融信后续正常经营活动，天融信将在规定期限内及时办理相关展期手续。

由于天融信属于知识密集型企业，毫无疑问其核心管理人员以及技术研发人员对于公司经营和盈利能力有着重大影响因此南洋股份有必要保证天融信核心管理团队的稳定。除了并购完成后两家公司常规化的业务、战略、管理、企业文化等方面的业务整合，南洋还采取了一系列措施。第一，南洋面向明泰资本等持股机构以及企业核心管理技术人员采取了不同的支付结构。对于明泰资本，支付金额中股票所占比例相对较低，而对于持股的天融信核心团队成员，南洋在支付价款时股票所占比例较高。第二，南洋股份通过《发行股份及支付现金购买资产协议》对于天融信核心团队成员持股锁定期以及服务期限和离职有关事项作了详细的约定，最大限度地保证天融信在实际控股人变更后仍然能够保持正常经营，从而达成估值时的预期盈利增长。

（3）“高估值，高承诺”所带来的风险

在此次并购中，天融信对其未来的盈利水平做出了非常高的承诺。天融信全体股东承诺在扣非净利润在2016年度不低于2.88亿元，2016年以及2017年度累计不低于6.75亿元，2016年、2017年和2018年三年累计不低于11.79亿元。对于净利润则承诺2016年度不低于3.05亿元，2016年、2017年两年累计不低于7.15亿元，2016年、2017年以及2018年三年累计不低于12.5亿元。这样高的业绩承诺这也是其57亿天价估值的主要来源。但企业未来的经营具有很大的不确定性，如果天融信无法在未来的经营中取得预期的高收益，那么南洋股份就会遭受巨额损失。

面对这样的风险，南洋股份主要通过《业绩补偿协议》的约定对风险进行规避。

如果天融信盈利未达到所承诺的数额，那么，天融信持股主体有义务进行补偿，补偿优先以股票的方式进行补偿，如果股票不足以支付，则采取现金的方式。南洋股份以现金支付部分并购价款也为股东在这种情况下的补偿提供了一定的保障。

当然，实际业绩低于承诺业绩的情况可能发生，相应的，实际业绩高于承诺业绩的情况同样可能出现。在实际业绩高出承诺值时，南洋股份也会按照一定的比例对天融信核心管理团队进行奖励。这不仅仅提升了天融信团队的工作积极性，也是对天融信未来盈利能力的一种保障。

五、案例小结

在这次南洋股份对天融信的收购案例中，在外人看来的“天价”收购价格无疑让许多人咋舌。但细细拆解分析之后发现，虽然收购价格很高，但是南洋公司借助合理安排支付结构、签订一系列相关协议，同时要求天融信持股股东做出详细有关承诺等方式，这既保证了自身公司的独立性和股权控制力，又最大限度地规避了此次并购可能带来的各种风险，这可谓是一个精心策划，毫无破绽的经典并购案例。并购结束后，天融信得到了更加优质的发展平台，进入到新的业务领域，找到新的业务增长点，进入信息安全行业。

总　结

好马配好鞍，天融信虽然有7倍溢价估值，但是有稳定的业绩增长做支撑，从行业角度看，信息安全行业将随着大数据的发展而迎来快速增长期，同时并购的背后还有《业绩补偿协议》来降低风险。虽然对于很多企业来说优质企业会耗资巨大，但是如果并购成功，给企业带来的资源也是不可估量的，当然选择高股价的优质企业也要防范支付过程中存在的一些风险，一方面要避免股权支付比重过大导致控制权易主，另一方面还要减轻现金支付比重过大对企业现金流造成过大压力。在这一点上，南洋股份实在高明，用股权+募集配套资金的方式对价支付，虽然实际控制人股权比例大幅稀释，却没有易主。在听多了“创业者被扫地出局”和“野蛮人逼宫”的案例之后，新三板企业在并购的过程尤其要注意企业的控制权变化问题。

第二节　兴民智通控股九五智驾——重组变控股，凸显并购智慧

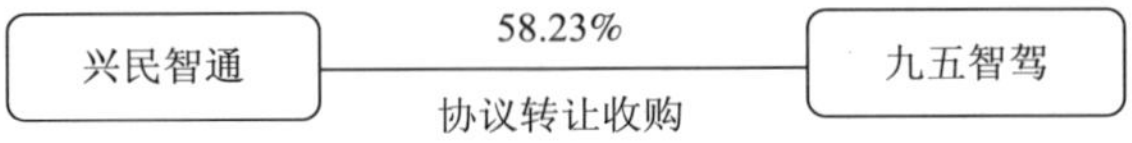

图 8-4　兴民智通协议收购九五智驾股权结构图

资料来源：全国中小企业股份转让系统。

> 兴民智通作为主板上市公司有着雄厚的融资实力。在通过股份加现金的方式收购总资产达 28.25 亿元的四个项目方案失败后，随即耗资 24.5 亿元并购九五智驾 58.23%的股权，可见其财大气粗的底气与进入新领域的决心。此案例也体现了现代中国一批老牌上市公司在产业转型的道路上的不懈努力，同时，标的公司的投资机构也在避免损失的前提下完美推出。

随着苹果公司推出 Carplay 和近年来国内互联网公司纷纷进入汽车领域，使汽车和互联网的关系越来越密切，在“互联网+”的带动下，“车联网”这个汽车与互联网结合的行业，越来越受到重视。本次兴民智通（002355）成功并购九五智驾（430725），是以兴民智通为代表的传统汽车零配件企业紧跟时代潮流、发展转型的缩影。

一、事件亮点

（1）完成产业转型第一步。兴民智通在重大重组计划失败后，迅速调整方案，改重组为定增，控股新标的九五智驾，完成自己在产业转型道路上重要的一步。

（2）扭亏为盈，溢价收购。对新兴行业进行溢价收购，已经成为新三板亏损行业的救命稻草，此次兴民的收购使得因九五智驾定增而被套现的三家券商机构化亏为盈。

（3）全部现金收购显实力。本次收购，全部采用现金收购，选择通过现金收购来绕开监管是最佳的方式。这有利于加快并购进程，规避收购失败风险。

二、并购背景

并购方：兴民智通

兴民智通（集团）股份有限公司（以下简称：兴民智通，原山东兴民钢圈股份有限公司；股票代码：002355）创建于1999年12月，兴民智通主要从事汽车钢制车轮的研发、生产和销售，是目前国内规模最大的钢制车轮生产经营企业和车联网运营企业。2010年2月9日，公司股票在深交所挂牌上市，是国内钢制车轮行业首家上市公司。旗下有3家全资子公司及一家控股公司，主要从事车轮及汽车零部件研发和销售。

近年来，传统汽车市场天花板逼近，兴民智通的盈利能力也难逃脱下滑趋势。

从企业2015年的年报了解到，公司2015年实现营业收11亿元，与2014年同期营业收入13亿元相比，下滑16.6%；营业利润3527万元，同比下滑38.1%。

为改变此现状，2015年10月，兴民智通通过股权收购和增资，完成了对武汉英泰斯特电子技术有限公司（以下简称：英泰斯特）51%控股。英泰斯特是一家从事计算机软件开发、信息咨询、技术服务、计算机网络工程技术服务等的公司。其主要产品是车用无线及集成产品。通过英泰斯特平台，公司成功涉足了车联网与大数据服务领域。与此同时，公司先后参股广联赛讯和彩虹无线，准备全面实施“智能互联、大数据运营”战略，推动车联网生态平台的建立。

2016年8月1日，兴民钢圈股份有限公司发布公告，公司名称变更为：兴民智通（集团）股份有限公司，公司证券简称变更为：兴民智通。兴民智通的公司公告与更名原因的解释为：鉴于2015年成功收购并控股武汉英泰斯特电子技术有限公司，公司经营业务范围和内容得以丰富，由钢制车轮领域向车联网领域延伸，现有名称已不能与公司目前的业务构成及战略布局相匹配。为更全面准确地反映公司目前发展情况，突出公司所处行业的特点，体现公司未来的发展方向，且易于投资者理解，故决定变更公司名称、证券简称。由此可见兴民智通想要转型升级的决心。

同时，为迎合战略决心，兴民智通先后与两家新三板公司达成并购协议：凯立德与九五智驾。

标的方：凯立德

深圳市凯立德科技股份有限公司（以下简称：凯立德），2014年1月24日挂牌新三板，是新三板创新层企业，股票代码：430618。自2015年3月18日，全国中小企业股份转让系统有限责任公司和中证指数有限公司发布三板成指（899001）、三板做市（899002）的样本股，公司一直被选为双指数样本股。

凯立德一直立足于车载导航后装市场，经过数年的发展，凯立德作为国内的一线图商拥有独特的地图资源；其次，凯立德的车载导航市场份额保持领先，且以每年百万数量保持增长。

为迎合互联网带来的行业竞争，2015 年，公司在“地图及导航+车联网+汽车智能硬件+移动互联网”的战略基础上，再次集中发力车联网。重点从乘用车导航后装业务向前端市场拓展，同时拓展智能硬件市场、导航在线用户。同时，引入战略投资者——小米旗下子公司，并与小米生态链进行无缝连接，以应对汽车市场波动风险。

由于搭建车联网平台及前端市场开发耗费巨大的投入，2015 年年底，研发人员人数相比年初增长 45.41%，全年研发支出 10,393.53 万元，比 2014 年度增长 44.17%。但由于前装业务的盈利能力滞后，2015 年经营活动产生的现金流量净额-30,971,302.52 元，同比下降-177.89%。总资产增长率较去年同期下降 10%。

标的方：九五智驾

北京九五智驾信息技术有限公司（以下简称：九五智驾，公司代码：430725），于 2014 年 5 月 6 日挂牌新三板。公司定位车联网行业服务运营上，以“平台+连接+数据+应用”的模式规划并建设智驾生态系统，向用户提供车联网运营服务，根据业务开展的模式不同可分为四类：前装服务、后装服务、手机服务及智驾服务。在前装 TSP 市场，作为国内较早进入 TSP 的公司，九五智驾具有不可否认的话语权，其业务覆盖用户数量超过 50%。服务的公司也是路虎、丰田、奔驰、保时捷等一众国际品牌。公司实际控制人为陈志方和朱文利，两人共持股 1697.74 万股，占比 37.43%。

根据 2015 年及 2016 年上半年年报，公司在报告期内，公司重点加强智驾车联网 2.0 的联接及数据挖掘的技术投入、产品升级，在资源、服务、销售渠道等方面无重大变化。

从九五智驾营收效益来看，公司的经营成果并不是很乐观。2014 年、2015 年、2016 年 1—6 月，营业收入分别为 9632.86 万元、10017.11 万元、4622.39 万元，净利润分别为 -1264.57 万元、-3132.26 万元、-566.82 万元，2015 年、2016 年 1—6 月，营业收入同比增幅分别为 3.99%、-5.15%，亏损持续扩大。截至 2016 年 6 月末，未分配利润-5513.45 万元。但是为什么兴民智通对九五智驾情有独钟呢？这里有一个重要原因，九五智驾的业务有两个部分——前装业务和后装业务，九五智驾的亏损主要来自后装业务。

2016 年 9 月 19 日，九五智驾完成了对其后装业务的剥离出售，以 1984.72 万元的资产转移价格将其后装业务出售给了北京鑫虹智显科技发展有限公司，将公司的发展重点放在了前装业务领域。至此，九五智驾摆脱“后腿”，重点发力，这也是兴民智通选择收购其的一个重要原因。

行业背景

车联网行业：电脑、电视、手机都已经成为互联网的智能终端，作为日常生活必不可缺的汽车也进入了互联网时代。车联网技术使得汽车成为互联网的又一智能屏幕终端。“车联网”所打造的新一代人车关系必将再一次为汽车带来新的变革，同时因汽车保有量的巨大，未来“车联网”市场不可估量。

三、并购事件发展

（一） 兴民智通野心规划图初现

在车联网领域尝到甜头的兴民智通，准备了更大的并购重组计划，为筹划购买车联网行业相关资产构成重大资产重组事项，兴民智通股票自 2016 年 5 月 12 日开市起停牌。并发布各项收购公告。

表 8-3 兴民智通收购计划

公告发布时间	公告内容
2016 年 7 月 25 日	拟收购北京远特科技股份有限公司 100%股权
	拟收购深圳市凯立德科技股份有限公司 100%股权
	拟收购杭州奥腾电子股份有限公司 56.34%股权
	拟增资立得空间信息技术股份有限公司不低 10%股权

资料来源：东方财富 Choice 数据库。

公告中提到的这四家公司均涉及“车联网”行业。兴民智通作为 A 股上市公司有着雄厚的融资实力，拟通过股份加现金的方式收购总资产达 28.25 亿元的四个项目，可见其财大气粗的底气与进入新领域的决心。

然而收购的进程并不顺利，2016 年 8 月 19 凯立德发布公告称，公司主要股东与兴民智通对具体的交易方案未能最终达成一致意见，相关各方经友好协商，决定终止该重大事项。这意味着兴民智通收购凯立德失败。

凯立德的提前退出，预示着这宗收购本就不会是一个完美的结局。果然，2016 年 9 月 10 日兴民智通发布《关于重大资产重组的停牌进展公告》，宣布三条信息：（1）远特科技存在尚未执行的增资协议需要与第三方沟通解除，且新三板退市工作尚未完成。同时，公司与远特科技主要股东对远特科技的估值情况仍需进一步沟通谈判；（2）奥腾电子所处细分子行业未来发展前景存在一定的不确定性，标的公司未来盈利情况、评估与估值情况等仍需进一步分析论证；（3）公司与立得空间主要股东在立得空间估值情况以及交易对价尚需进一步沟通谈判。这也就彻底宣布这桩金额高达近 30 亿元的收购案宣告终止。

（二） 并购失败与分析

回顾整个收购历程，兴民智通重大资产重组的停牌真的像公告里面说的如此吗？其实并不尽然。凯立德的退出原因也十分值得思考，16 亿元的收购，在当下对资本渴求度较高的凯立德面前依旧像是一块鸡肋，弃之可惜，食之无味，并不是一比十分诱人的买卖。一方面，根据凯立德公布的 2015 年年度报告，2015 年度营业总收入 1.87 亿元，比上年同期下降 8.02%；净利润为负 1564.20 万元。另一方面，在后端导航市场的份额也不断被后起之秀高德，百度一步步蚕食，同样急需转型。正是这种环境下的凯立德，却最先退出了收购，这是为什么呢？

抛开凯立德自有独特地图资源及后装市场技术、地位被低估的原因，在 2016 年 7 月 25 日兴民智通发布的《重大资产重组交易条款备忘录》里有这样一项条款：甲方（兴民智通）以上市公司股份收购凯立德董、监、高首批 25%的股权，该 25%股权过户至甲方后 1 个月内凯立德董、监、高辞去董、监、高的职务，待辞任职务满 6 个月后的 1 个月内，甲方按照 16 亿的估值，以现金将剩余 75%的股权一次性全部收购。这也就意味着，凯立德如果想要被收购，除了董事长以外的所有核心成员都要“走人”①。这也许是凯立德无法接受的一个结果。核心团队创办了凯立德，虽然近年营收减少，业绩下滑严重，但让其完全离开，对于创始人们来说，这也是一个艰难的抉择。

本次兴民智通重组失败另一个不可忽视的重要原因就是，2016 年 9 月 9 日正式发布的上市公司重组新规，对标的公司的资产质量的要求提升了。凯立德等其他三家标的公司上半年的业绩的非常惨淡，满足不了并购重组新规，这也间接导致了重组计划的流产。

（三） 启动备案，转换方式

虽然兴民智通的重大重组计划失败了，但作为有经验的上市公司，备用方案很快就被拿了出来。这次将不再是重大重组计划，而是控股北京九五智驾信息技术股份有限公司。

根据 2019 年 9 月 23 日，九五智驾公布《收购报告书》，兴民智通将在九五智驾转做市转让为协议转让方式的前提下，以自筹资金向九五智驾持股的 2 位自然人及 7 家机构支付 245,550,910 元，完成对标的 2,640,051 股股权收购，占比 58.23%的股份收购，以实现对标的的控制权。

表 8-4　本次并购参与转让股东及交易金额

股东姓名/名称	定价（元/股）	本次参与转让股数	交易额（元）
朱文利	10.00	1,586,100	15,861,000
高德软件有限公司	9.00	8,715,600	78,440,400
陈薇	9.00	5,921,00	53,289,000
深圳前海车联网产业投资基金（有限合伙）	10.00	4,560,000	45,603,510

① 陈启临，张林．泰伯网．兴民智通收购凯立德失败，16 亿作价被低估？-搜狐 http：//mt.sohu.com/20160820/n465179224.shtml.

续表

上海物联网创业投资基金合伙企业（有限合伙）	9.00	3,893,000	35,037,000
天风证券股份有限公司	10.00	800,000	8,000,000
西部证券股份有限公司	10.00	730,000	7,300,000
华龙证券股份有限公司	10.00	102,000	1,020,000
第一创业证券股份有限公司	10.00	100,000	1,000,000
合计	—	26,408,051	245,550,910

资料来源：全国中小企业股份转让系统。

在收购协议中，九五智驾还做出承诺，2016年、2017年、2018年、2019年年度实现的净利润不低于800万元、2000万元、3000万元和4000万元。并且在协议中，双方承诺，对于2017年、2018年、2019年三个会计年度，若标的方九五智驾完成所承诺利润的90%即意味着完成当年承诺，上市公司应当按照标的方要求按照约定受让其持有的九五智驾股份。在九五智驾实现净利润承诺的前提下，每超额完成200万元，股份转让价格就在10元/股的基础上增加1元。

2017年、2018年、2019年三个会计年度若九五智驾实际实现的净利润未达到本协议承诺当年净利润的90%，上市公司有权要求受让乙方持有的股份。未达2017年、2018年度业绩的，上市公司要求受让股份的数量上限分别为乙方上一年末持有九五智驾股份总数的百分之二十五；未达2019年度业绩的，上市公司要求受让股份的数量上限为乙方剩余的尚未向上市公司转让的股份数。

在收购协议中兴民智通明确表示，此后将继续以购买股权的方式来强化对标方的控股权。

果然，2016年9月29日，九五智驾由做市转让变更为协议转让后，兴民智通通过协议转让完成了九五智驾54.76%股份的股份交割，成为九五智驾的控股股东，并于10月14日增持九五智驾3.8189%的股份。看得出，兴民智通对九五智驾的前景十分看好。从兴民智通完成对九五智驾的控股后，开启了更加强势的在车联网领域扩张。

2016年10月，兴民智通拟通过非公开发行股票，募集资金超过20亿元。其中，车载终端T-Box自动化生产及数据运营服务项目总投资5.96亿元，项目投产后，年平均净利润达1.1亿元，税后财务内部收益率达到21.73%。智能车载终端设备生产建设项目总投资4.22亿元，达产后，年平均净利润达8115.15万元，税后财务内部收益率达到17.09%。这些诱人的收益率都是促使兴民突破重重阻碍，也要在车联网领域分一块蛋糕的决心。同时，九五智驾于2016年10月27日发布非公开股票发行方案。此次九五智驾发布定增预案为拟以10元的价格定增6535.47万股，预计募资6.54亿元。而发行对象正是刚刚对其控股的上市公司兴民智通。这样，兴民智通可以保持公司在九五智驾相对较高的股权比例，减少股权稀释。我们可以预期，九五智驾作为兴民智通的全资子公司将时日不远。

四、案例及亮点分析

以上，我们从并购方的角度阐述并分析了新三板公司核心业务对主板公司战略的契合度促成了本次并购。现在，从九五智驾的溢价与投资机构的退出途径来说，在兴民智通对九五智驾的收购中，双方约定以2016年7月31日为标的方资产审计日，那么，此次并购的估值是多少？是否溢价？

（一）　差异收购股价，　溢价收购

兴民智通对于九五智驾的收购方案中的对于不同持股人，采取了

9.00元/股及10.00元/股来计算，未对各出让方给出统一价格。这可能和原股东所获得股票的成本、股数以及双方谈判具体事项有关。这给我们未来进行三板收购提供了新的思路。自九五智驾挂牌三板以来，股价最高是为24.66元/股，而2016年2月以来，九五智驾的股价一直下滑，最低在6.75元/每股。但是不管是哪个价格，对于九五智驾被收购不久前6.75/股价格均有30%以上的溢价。这也看出兴民智通对于标的市场的看好，以及“车联网”的广阔前景。

另一方面，根据九五智驾披露信息：2014年12月，为补充公司运营资金，增强主营业务能力，公司向深圳前海车联网产业投资基金（有限合伙）定向发行6,352,941股，募集资金48,750,563.00元，每股价格7.6737元。

2015年为引入做市商，公司以8元/股定向发行不超过3,000,000股，以募集24,000,000元。此次，由西部证券股份有限公司、太平洋证券股份有限公司、天风证券股份有限公司分别以现金认购1,000,000股，出资8,000,000.00元人民币。可以说，此次兴民智通的并购，投资机构功不仅避免了亏损，还实现了完美退出[①]。

（二） 现金收购

不难看出，实力雄厚的A股公司在融资上的强大实力，此次兴民智通对于九五智驾采取的也是现金收购股股权的方式，只是由之前收购凯立德的20亿元变成了2.45亿元。

A股公司热衷于现金收购并不完全是“不差钱”而是证监会对《重大资产重组管理办法》进行了修订，现金收购一般不需要监管层审

---

① 朱为绎，中科招商广东分公司副总经理．上市公司兴民智通溢价收购新三板企业九五智驾案例简析_ WE言堂_ 全景网．http：//www.p5w.net/weyt/201609/t20160930_ 1598642.htm.

批，只需要交易所和股东大会通过，即可完成收购。选择通过现金收购来绕开监管是最佳的方式。这有利于加快并购进程，规避收购失败风险。

五、案例小结

条条大路通罗马，兴民智通在重大资产重组计划失败后，迅速调整方案，改变并购策略变重组为定增，展现了其应对市场和政策变化的强大适应能力以及老牌上市公司在产业转型的道路上的不懈努力。当然，控股新标的九五智驾，同样完成了兴民智通在产业转型道路上重要的一步。

总　结

随着新兴行业的崛起，实力雄厚的传统产业公司大多都在谋求转型的路上，但少有成功，像兴民智通这样另辟蹊径的更是少之又少的。对于新三板公司而言，并购不是一帆风顺的，需要面临各种问题，特别是来自监管层的关注，而本次并购通过全部采用现金收购的方式化繁为简绕开监管是较好的选择。

第三节　金力泰收购银橙传媒——机长中途谋跳伞，精打细算终未果

2016 年 6 月 2 日金力泰拟以发行股份的方式以近六折拟收购银橙传媒 63.57%股权，成为银橙传媒的间接控股股东。本次合并若完成，金力泰也将成功切入互联网广告精准投放及代理业务，有利于其实现跨越式发展，一方面可以增强金力泰的盈利能力，另一方面金力泰还可以将现有业务与银橙传媒互联网平台实现对接，产生业务互利效应。然而并购中途夭折，深交所的连环 11 问将此次收购事件斩于马下，对银橙传媒交易作价的公允性和合理性及业绩承诺发出询问。这场联姻的终结使银橙传媒加入豪门的梦破碎了，梦碎复牌的当天，开票即遭暴跌，至收盘公司市值一日蒸发 10 亿元。

2016 年 6 月 2 日，一份收购草案引起新三板界的轩然大波。这是一份精打细算的草案，金力泰（证券代码：300225）以近六折拟收购银橙传媒（证券代码：830999），也注定银橙传媒嫁入金力泰的坎坷之旅。草案刚一公布就广受外界媒体的关注，遭到了投资者的质疑。这场事件的背后究竟发生了什么？这是一份怎样的收购草案？两方企业为何在没有回答问询函的情况下终止了重组？让我们看看事件发展的具体情况。

一、事件亮点

（1）实际控制人提前减持，早作谋划。金力泰实际控制人吴国政在停牌前曾大量减持公司股票，导致此次交易完成后，隋恒举等七位自然人合计持有上市公司26.43%的股权，超过了原实际控制人吴国政的持股比例。

（2）折价收购，业绩承诺豪爽。本次并购银橙传媒的转让价格是其市值的6.4折，银橙传媒实际控制人承诺2016年度、2017年度、2018年度净利润分别不低于7000万元、11000万元、15600万元，经利润增长率分别为24.62%、57.14%、41.82%。

（3）深交所的连环11问将此次收购事件斩于马下。正当并购草案引发外界广泛关注的同时，深交所就此次细节连发11问，无奈金力泰与银橙传媒最终发布了终止重大资产重组的公告。

二、并购背景

收购方：金力泰

金力泰（300225）自成立以来一直从事涂料的研发、生产和销售，属于化学原料和化学制品制造业。多年来，通过持续研发和自主创新，不断提升工业涂料技术水平，已发展成为国内领先的中高端工业涂料自主品牌供应商。目前，金力泰已成为国内自主品牌企业中唯一一家阴极电泳涂料和汽车面漆销售收入均达亿元的全系列原厂汽车涂料供应商，也是在阴极电泳涂料领域唯一一家可在核心技术、生产能力、市场占有率方面与国际品牌相抗衡的自主品牌上市企业。下游行业中，商用车、农业机械、工程机械作为生产资料，与宏观经济的关联度较高，有着较为明显的周期性特征；乘用车作为高端消费品，与消费者的消费特点、收入变动情况相关，也存在一定的周期性特征，金力泰的经营状况受宏观经济周期波动的影响较大。因此，在稳固发展现有业务基础上，其公司拟通过外延式发展寻求新的利润增长点，拓宽盈利来源，并借此加快与互联网企业的融合发展、促进原有传统产业的转型升级。

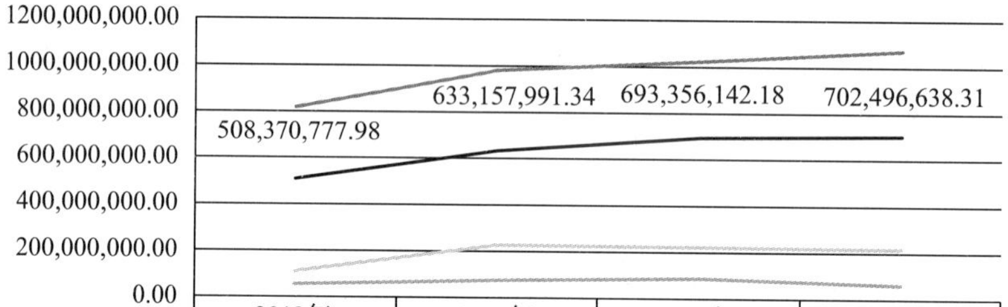

	2012年	2013年	2014年	2015年
营业收入（元）	508,370,777.98	633,157,991.34	693,356,142.18	702,496,638.31
资产总计（元）	817,059,990.71	979,649,332.19	1,023,951,064.61	1,071,503,639.08
净利润（元）	55,459,639.98	75,121,642.26	87,766,352.48	63,057,622.43
负债合计（元）	110,353,350.20	227,270,864.16	222,505,745.35	216,939,311.84

——营业收入 ——资产总计 ——净利润 ——负债合计

图 8-5　金力泰经营状况

资料来源：全国中小企业股份转让系统。

标的方：银橙传媒

银橙传媒（830999）成立于2010年3月。2014年8月，银橙传媒成功在新三板挂牌。银橙传媒是中国具有较强影响力的互联网广告精准投放服务提供商，核心竞争力突出，拥有业界较强的Ycloud大数据分析平台和ADPush精准营销系统平台。自成立以来，银橙传媒业务发展迅速，营业收入快速增长，近三年复合增长率达273.96%。银橙传媒已为百度、淘宝、京东、1号店、唯品会、韩都衣舍、盛大网络、趣游网、三七互娱、网易游戏、巨人网络、当当网、聚美优品、携程、世纪佳缘、凡客诚品、酒仙网、滴滴快的、广发银行、平安金融、陆金所、农业银行、蚂蚁金服、中国电信、华为、瑞士航空、优酷土豆、肯德基、老板电器等多家知名电子商务、网络游戏、网络服务商、品牌客户提供精准广告投放服务，积累了众多稳定的优质广告主客户资源。另一方面，银橙传媒广泛接入今日头条、广点通、百度、搜狐、WiFi 万能钥匙、陌陌、新浪等知名移动端媒体资源。

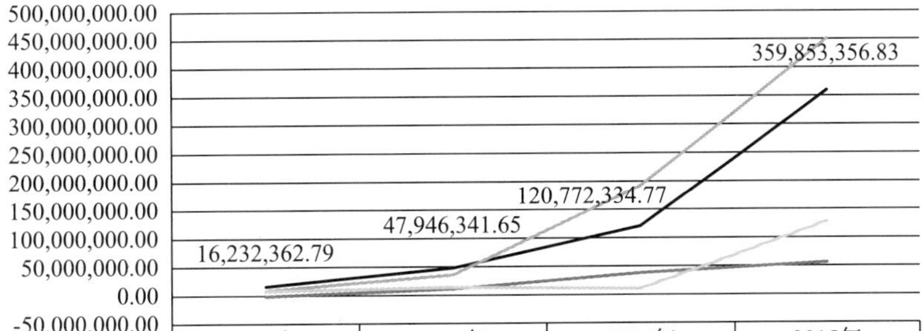

	2012年	2013年	2014年	2015年
营业收入（元）	16,232,362.79	47,946,341.65	120,772,334.77	359,853,356.83
净利润（元）	-1,294,552.93	10,557,942.85	38,033,554.13	56,171,256.27
资产总计（元）	8,378,346.86	35,705,503.80	191,527,375.14	450,696,817.97
负债合计（元）	7,692,154.60	13,612,843.86	10,026,161.07	127,890,428.30

图 8-6 银橙传媒经营情况

资料来源：全国中小企业股份转让系统。

银橙传媒发展前景较好，2015 年营业收入近 3.6 亿元，净利润 5617 万元，较上年同期相比均大幅提升，当然可能与 2015 年其收购的天津企悦、天津搜悦、天津美通和北京凯思盛阳 4 家子公司有关。

银橙传媒股东人数较多，且大多数都是间接持股。此次收购涉及到的哈本信息、圭璋信息、逐光信息、千信信息、久归信息、罗度信息和繁橙信息分别持有银橙传媒 18.28%股权、18.20%股权、17.44%股权、5.10%股权、3.79%股权、0.38%股权和 0.38%股权，其他股东合计持有其 36.43%股权。

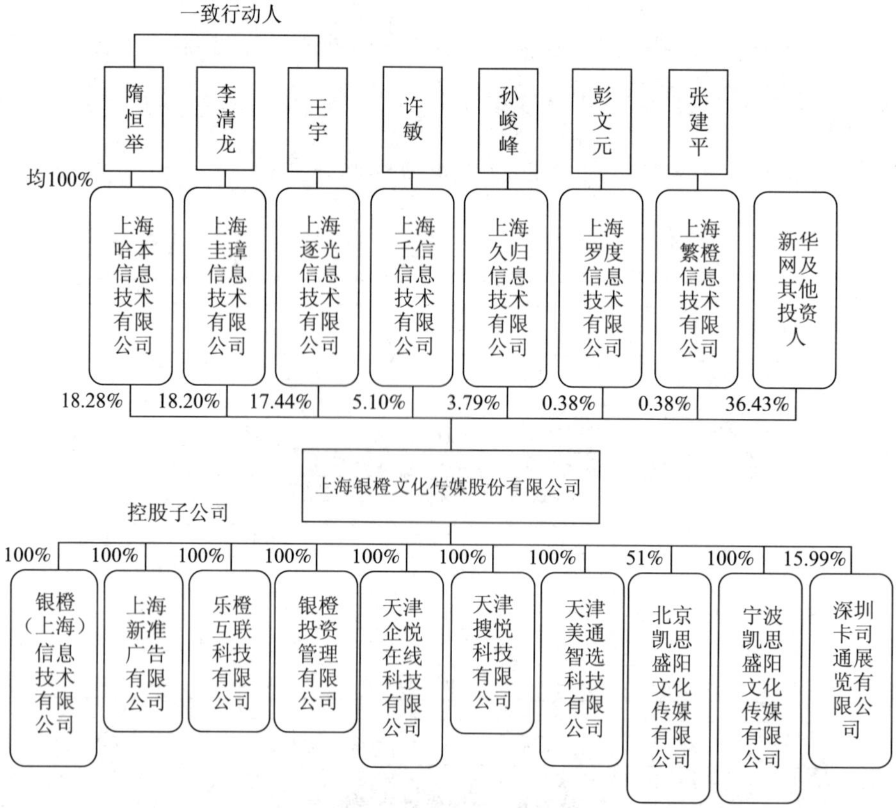

图 8-7 银橙传媒股权关系图

资料来源：全国中小企业股份转让系统。

行业背景

互联网广告行业近年增长强劲。受益于传统互联网、移动互联网的飞速发展及利用互联网开展营销推广活动的广告主不断增加，中国互联网广告市场规模不断扩大。

根据中商情报网发布的《中国互联网广告市场发展概况分析》，2009 年，中国互联网广告收入超越户外广告收入；2011 年，中国互联网广告收入超越报纸广告收入。

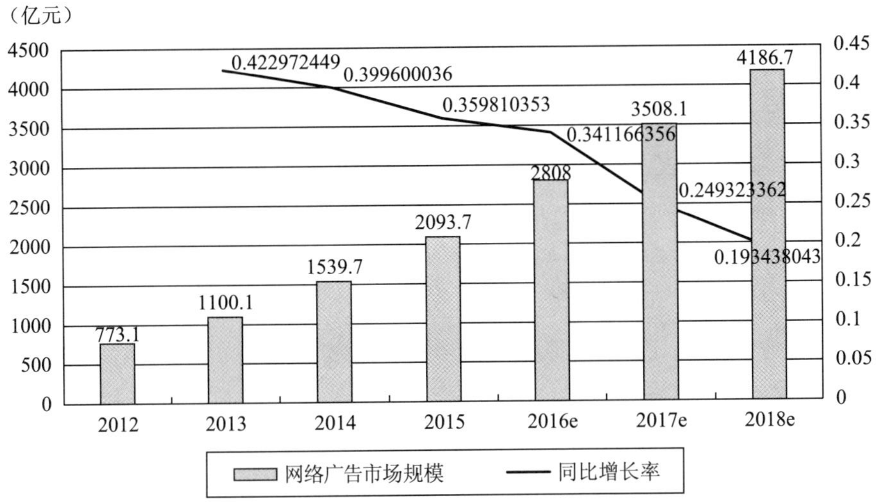

图 8-8　2012—2018 年中国网络广告市场规模及预测

数据来源：艾瑞咨询《2016 年中国网络广告行业年度监测报告》。

艾瑞咨询《2016 年中国网络广告行业年度监测报告》显示，2015 年度中国网络广告市场规模达到 2,093.70 亿元，同比增长 36%，市场规模接近电视和广播整体广告规模的两倍，预计未来几年市场规模仍将保持较高增长水平，到 2018 年，市场整体规模有望超过四千亿元。受网民人数增长、数字媒体使用时长增长、网络视听业务快速增长等因素推动，未来几年报纸、杂志、电视等传统广告市场将继续下滑，而网络广告市场仍具有较大的增长空间。

三、并购事件发展

在本次重大资产重组停牌前，吴国政曾减持2374万股，套现3.07亿元，其持股也从36.69%降至28.59%。其中因2015年5月14、15日减持比例超过5%未及时披露，吴国政受到证监会的处分。证监会《行政处罚决定书》显示，吴国政减持金力泰股份5%以后，违法减持493.5万股，违法减持金额7256.49万元。

2016年3月22日，金力泰发布因筹划重大资产重组停牌的公告，同时银橙传媒也在新三板暂停转让。2016年6月2日，金力泰审议通过了《关于公司发行股份购买资产方案的议案》，议案显示上市公司向隋恒举、李清龙、王宇、许敏、孙峻峰、彭文元、张建平合计发行股份168,895,704股，合计99,141.78元。

（一） 事件发展

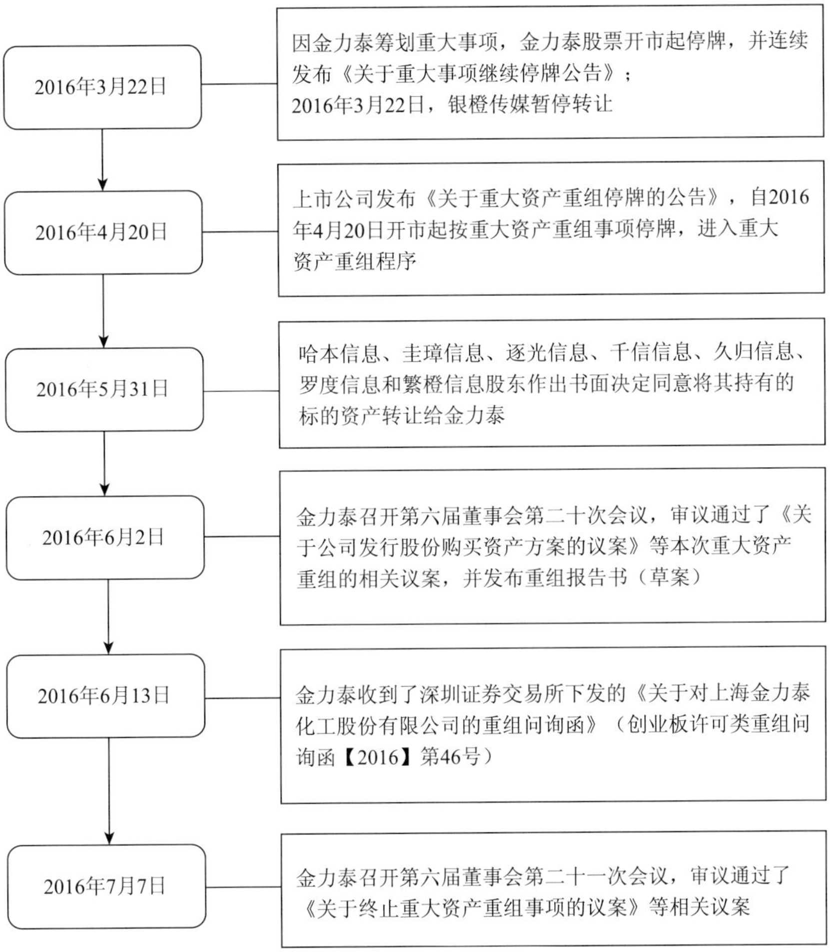

图 8-9 并购事件进展

资料来源：全国中小企业股份转让系统。

（二） 事件终结

6 月 13 日晚间，深交所发布了对金力泰的重组问询函，重组涉及的诸多疑问与争议都体现在了此次深交所给出了 11 个问题中。

其一，金力泰重组后实际控制人的认定问题。

根据草案披露，此次交易作价99,141.78万元，约占金力泰2015年经审计资产总额的92.53%。交易完成后，隋恒举等七位自然人合计持有上市公司26.43%的股权，超过了原实际控制人吴国政的持股比例。根据草案，隋恒举等七位自然人股东存在共同投资的经济利益关系，构成《上市公司收购管理办法》一致行动的推定要件。深交所要求金力泰说明：

（1）隋恒举与李清龙等六位股东是否构成一致行动人。如不构成，请提供相反证据。

（2）如构成一致行动人，请说明本次交易方案是否规避《上市公司重大资产重组管理办法》第十三条中关于创业板上市公司不得借壳上市的规定，并要求财务顾问和律师进行核查并发表明确意见。

其二，此次交易完成后，金力泰将间接持有银橙传媒63.57%股权，深交所要求金力泰说明后续是否存在进一步收购计划。

其三，深交所关注到了银橙传媒毛利率下降的问题。2015年，银橙传媒线上广告精准投放业务毛利率为27.99%，较2014年的57.53%大幅下降，草案称系广告精准投放业务由PC端向移动端拓展，采购成本上升所致。深交所要求金力泰进一步补充披露毛利率下降的原因，并说明后续是否存在继续下滑的趋势。

其四，深交所关注到了此次重组中的业绩承诺事项。在交易中，方隋恒举和王宇承诺，2016年度、2017年度、2018年度银橙传媒净利润（以扣非前后孰低者为准）应分别不低于7000万元、11000万元和15600万元。而银橙传媒2015年、2014年扣非后净利润分别为3959万元、3957万元，如剔除2015年收购北京凯思盛阳及天津三家公司贡献的净利润约 1420 万元。深交所要求金力泰结合银橙传媒过往业绩、行业发展情况、竞争优势、主营业务毛利率变动趋势等，说明承诺业绩大幅增加的合理性和可实现性，并在报告书重大风险提示部分充分披露承诺业绩无法实现的风险，并要求财务顾问核查并发表明确意见。

其五，银橙传媒 2014 年、2015 年“支付其他与投资活动有关的现金”分别为 4.04 亿元、6.17 亿元，深交所要求金力泰补充披露其主要明细内容。

其六，2015 年末，哈本信息、圭璋信息、逐光信息、罗度信息、久归信息、繁橙信息分别存在其他应付款 263 万元、708 万元、246 万元、455 万元、39 万元、23 万元，合计 1734 万元。深交所要求金力泰补充披露上述应付款的形成原因、截至目前其他应付款余额以及债务承担方。

其七，2015 年末，银橙传媒预付款项余额为 4066.28 万元，较 2014 年末的 18.33 万元增长较多。其中，预付新华网“2015—2019 年媒体渠道费”3315 万元。深交所要求金力泰补充披露合作协议的具体内容、2015 年与新华网交易的具体情况，以及预付 5 年费用的必要性。

其八，此次交易银橙传媒 100%股权的评估价格为 15.581 亿元，以银橙传媒 2015 年扣非后的净利润计算，对应交易市盈率为 39.35 倍，深交所要求金力泰进一步说明银橙传媒交易作价的公允性和合理性。

其九，此次交易利润补偿方案中，仅隋恒举、王宇两人承诺了业绩补偿，存在补偿承诺保障不足的风险。深交所要求金力泰在重大风险提示中充分披露该风险，并补充说明业绩补偿方案的合理性。深交所要求财务顾问核查并发表明确意见。

其十，此次交易完成后相关人员继续履职义务中，约定隋恒举、王宇两人在过户完成之日起5年内，如离职需承担24个月工资总额的违约金；孙峻峰、张建平、许敏、彭文元四人过户完成之日起3年内，如离职需承担12个月工资总额的违约金，违约成本较低。同时，交易对手方的不竞争承诺仅两年。请在重大风险提示中充分披露银橙传媒核心人员流失风险、未来可能存在的同业竞争风险，并补充说明核心人员流失是否会对其经营活动产生较大影响。深交所要求财务顾问核查并发表意见。

十一，深交所要求金力泰补充披露银橙传媒存在的行业准入资质、相关许可证书。

根据要求，金力泰将就上述问题做出书面说明，并在6月20日前将有关说明材料报送深交所。

2016年7月7日晚，银橙传媒宣布该事项终止。对于终止的原因，银橙传媒称，由于证券市场环境、政策等客观情况发生了较大变化，此次重大事项的交易各方拟对本次重大事项方案进行调整，最终交易各方未能对此次重大事项的调整安排达成一致。经过交易各方慎重考虑和友好协商，决定终止此次重大事项。金力泰同时也发布了公告，表述与银橙传媒一致①。

四、案例及亮点分析

（一） 意外减持，意欲何为？

在金力泰2016年3月22日公告停牌前，其实际控制人吴国政曾大量减持公司股票，持股比例从36.69%降至28.59%。根据重组草案披

① 犀牛之星．遭深交所十一连问 银橙传媒还能顺利与金力泰联姻么？http：//news.10jqka.com.cn/20160614/c590929342.shtml

露，此次交易完成后，隋恒举等七位自然人合计持有上市公司 26.43% 的股权，超过了原实际控制人吴国政的持股比例。

值得注意的是，如果此前吴国政不减持，重组之后其股权比例为 27%，高于随恒举等 7 人的合计持股 26.43%。换言之，即使隋恒举等七人是一致行动人，金力泰控制人也不会发生变更。经过一系列操作，各项数据完全规避借壳条件。但是此时恰逢史上最严的重组新规出炉。不得不使得深交所质疑，金力泰此次重组是否规避创业板上市公司不得借壳的规定。众多投资者也是心生疑惑，此前实际控制人意外减持，意欲何为？[①]

（二） 折价收购，缘起何处？

此次金力泰发行股份购买资产的价格为 5.87 元/股，发行股份的数量为 1.67 亿股，合计购买银橙传媒 63.57%股份的支付对价为 9.91 亿元。但是以银橙传媒停牌前在新三板上 17.85 元/股的收盘价计算，银橙传媒 100%股份的市值为 24.44 亿元，以此计算，银橙传媒 63.57% 股份的市值应为 15.54 亿元。9.91 亿元的转让价是银橙传媒市值的 6.4 折。

虽然在收购报告书中指出，对银橙传媒估值是采用“基础资产法”但是还是受到深交所的质疑，要求金力泰进一步说明银橙传媒交易作价的公允性和合理性。

（三） 业绩承诺豪爽，背后自信何来？

此次交易后，银橙传媒的实控人将由隋恒举、王宇变更为金力泰的实际控制人吴国政和骆丽娟夫妇，金力泰的业务将切入互联网广告

---

① 网易财经．交易所连环“十一问”重压下，银橙传媒借壳金力泰折戟．http：//money.163.com/16/0712/15/BRPL6G2S00253B0H.html

精准投放及代理，行业发展前景广阔，有利于提升其整体业务规模和盈利能力，提高金力泰的整体价值，实现跨越式发展。为此金力泰与隋恒举、王宇签署了《利润补偿协议》，隋恒举和王宇承诺，银橙传媒2016 年度、2017 年度、2018 年度净利润分别不低于 7000 万元、11000 万元、15600 万元，净利润增长率分别为 24.62%、57.14%、41.82%。但根据最新年报显示，2015 年，银橙传媒实现营业收入 3.6 亿元，同比增长 197.96%，尽管银橙传媒 2015 年的净利润较 2014 年录得较大增长，但其 2015 年扣非后净利润分别为 3959 万元，较上年度仅增长 10.06%。这还是在合并了天津企悦、天津搜悦、天津美通智选和北京凯思盛阳这四家 2015 年所收购的公司合计 1420 万元净利润的结果。2015 年毛利率从 57.5%腰斩式下跌至 22.5%的银橙传媒，拿什么支撑未来三年 24.62%、57.14%、41.82%的连续增长率？这一疑点同样引起了深交所的关注，要求其补充说明业绩补偿方案的合理性。

五、案例小结

若本次合并完成，银橙传媒将成为金力泰的间接控股子公司，相当于实际嫁入豪门，有利于银橙传媒紧抓互联网广告行业发展机遇，增强抵御外部风险的能力。金力泰也将成功切入互联网广告精准投放及代理业务，有利于其实现跨越式发展，一方面可以增强金力泰的盈利能力，另一方面金力泰还可以将现有业务与银橙传媒互联网平台实现对接，产生业务互利效应。但终究是一场美丽的梦，在深交所问询函的重压之下，金力泰及关交易各方最终决定终止此次重大资产重组。

总 结

根据本次并购的方案来看，深交所发 11 问也不无道理。随着重组新规出炉，监管趋严，新三板企业在参与并购重组时，在关注并购给企业带来成长性的同时还要考虑交易是否符合监管层要求，避免游走在法律制度红线的边缘。特别是在并购方案设计上，经营要合法，借壳要合规，对赌要合理，细节性的条款更要符合实际，最重要的是保护好股东和投资人的合法权益。对企业来说，品牌和信誉是无形的宝贵资产，如果因为并购交易而受到损失，即使交易完成也得不偿失。

第九章

携手共进，统揽全局——主板公司并购三板企业完善战略蓝图

第一节　宝胜股份并购日新传导——强势合作，抢占市场

第二节　神州信息并购华苏科技——战略协同，携手共进

第三节　三七互娱并购中汇影视——秦晋之好不成，但友谊常在

第四节　智慧收购湘财证券——文过饰非，聪明反被聪明误

主板公司与其所处的平台相较新三板无疑是很优秀的，在主板公司与新三板企业的博弈中，主板公司发起的并购案占据绝对的地位。主板公司通过并购以达到全产业链布局战略，同时，新三板企业也看中了主板资本平台，追求更高层发展，投资机构借机推出，双方不谋而合。

在本章节，我们同时选取了并购顺利与过程波折的案例。顺利不外乎是战略协同而水到渠成，过程一波三折的原因则来自监管部门力度加强以及标的公司与并购方交易谈判的失败。但不论过程与结果如何，并购过程中的智慧是我们不可轻视的学习对象。博采众长，是以为我所用。

第一节　宝胜股份并购日新传导——强势合作，抢占市场

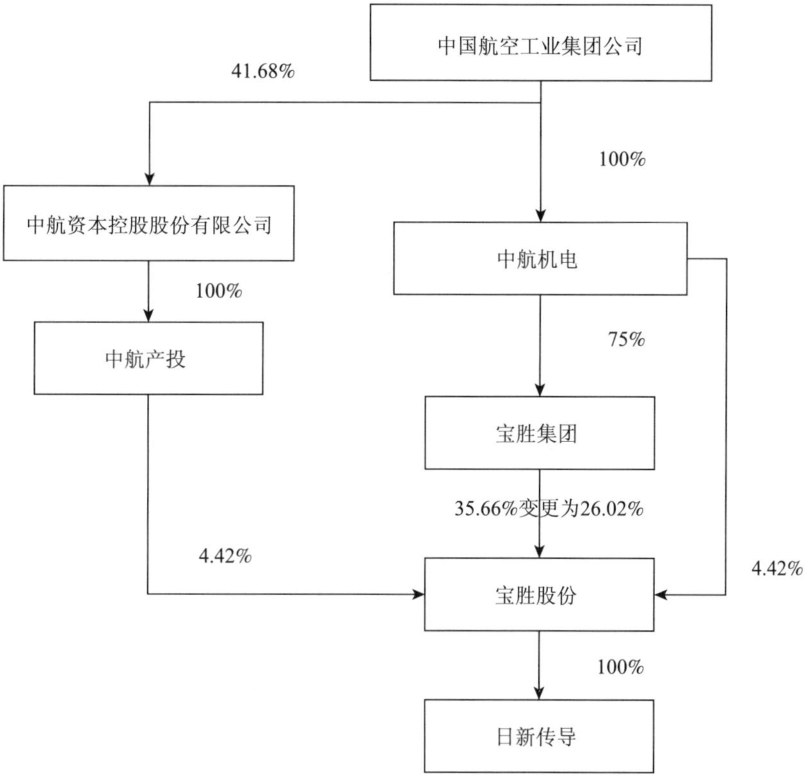

图 9-1　宝胜股份定增及并购后股权结构图

资料来源：东方财富 Choice 数据库、全国中小企业股份转让系统。

2014—2016 年，历时三年，宝胜股份从想法到实践，终于以 1.62 亿元人民币对价收购日新传导全部股权。借此机会，

宝胜股份募集121,137.5万元资金，解决收购所需资金的同时，补充公司日常现金流，优化公司资本结构，提高公司偿债能力。通过横向并购日新传导将提高宝胜股份在高端电缆市场的占有率，双方也将在此领域产生协同和互补效应，加强宝胜股份的行业地位。

同属于电线电缆行业，南洋股份在触顶行业天花板前，逆水行舟，勇拓新版图。宝胜科技创新股份有限公司（以下简称：宝胜股份，股票代码：600973）则选择抓住时代机会，发掘传统行业的新生机，本次，宝胜股份并购案正是在这个传统行业的市场地位的争取之战。持有高端化、产业化之心的宝胜股份横向收购新三板挂牌公司东莞市日新传导科技股份有限公司（以下简称：日新传导，830804，已退市）巩固了行业大佬地位。从2014年双方萌生并购想法，经历两年多时间，2016年1月，日新传导正式成为宝胜股份的一员。

一、事件亮点

（1）横向并购加强行业地位。宝胜股份与日新传导公司均为主营电线电缆研发、生产、销售的企业，此次并购属于同行业间的并购，双方在产业模式上可以产生协同作用。有利于丰富宝胜的产品，拓宽发展空间，巩固和提升宝胜在电缆行业的综合竞争力和市场地位。

（2）高负债率，超低净利润率下的成功并购，华丽升级。宝胜公司2014年资产负债率为71.69%，净利润仅占营收的0.87%左右。并购后，公司高负债率的情况得到了改善，不仅如此，企业自主创新体系和科研人才团队得到了进一步完善，并逐步形成了一批企业自有核心制造技术，技术创新和研发能力稳居国内同行业领先水平。

二、并购背景

并购方：宝胜股份

宝胜科技创新股份有限公司于2000年6月成立。2004年8月2日，宝胜股份在上交所正式发行上市，证券简称为“宝胜股份”，证券代码为“600973”，注册资金为15600万元。

宝胜股份属于电气机械和器材制造行业，从事电线电缆的生产研发，并提供相关的技术开发、技术服务、技术出口，线缆的生产和销售。“十三五”期间，公司坚持“国际化、高端化、产业化、信息化”战略。致力于打造国内外民用、军用线缆主要供应商和航空装备制造、物联网、电子信息等产业的重要制造商。拟通过规模效应加快盈利和产业的高端化，跳出当前竞争激烈的中低端“红海市场”，突出航空航天等高端特种电缆和装备电缆市场的开拓，加快企业转型发展。

根据宝胜股份发布的年报、半年报、季度报告来看，公司近几年营业利润良好，2014年、2015年均保持盈利。从2016年第三季度报告看，公司在报告期内营业收入为1,104,742.35万元人民币，净利润为18,259.35万元人民币，归母净利润为17,816.61万元人民币，较上年同比增长77.93%。

标的方：日新传导

东莞市日新传导科技股份有限公司成立于2000年，注册资金5390万元，是国家级高新技术企业，拥有特种线缆相关的技术专利120余项。日新传导于2014年6月12日挂牌全国中小企业股份转让系统，为筹划公司并购事宜于同年11月26日迅速摘牌。

与宝胜股份同属于电线电缆行业。公司以小批量、多品种的专精特高技术特种线缆产品为入口，一直专注于特种线缆线束的研发、生产和销售。按应用领域分，日新传导的主要产品为工业线缆、互连组件、通信线缆、医疗线缆和能源线缆。

在日新传导2014年半年报数据显示，公司营业收入为10,600.8445万元人民币，净利润为546.34万元人民币，其中归母净利润为531.50万元人民币，经营活动产生的现金流量净额为488.81万元同比减少30.2%。

行业背景

两家企业均在电线电缆行业进行了大规模投入。2014年，全球电线电缆市场规模已超过1000亿欧元，而在全球电线电缆行业范围内，亚洲的市场规模占37%，中国的电线电缆行业产值早在2011年便超过美国，跃居全球第一[①]。全球电线电缆企业通过并购重组，集中度明显提高，而宝胜股份和日新传导两家企业就是在这样的全球行业背景下完成了并购。

与此同时，我国电网智能电网建设及相应的农村电网改造工程不断向前推进，进入实际施工阶段，国内电线电缆行业发展也迎来了发展机遇，但在繁荣的背后，产业内部问题还处于一个非常恶劣的状态。一方面，我国线缆行业的技术有很多地方需要向国外优秀同类产品学习，技术实力有待提高；另一方面，我国电线电缆行业内产品以中低端为主，极少有电线电缆厂家舍得投入人力、物力及资金用于高端电

① 中国电线电缆网．2016年我国电线电缆行业的发展前景分析．2016/4/19，http：//www.jdzj.com/diangong/article/2016-4-19/70592-1.htm.

线电缆产品的研发和生产电线，而且电缆生产成本不断增加，导致电线电缆市场份额平均利润率较低，仅徘徊在3%~4%左右。近年来，随着电线电缆的铜等原材料价格的节节攀升，厂商又需要承担更高的成本，成为抑制研发力度的主要原因，也造成了电线电缆行业利润低、实力差的恶性循环。

在此背景下，本次并购双方通过技术的联合、雄厚财力以及由财力可能带来的物质、人力等资源为并购方快速布防市场竞争、巩固行业地位打下了坚实的基础。

三、并购事件发展

（一） 发出并购

2014 年 5 月，日新传导挂牌新三板后不久。同年 9 月 29 日，宝胜股份就于第五届董事会第十五次会议审议通过《关于公司非公开发行股票方案的议案》及《关于批准公司签署<关于东莞市日新传导科技股份有限公司股权转让协议>的议案》，日新传导与宝胜股份签署了《附条件生效的股权转让协议》。

2014 年 11 月 28 日，宝胜科技创新股份有限公司第五届董事会第十九会议审议通过了《关于公司本次非公开发行股票预案（修订稿）的议案》等相关议案，完成了对东莞市日新传导科技股份有限公司的审计和资产评估。

以 2014 年 7 月 31 日为评估基准日，日新传导 100%股权的评估价值为 16,965.87 万元。为此宝胜股份拟发行股份募集资金总额不超过 12.11 亿元人民币，扣除发行费用后将以 1.62 亿元人民币的现金对价收购日新传导全部股权。

同时，根据宝胜股份与日新传导实际控制人李明斌签订的《关于东莞市日新传导科技股份有限公司股权转让协议》，李明斌先生承诺：日新传导2014年度、2015年度、2016年度三个会计年度实现净利润（扣除非经常性损益后）分别为1500万元、2000万元、2600万元。

（二） 股票发行方案

根据2014年11月28日宝胜股份公告，宝胜股份将发行149,552,469股，8.10元/股，募集121,137.5万元。除去收购日新传导所需资金，其余用于补充宝胜股份日常运，公司的现金流将大幅增加，有利于公司资本结构优化，提高公司偿债能力。

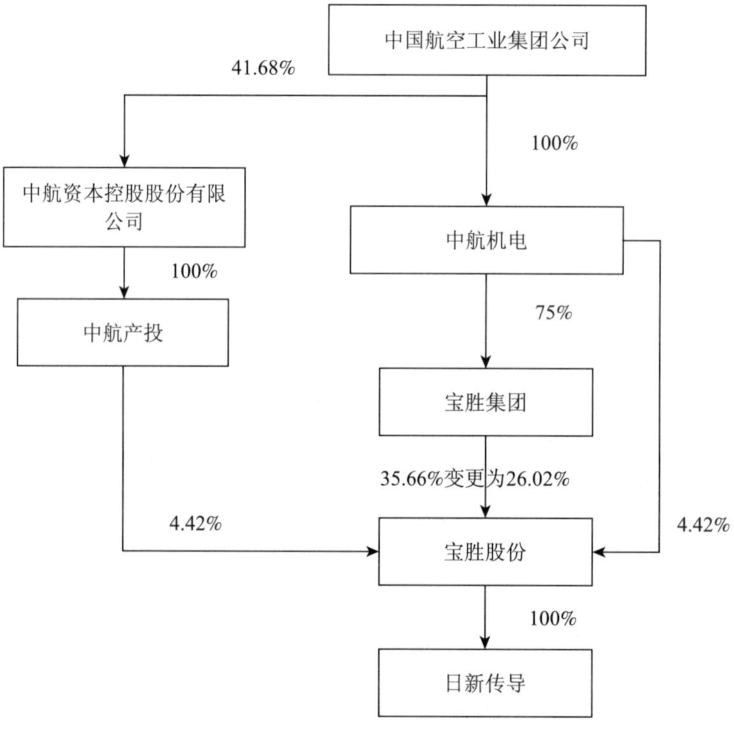

图9-2 宝胜股份定增及并购后的股权结构图

资料来源：东方财富Choice数据库、全国中小企业股份转让系统。

2014 年协议达成后，因需要经过一系列的审批，直到 2015 年 6 月，宝胜股份才发布了此次股票发行调整方案。经过 2014 年利润分配，参加这次股份认购的主体不变，但发行股票数量和每股价格进行了调整：本次非公开发行股票的发行数量由 149,552,469 股调整为 151,421,875 股，相应的各认购对象的认购数量也不同。认购主体有：中航机电系统有限公司（以下简称：中航机电）、中航新兴产业投资有限公司（以下简称中航产投）等 6 家机构与 3 名自然人。

其中，由于中航机电、中航产投均是宝胜股份实际控制人的控股公司，故本次募集资金构成构成关联交易。

本次认购后，宝胜集团持有宝胜股份由 35.66%变更为 26.02%。中航机电与中航产投共持股 8.84%。宝胜股份的实际控制人不变。依然是中国航空工业集团公司。

（三） 并购完成

随后，根据 2015 年 8 月 25 日，宝胜股份公告，由于收购事宜时间跨度较长，对日新传导又进行了一次资产评估，以 2015 年 6 月 30 日为基准日，这时日新传导 100%股权的评估价值为 18,239.30 万元。这一次的估值增长显然不会影响宝胜股份的收购意愿，并且也没有影响此次收购价格，这也恰好说明了日新传导希望登上主板平台，做大做强的强烈意愿。如此，收购事件继续发展。

2016 年 1 月 12 日，公司第六届董事会第一次会议审议通过了《关于以自有资金支付收购日新传导股权转让款的议案》，公司以自有资金支付 1.62 亿元人民币的股权转让款完成 100%股权转让的支付，东莞市日新传导科技股份有限公司已整体变更为东莞市日新传导科技有限公司，并且完成工商变更登记，日新传导现有管理团队保持稳定。

表 9-1　并购前后宝胜股份前十大股东及其持股变化

序号	交易前			交易后		
	股东名称	持股数（股）	持股比例（%）	股东名称	持股数（股）	持股比例（%）
1	宝胜集团有限公司	146716819	35.66	宝胜集团有限公司	147223819	26.02
2	中融国际信托有限公司—融鼎 1 号	12150000	2.95	新疆协和股权投资合伙企业（有限合伙）	50000000	8.84
3	杨运萍	10735260	2.61	深圳潇湘君佑投资企业（有限合伙）	37500000	6.63
4	浙江省商业集团有限公司	5810000	1.41	中航机电系统有限公司	25000000	4.42
5	江西育科投资有限责任公司	4940000	1.20	中航新兴产业投资有限公司	25000000	4.42
6	上海证券有限责任公司转融通担保证券明细账户	3197458	0.78	李明斌（原日新股东）	7087500	1.25
7	鹰潭福源佳盛投资管理中心（有限合伙）	3186822	0.77	孙荣华	6754971	1.19
8	上海证券有限责任公司	3000000	0.73	江西育科投资有限责任公司	4940000	0.87
9	孙荣华	1632600	0.40	太平人寿保险有限公司	4749831	0.84
10	蒋文洪	1627058	0.40	东莞市中科松山湖创业投资有限公司（原日新股东）	3796875	0.67

资料来源：东方财富 Choice 数据库、全国中小企业股份转让系统。

四、案例及亮点分析

宝胜股份通过非公开发行股票的方式，募集资金总额 12.11 亿元人民币，其中以 1.62 亿元人民币的现金对价收购日新传导的全部股份。

收购完成后，日新传导成为宝胜股份的全资子公司。

从日新传导的主营业务来看，其自成立以来，一直专注于特种线缆线束的研发、制造和销售，是一家以小批量、多品种的专精特高技术特种线缆产品为入口，致力于发展成为全球特种线缆解决方案提供商的科技服务企业。截至其被并购之前，日新传导拥有115项专利，其中23项发明专利、61项实用新型专利和31项外观设计专利。日新传导作为国家级高新技术企业，其研发技术当时在国内处于领先水平，作为同行业的宝胜股份将其并购后，对自身在电线电缆行业的提升无疑是显著的。

宝胜股份在并购日新传导前，公司2014年半年报显示资产负债率为71.69%，实现营收48.95亿元人民币，而净利润仅4272万元人民币，占营收的0.87%左右，毛利率低下。在完成对日新传到的并购后，公司2016年半年报显示其资产负债率为66.23%，实现营收72.26亿元人民币，净利润为6472万元人民币，占营收的0.90%左右。由此可以看出，宝胜股份通过本次非公开发行及定增收购，公司高负债率的情况得到了改善，毛利率虽然变化不大，但仍有提升。不仅如此，宝胜股份在完成并购后，企业自主创新体系和科研人才团队得到了进一步完善，并逐步形成了一批企业自有核心制造技术，技术创新和研发能力稳居国内同行业领先水平。

日新传导此前专业从事医疗、工业、能源、通讯等高端领域配套线缆线束的研发、生产与销售。宝胜股份在完成并购后进一步深度拓展日新传导在医疗、通信等领域的特种电缆产品，不断扩大细分行业的业务规模和盈利水平。截至目前，宝胜股份可专业生产200多个品种、20000多个规格的各种系列电线电缆产品，可覆盖到电线电缆应用的各个领域，能够做到快速满足不同的市场客户需求。

另外，我们注意到，在此次并购过程中，作为宝胜股份的实际控制人——中国航空工业集团公司在此时作出的同业竞争承诺函也是本案的一个大亮点。

中国航空工业集团公司是国务院国资委100%控股的集团公司，间接控股西安飞机工业（集团）亨通航空电子有限公司，该公司主营产品为航空航天用特种电线电缆等。对此，中国航空工业集团公司承诺：公司及控股公司将不会存在其他现实或潜在的同业竞争；如日后实施并购、重组等行为导致公司新增业务与宝胜股份构成实质性竞争将在条件许可前提下，以宝胜股份的利益为原则，采取可行方法消除同业竞争。中国航空工业集团公司曾表示，支持将宝胜集团打造成航空线缆主要供应商，以及航空机电电气产业、物联网、电子信息等产业的重要制造企业[①]。宝胜股份的实际控制人做出同业竞争承诺，无疑给了宝胜股份更大的信心和市场空间。

五、案例小结

不难看出，宝胜股份在完成对日新传到的并购后，其自身财务状况、盈利能力和抗险能力得到了有效改善。其次，由于日新传导一直只专注于特种线缆的研发、生产和销售，这与宝胜股份力争打造高端化市场，突出航空航天等高端特种电缆市场的战略不谋而合，这也使得双方快速产生协同和互补效应。

另一方面，在电线电缆行业内竞争者众多且以低价竞争为主的年

① 刘灿邦．每日经济新闻．宝胜股份募资收购日新传导．中航工业欲建航空线缆平台，2014年12月2日，http：//guba. hexun. com/600973，guba，19767095. html.

代，宝胜股份与日新传导通过并购重组实现了有效资源整合，强化双发优势，并拓宽了电缆细分行业的发展空间，为进一步抢占市场，打开国际市场，为提升其在电线电缆行业的市场地位和综合竞争力提供了有力保障。

总 结

在国际、国内市场竞争日益激烈，市场竞争者繁多，价格战不再大有作为时，产品持续迭代和客户关系成为了卖方竞争的主要市场。若我们从市场营销的角度看待这场并购案，市场营销理论已经从传统的促价销售发展到如今21世纪的服务营销、关系营销，卖方公司除了加强产品或服务研发以外，更需要优化客户结构，管理客户关系，提高客户满意度，从而提高自身竞争实力，更巩固了自己的行业地位。

而在自身的技术、产品条件不充足或时间紧迫的情况下，通过并购手段可以快速补足自身短板，从而实现产品种类个性化、客户选择多样化、销售渠道多元化。在并购重组的同时，双方企业的人、才、物以及客户资源共享将为客户资源管理提供机会。总而言之，一次成功的同行业并购不仅能够实现各类互补，更为企业下一步更高战略发展打下了坚实基础。

第二节　神州信息并购华苏科技——战略协同，携手共进

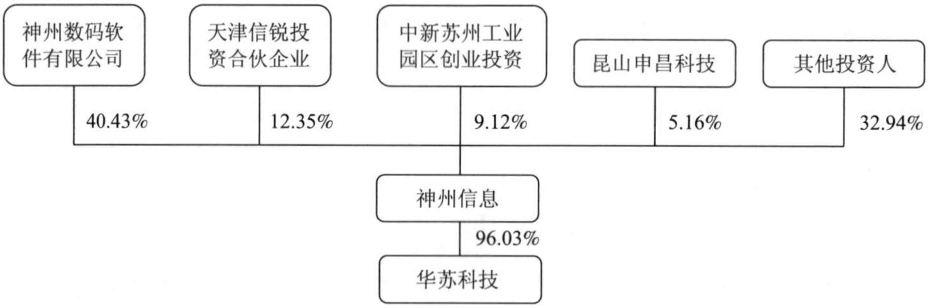

图 9-3　神州信息并购后股权结构图

资料来源：全国中小企业股份转让系统。

2016 年 5 月 25 日，主板上市公司神州信息（000555）发布资产收购案，拟采用股份支付 57616.94 万元，现金支付 57616.94 万元，合计作价 115,233.89 万元收购华苏科技（831180）96.03%股权。并购双方都处于网络服务优化市场。双方理念与实干也高度契合，通过并购双方将实现 1+1>2 的协同效应，神州信息也将完成其大数据行业的布局的一部分。并且神州信息对中小投资者进行承诺，保障中小股东退出有路可循，权益有保障。

2016 年 5 月 3 日，华苏科技（831180）终止在新三板挂牌。作为一个创新层优质企业，一个在易三板研究院发布的针对新三板企业投资参考的第一版易指数中排名第五的佼佼者，华苏科技为什么在发展了两年后就摘牌了呢？原因很简单，华苏科技被买主看中了。

早在 2016 年 3 月，神州信息就公布将收购华苏科技。

2016 年 5 月 25 日，主板上市公司神州信息（000555）发布资产收购案，拟以 24.95 元/股发行 2309.30 万股，并支付现金 5.76 亿元，合计作价 115,233.89 万元收购华苏科技（831180）96.03%股权。如此一来，神州信息得以完成其大数据行业的布局的一部分。

一、事件亮点

（1）标的企业估值高出收盘价 10%。在并购中，标的企业受到压制，低估值被迫“卖身”，已经不是什么新鲜事了。而在本次的案例中，华苏科技凭就借自身资质过硬，得到了高于摘牌前最后一个交易日收盘价的 10%的交易对价。

（2）多方协同，大大实现 1+1>2 的协同效应。战略、客户协同，同舟共济。并购双方都处于网络服务优化市场。双方理念与实干高度契合，通过并购实现。

（3）一步到位，实现投资人退出有路可循。此次并购中，控股股东对中小投资者进行承诺，中小股东退出有路可循，权益有保障。

（4）一举数得，神州信息利用业绩承诺留高管。针对标的方给出的业绩承诺，神州信息在此基础上表态，若管理层 2020 年前不离职，标的方在承诺年度超额净利润的 50%金额可以作为奖励对价支付给管理层股东，意图在鼓励员工的同时留住高管人员。

二、并购背景

并购方：神州信息

神州系公司现有三个上市公司，分别是神州数码控股有限公司（以下简称：神州控股）、神州数码集团股份有限公司和神州数码信息服务股份有限公司（以下简称神州信息）。2000年，联想科技、联想系统集成与联想网络公司从联想集团拆分，组成神州数码控股有限公司，并于2001年6月在香港独立上市，其股东股权持股较为分散，无直接或间接控股股东。神州控股间接持有神州数码软件有限公司（以下简称神码软件）100%股权。神州信息服务股份有限公司诞生的较晚，它是2008年7月神码软件以货币资金1亿元人民币设立的法人独资公司。2013年通过借壳ST太光实现A股上市。下图为神州信息的持股预计变化图。

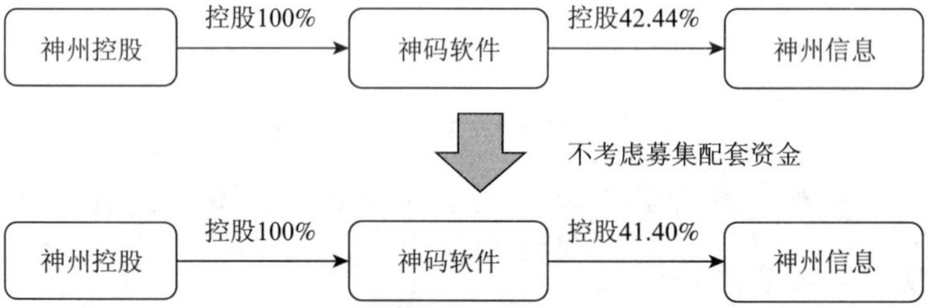

图9-4 神州信息的持股预计变化图

资料来源：东方财富Choice数据库。

神州信息是国内最早进入信息技术服务行业的企业之一，拥有多项自主创新技术，具有覆盖全国的交付体系和销售网络，在IT服务市场占有率名列前茅。神州信息在巩固现有业务的同时，大力发展大数据应用业务，在金融大数据、农业大数据及智慧城市大数据领域具有领先技术优势。如：金税三期工程将为国家税务局提供有力数据分析服务平台；“中国人口分析及预测模型”将为我国开放二胎后，在宏观人口政策上提供有力保障[①]……在技术服务业务领域，公司也适应行业发展趋势，逐步整合产业上下游资源，大力推进平台化的发展战略，以期由专业服务提供商向产业链整合者迈进。其近几年的经营状况如下表：盈利能力呈上升趋势。

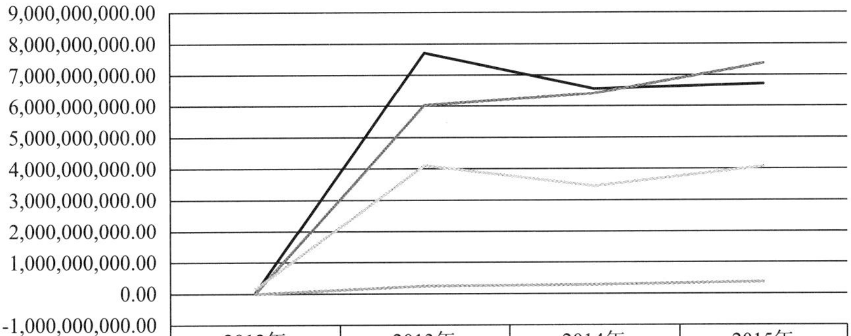

	2012年	2013年	2014年	2015年
营业收入（元）	45,737,531.00	7,713,438,140.5	6,559,007,918.0	6,712,855,773.2
资产总计（元）	18,953,284.73	6,032,824,327.1	6,403,363,384.4	7,371,660,930.7
负债合计（元）	156,486,312.34	4,109,121,527.9	3,441,848,548.2	4,071,152,156.2
净利润（元）	-8,296,122.37	242,304,595.76	287,124,636.69	371,987,259.49

营业收入　资产总计　负债合计　净利润

图 9-5　神州信息经营状况

资料来源：东方财富 Choice 数据库、全国中小企业股份转让系统。

标的方：华苏科技

华苏科技（831180）成立于 2003 年，2014 年 10 月挂牌新三板创新层，2015 年 3 月公司转为做市转让。华苏科技专注发展于网络优化

① 并购华苏科技 神州信息布局通信大数据_ 凤凰财经（来源中国经济网）http：//finance. ifeng. com/a/20160905/14859576_ 0. shtml.

服务业务，主要客户包括电信运营商及华为、爱立信、中兴通讯等电信设备厂商，业务范围遍布全国主要省份，能够为客户提供涵盖网络优化、网络工程维护的综合性服务。经过长期的发展，华苏科技已建立领先的技术优势，具备全国性的服务能力，能够结合不同电信设备厂商、电信运营商的通信网络技术特点提供综合性的网络优化服务。公司坚持通信运营商和设备供应商双轮驱动的客户策略，公司发展稳健良好，拥有一大批国内外高素质、经验丰富的网优专家。

华苏科技在电信大数据的研发方面，开始较早且持续投入，已形成 Deeplan 大数据分析平台并成功在运营商实现商用，获得运营商客户的一致认可。企业近年的经营状况一片大好，经营状况如下表：

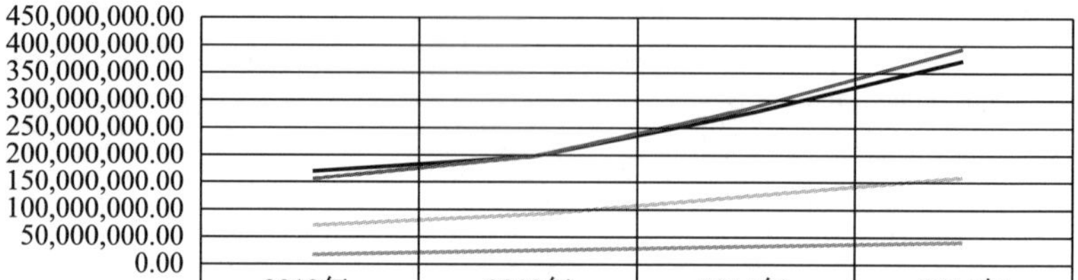

	2012年	2013年	2014年	2015年
营业收入（元）	165,178,929.42	194,409,187.49	273,082,082.70	371,981,531.71
资产总计（元）	150,672,931.28	196,976,002.90	278,902,822.29	389,856,786.24
负债合计（元）	64,785,892.36	86,768,552.04	122,914,943.84	157,192,112.17
净利润（元）	18,763,099.19	25,732,153.78	35,780,427.59	38,303,751.24

营业收入　资产总计　负债合计　净利润

图 9-6　华苏科技经营状况

资料来源：东方财富 Choice 数据库、全国中小企业股份转让系统。

行业背景

（一） 移动通信网络快速发展， IT、 CT 向 ICT 迈进

2015 年国务院总理李克强首次提出“互联网+”概念，之后，各式各样互联网发展模式登上舞台，“互联网+”新思想席卷各行各业。2015 年，国务院办公厅在《关于加快高速宽带网络建设推进网络提速降费的指导意见》中明确指出：优化互联网骨干网络结构，大幅增加网间互联带宽，加大中央预算内投资，加快互联网国际出入口带宽扩容，全面提升国际互联带宽和流量转接能力。

2016 年 1—11 月，信息技术服务收入增长保持平稳，实现收入 22649 亿元，同比增长 15.7%，增速高出全行业水平 0.9 个百分点。细分领域来看，运营相关服务（包括在线软件运营服务、平台运营服务、基础设施运营服务等在内的信息技术服务）收入增长 15.9%；电子商务平台技术服务（包括在线交易平台服务、在线交易支撑服务在内的信息技术支持服务）收入增长 17.9%；集成电路设计增长 12.0%；其他信息技术服务（包括信息技术咨询设计服务、系统集成、运维服务、数据服务等）收入增长 15.6%。

随着移动通信网络技术的发展，网络优化服务需求逐步增长，外界对优化服务的要求也越来越高。2014 年是中国 4G 发展的元年，到 2015 年我国 4G 基站总数达到 177.1 万个，标志着我国全面进入 4G 规模商用时代。值得一提的是，2015 年国际电信联盟正式公布了 5G 技术愿景和时间表，由此看出，5G 网络建设将成为未来通信行业的重要发展方向。

移动通信技术的迅速发展，使得服务需求变得更加多样化，竞争

更为激烈。各电信运营商开始持续增加网络优化投资，更加重视用户体验质量，需求由覆盖优化向性能容量优化转变。未来3~5年，面向客户个性化需求，深度挖掘移动用户感知和体验，是网络优化发展趋势，业务与用户感知优化将是网络优化行业发展亮点。

（二） 大数据行业快速发展，未来市场规模将不断扩大

云计算、大数据、物联网、移动互联网等新一代信息技术迅猛发展，给我国信息化发展带来提升空间。2015年，全球大数据市场规模将近1500亿元人民币，我国大数据市场规模同比增长65.3%，达到160亿元，占全球市场规模的10.7%，增速是全球增长率的2.7倍。

预计到2018年，全球大数据规模将超过2500亿元，我国大数据市场规模将超过5000亿元，复合增长率为47.0%，是全球复合增长率的2.2倍①。

另一方面，随着数据源的不断扩大奠定了大数据产业的发展，大数据企业的融资额度也不断上涨。

三、并购事件发展

（一） 华苏科技宣布谋求并购

华苏科技于2016年2月16日开市起暂停转让，暂定恢复转让的最晚时间为2016年5月13日，并表明公司正在筹划重大事项。2016年3月9日，公司拟申请终止挂牌，决定与A股上市公司谋求并购事宜，实现公司迅速做大做强的目标。

① 2015—2018年大数据市场规模复合增长率高达21.8%. http://mt.sohu.com/20160809/n463347187.shtml.

（二） 并购交易达成

2016 年 4 月，神秘并购方神州信息露面，并在 5 月份公布收购计划。

根据神州信息披露，以 2015 年 12 月 31 日为基准日，华苏科技 100%股权作价 120,300 万元，经双方协商，本次交易定价 115,233.89 万元收购华苏科技（831180）96.03%股权。

即以发行股份的方式支付 50%的整体交易对价，以现金方式支付 50%的整体交易对价。具体情况如下：

神州信息向华苏科技股东以 24.95 元/股发行 23,092,959 股，以股份方式支付 57,616.94 万元；剩余 57,616.94 万元通过现金支付。

同时，神州信息拟募集配套资金总额不超过拟购买标的资产交易价格的 100%。按照本次发行底价 24.95 元/股计算，向不超过 10 名特定投资者发行股份数量不超过 46,092,184 股，以募集超过 115,000.00 万元配套资金。

（募集配套资金的用途如下表）

表 9-2 本次交易募集资金用途

募集资金用途	金额（万元）
支付本次交易的现金对价	57,616.94
补充上市公司流动资金——研发资金投入及本次中介机构费用	33,400.00
收购程艳云于华苏科技摘牌后受让的华苏科技股权	4,000.00
补充标的公司流动资金	19,983.06
合计	115,000.00

资料来源：全国中小企业股份转让系统。

在募集资金到位前，神州信息将根据项目的实际进度、资金需求缓急等情况，以自筹资金支付项目所需款项，并在募集资金到位后予以置换。如果实际募集资金数额不能到达拟投资额，不足的部分将由公司以自有资金或通过其他融资方式解决。

拟计划阶段，双方企业对于收购华苏科技剩余股权事宜做了另有一手打算，如果神州信息与程艳云收购华苏科技剩余股权未达成一致，那么募集配套资金中的4000万元将用于补充上市公司流动资金。

本次交易中华苏科技做出业绩承诺：2016年度、2017年度、2018年度的净利润分别不低于5760万元、7100万元、8840万元。其中净利润指归属于母公司股东的扣除非经营性损失的利润加上扣除税收影响后的与华苏科技正常经营业务密切相关的扶持基金、人才计划奖励、科技奖励款等政府补助之和为计算依据。

若华苏科技在承诺年度内未达利润数额，需对神州信息进行补偿；反之，超额部分可算入下期实际净利润。

表9-3　交易前后神州信息前十大股东变化情况

序号	交易前			交易后		
	股东名称	持股数（股）	持股比例（%）	股东名称	持股数（股）	持股比例（%）
1	神州数码软件有限公司	389,540,110	42.44	神州数码软件有限公司	389,540,110	40.43
2	天津信锐投资合伙企业	119,021,176	12.97	天津信锐投资合伙企业（有限合伙）	119,021,176	12.35
3	中新苏州工业园区创业投资有限公司	89,766,423	9.78	中新苏州工业园区创业投资有限公司	87,866,423	9.12
4	昆山市申昌科技有限公司	49,708,280	5.42	昆山市申昌科技有限公司	49,708,280	5.16

续表

序号	交易前			交易后		
	股东名称	持股数（股）	持股比例（%）	股东名称	持股数（股）	持股比例（%）
5	Infinity I - China Investments (Israel), L. P.	18,716,834	2.04	Infinity I - China Investments (Israel), L. P	18,716,834	1.94
6	冯健刚	11,623,178	1.27	冯健刚	11,596,998	1.2
7	王宇飞	10,702,892	1.17	王宇飞	10,704,892	1.11
8	张丹丹	8,175,038	0.89	程艳云	8,527,926	0.89
9	霍尔果斯汇庆天下股权投资管理合伙企业	5,608,662	0.61	张丹丹	8,175,038	0.85
10	贺胜龙	5,418,314	0.59	吴冬华	7,735,638	0.8

（三） 并购完成

从董事会5月通过议案到12月过户完成，历时7个月，神州信息圆满地完成了对华苏科技的收购。

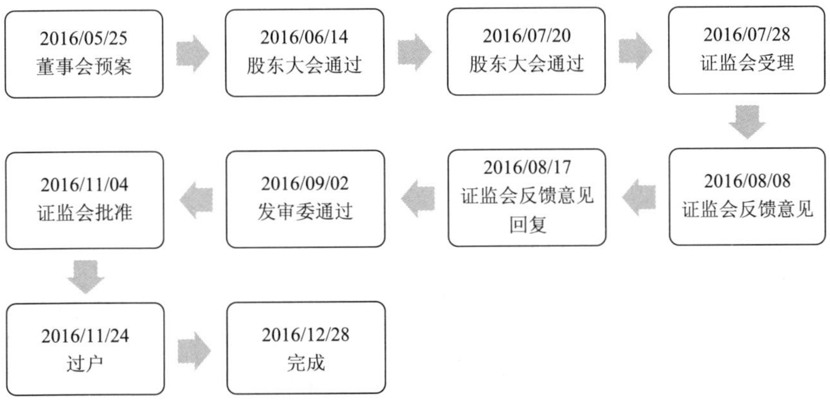

图 9-7 神州信息并购华苏科技脉络图

资料来源：东方财富 Choice 数据库、全国中小企业股份转让系统。

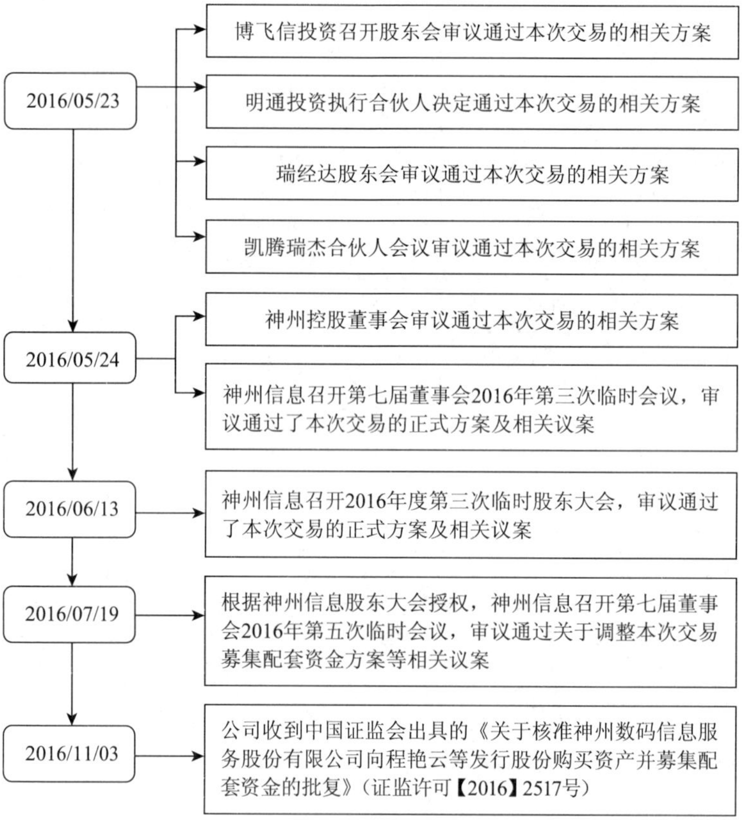

图 9-8 神州信息并购华苏科技重要事件

资料来源：东方财富 Choice 数据库、全国中小企业股份转让系统。

四、案例及亮点分析

（一） 标的企业估值高出收盘价 10%

作为神州信息战略协同发展方，此次并华苏科技的收购价格高出摘牌前最后一个交易日收盘价的 10%。经双方友好协商决定发行股份购买的股份发行价为 24.99 元/股，不低于董事会决议公告前 20 个交易日的 90%。华苏科技 2015 年末资产总额为 38,996.6 万元，成交额达到

115,233.89 万元，华苏科技的价值翻了将近 3 倍。

高定价的原因不外乎是企业的高资质：

华苏科技是行业内服务区域最广、布局全国且能提供移动通信技术服务一体化解决方案的服务商。公司荣获华为 2014 年全球供应商协同合作奖、是中兴通讯优秀合作伙伴、移动通信集团优秀合作伙伴、江苏省重点企业研发机构等，与此同时，华苏科技还有近几年不断攀升的营业收入以及对未来的业绩承诺。

（二） 多方协同， 大大实现 1+1>2 的协同效应

神州信息主业是发展产业互联网，而华苏科技是致力于通信大数据服务，它们在战略、发展理念等方面高度一致，在客户资源、技术产品等反面可与公司高度协同。根据神州信息披露信息，并购后，上市公司将介入运营商大数据领域。借助华苏科技基于运营商数据的分析建模能力，对于神州信息拓宽数据服务能力，提高智慧城市业务服务水平起到至关重要的作用。另外，华苏科技的产品和解决方案将成为公司服务 O2O 平台的重要内容，将更好地满足客户多元化的业务需求，进一步完善公司 IT 技术服务业务的产品线①。此番并购，相信会实现 1+1>2 的协同效果，快速抢占市场。

目前，我国网络优化行业可以说处于完全竞争状态，行业内部企业规模小，数量多。商场的“弱肉强食”必将使得国内移动优化服务市场格局从由分散逐步走向集中，未来这片市场份额将逐渐向技术及服务优势明显的规模化企业集中，行业也将走向规范和整合。

① 神州信息拟 11.5 亿收购华苏科技 96.03%股权_ 新浪财经_ 新浪网 http://finance.sina.com.cn/roll/2016-05-24/doc-ifxsktvr1218403.shtml.

（三） 一步到位，实现投资人退出有路可循

此次并购中，中小股东退出有路可循、权益有保障。因为华苏科技在2月份停牌时并没有透露出摘牌意向，但它在承诺的停牌期内进行了摘牌，外部股东无法预知企业未来动向，无法在停牌期间撤离资产，不解决这一问题将导致后期法律和公司诚信问题。于是华苏科技在停牌期间做出了股份回购的承诺，根据华苏科技在2016年3月9日发布的《关于拟申请工伤股票终止挂牌的公告》中，公司控股股东程艳云总就中下股东的利益问题作出了承诺：摘牌后，将通过现金方式收购公司做市商，以及公司挂牌后通过协议或做市转让方式取得公司股份的投资者所持有的的华苏科技股份，在收购价格不低于除权除息计算后的2016年2月15日收盘价格10.55元/股且不高于公司最近6个月内最高收盘价11.07元/股。而在承诺中说明的：如果最终华苏科技的被收购价格高于本次向投资者的赎回价格，将向每位投资者补齐相应差价，更是令广大投资者放心。

与此同时，在本次的募集资金一栏可以发现有4000万元的现金用于“程艳云于华苏科技摘牌后受让的华苏科技股权”。华苏科技通过与神州信息的协商，很好地解决了外部股东的问题，成为点睛之笔。

（四） 一举数得，业绩承诺留高管

在本次交易中，业绩承诺成为神州信息留住核心高管的手段。并购过程中，华苏科技对神州信息的业绩承诺，谈到业绩承诺，必然出现两种情况：华苏科技成功履行承诺，华苏科技失败进行补偿。我们可以认为神州科技是想要留住标的的主要经营者，华苏科技在承诺年度超额净利润的50%金额可以作为奖励对价支付给管理层股东，前提

是管理层股东在 2019 年 12 月 31 日未主动离职。业绩奖励能够有效控制管理层和核心员工的流失，也能调动企业员工持续发展的工作动力，更有利于维护上市公司及广大投资者的利益，可谓一举多得。

五、案例小结

一方面，此次并购体现了上市公司并购三板企业的典型特点，上市公司喜欢产业相关并购，以现金加股份的方式进行，并进行整体收购。业绩好的公司受到欢迎，产业间的协同性也很重要，在新兴领域存在潜力，拥有发展前景，即使业绩不好也能受到青睐。

另一方面，神州信息并购华苏科技解决了外部中小股东的问题，为中小股东提供了一个选择权。新三板市场流动性差，被上市公司并购是资金退出的重要途径，却存在外部投资股份无法卖出现象，这种情况必然影响新三板投资逻辑。上市公司部分收购挂牌企业股份时，剩下的外部中小股东如何处理成为了关注点[1]。

总 结

上市公司收购中，为保护企业所有者的权益，最早是在英国实施要约收购的，要约收购的宗旨就是保证公平对待公司所有股东。在我国的要约收购法律体系中，强制要约收购制度同样维护了公司收购市场上的公平价值，避免中小股东权益受到侵害。而在要约收购中对于保护股东权益起到关键作用的就是信息披露的充分性和完整性密切相关。实际上，

① 徐舜．并购市场，新三板未来主流投资机会．新三板智库 http：//www.xsbzhiku.com/h-nd-565-178_ 1298.html.

中小股东问题不解决，并购顺利完成的可能性几乎渺茫。尽管在三板市场上，还没有明文规定强制实行要约收购，但是从已经发生的各大并购案中，可以看出，监管层面对于中小股东的保护是十分看重的。不论要约收购与否，保证披露信息的全面、及时强化收购人的信息披露；警示中小股东；强化与中小股东间的沟通是三板公司最可以为中小股东实现的事情。

第三节　三七互娱并购中汇影视——秦晋之好不成，但友谊常在

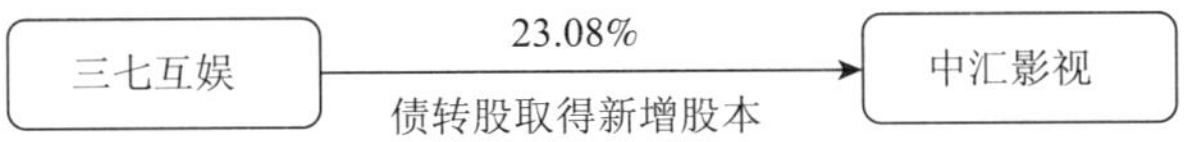

图 9-9　三七互娱债转股获得中汇影视股权图

资料来源：全国中小企业股份转让系统。

在深交所、证监局对高资本溢价的“明星 IP”的监管开始收紧的情况下，三七互娱拟作价 12 亿收购中汇影视 100.00%股权的并购案也宣告结束。随后，三七互娱以持有的对中汇影视的 3 亿元债权，以债转股方式取得中汇影视新增股本 1760.56 万股，对应债转股完成后持有中汇影视 23.08%股份。此次转股完成后，三七互娱将成为中汇影视的大股东，中汇影视手中超过 50 个核心 IP 的改编权和其 IP 开发与运营能力将助力三七互娱提升流量的覆盖范围、用户转化率及付费频率，帮助三七互娱积极布局泛娱乐产业，进军影视业。

自 2014 年“泛娱乐”一词被文化部、广电总局等中央部委提及后，这种互动娱乐新生态已经成为了互联网的八大趋势之一。泛娱乐的核心就是打造明星 IP（知识产权）的粉丝经济，例如《琅琊榜》

《鬼吹灯》等，会为相应IP拥有企业带来多元化的业务开发与多种运营方式。耕作于国内游戏市场的三七互娱是不可能错过这场盛宴的，拥有大量IP改编权的三板企业中汇影视成了三七互娱最好的“结婚对象”，但是种种原因作用下，并购没有完成，好在原来交过聘礼，三七互娱通过债转股，成为了中汇影视第一大股东，不能结为伴侣，但友谊常在。

一、事件亮点

（1）标的选择，天选之配。2017年开春大剧《三生三世》又一次将“仙侠”推上风口。紧接着IP资源抢手程度再上一层楼，中汇影视手持50个IP资源，掌握IP运营能力使其成为了三七互娱的布局泛娱乐行业的天选之配。

（2）提前下聘礼，预防“婚变”。并购中途遭遇终止，好在早前签订的债权协议才让双方继续做朋友。

二、并购背景

并购方：三七互娱

三七互娱（上海）科技有限公司成立于2011年，是中国互联网二十强企业，于2014年成功登陆资本市场（股票代码：002555），2015年完成整体上市，是国内优秀的互动娱乐公司。

主要从事网页游戏与手机游戏的研发与运营和汽车塑料燃油箱制造、销售业务。同时布局影视、动漫、VR等泛娱乐行业，综合实力位于全国百强互联网企业的第18位。根据2015年各季度市场份额报告，公司在页游平台中仅次于腾讯，位于行业第二；作为网页游戏研发商，其市场份额处于行业第一。公司拟通过股权投资等方式布局游戏研发与海外知名 IP 等领域，进一步发展“平台化、全球化、泛娱乐化”战略。

公司凭借自研产品《大天使之剑》《传奇霸业》《战国之怒》迅速打开、占领市场。目前，公司的业务涵盖了游戏、影视、文学、动漫四大 IP；发行的游戏包括《仙剑奇侠传》《拳皇》《大话西游》《天将雄狮》等。

从公司近期年报半年报来看，2014 年，实现营业收入 598,225,373.36 元；2015 年，实现营业收入 4,656,787,281.09 元；2016 年上半年，实现营业收入 2,428,610,732.45 元，营收能力成快速增长趋势，而且网络游戏占总营收的比重越来越重。

标的方：中汇影视

深圳市中汇影视文化传播股份有限公司（以下简称：中汇影视），成立于 2012 年 9 月 18 日，2016 年 3 月 14 日挂牌新三板。

公司主要从事国内电视剧的投资、制作与发行，同时打造以 IP 作家经济、IP 版权交易、IP 内容增值服务为核心的文化生态圈。公司参与电视剧的投资拍摄及制作，形成可售的电视剧作品，与电视台、新媒体等播放平台签订发行合同，将电视剧播映权、信息网络传播权等相关版权对外许可使用并获取发行收入。

2014 年，公司投资拍摄的作品有：青春时尚励志电视剧《深圳合租记》、家庭伦理都市情感剧《如果爱可以重来》、都市轻喜剧《前夫求爱记》；2015 年，公司投资拍摄的作品有：当代婚姻题材励志电视剧《头号前妻》、美国电影《马歇尔》。公司和湖南卫视、芒果 TV、爱奇艺等媒体建立了良好的合作关系。在国内电视剧投资、制作与发行的基础上，公司已经开始在国内外电影投资、制作与发行领域积极布局。

值得关注的是其总经理侯小强，作为前盛大文学CEO，他注重IP扩大运营的价值性，对泛娱乐行业的核心IP有着很强的嗅觉，抓住时下85后、90后的阅读兴趣，在中汇影视公司重新组建1年半后，他带领团队签约拿下了超过50个故事的改编版权，包括《长安幻夜》《春宴》《SCI谜案集》等①。这50个IP使得中汇影视在泛娱乐产业蓬勃发展的现在有着很强大的竞争力，同时也对其他想布局影视行业的游戏公司有这个很强的吸引力。

公司2014—2016年年报显示，2014年，营业收入29,077,010.44元，2015年，年收入67,177,177.77元；2016年上半年，收入14,205,798.57元。营收能力有所增加，但是2016年上半年其盈利水平为负，原因是由于制作剧作现金支出比较大，但是其获得了三七互娱3亿元的支持。

行业背景

泛娱乐，是基于互联网，特别是移动互联网产生的，综合游戏、文学、动漫、影视、戏剧等多种文创元素的互动的产业市场。泛娱乐的核心是打造明星IP（Intellectual Property，中文译作“知识产权”），集聚品牌影响力、和粉丝效应，并进一步打通IP下的多个关联文化创意产品，从而形成以IP为中心的文创生态圈。

随着文化娱乐的价值逐渐被开发，泛娱乐产业在受到了各主管部门的高度关注，由于影视、音乐、动漫、游戏等泛娱乐细分领域，分属于不同的行业成长阶段，市场驱动因素与商业模式也有差异，主管

① 晏文静．从微博、盛大文学再到中汇影视，侯小强每次离“大人物”都差一点点_ 娱乐_ 好奇心日报．http：//www. qdaily. com/articles/26000. html.

部门出台了更具针对性和指导性方针政策，总体来看，泛娱乐产业政策以支持、鼓励、保护为主基调[①]。在行业特征方面，泛娱乐行业是文创元素相关的产业市场，看重的是创意与人才，属于轻资产行业，故而上市公司在并购相关公司时，需要支付的金额较少，这就意味着有利于上市公司跨界进入，实现业务转型。

2011—2015 年，泛娱乐的核心产业均处于长线上升情势之中，总产值由 1888 亿元增加至 4229 亿元，复合增长率达 22.34%。细分领域中，游戏产业规模最大，2015 年实现产值 1407 亿元；并且提升幅度较快，五年复合增速高达 33.3%；其占总产业规模的比例也逐年提高，从 2011 年的 24%提高到 2015 年的 33%，游戏商业变现能力持续迅猛。电影产业从 2013 年开始，上涨幅度加快，2015 年市场取得 440 亿元票房，占总产业规模比例超过 10%；受益于近两年的爆发式扩张，电影产业规模的五年复合增速已经高达 35%，其在总规模中的占比有望进一步上扬。

结合泛娱乐产业布局和细分领域新发展诉求，2016 年，传媒公司并购规模和速度将继续维持高热状态，除了以营销、互联网、影视娱乐和游戏为代表的传统领域，VR、二次元、移动电竞等新领域也将成为新的布局方向。除了产品层面，上市公司在业绩压力和市值管理需求下，实行了泛娱乐产业布局，其中影视由于巨大的放大效应、游戏具备良好的变现能力，影游互动板块是相关公司并购的一大主题。

---

① 2015—2016 中国泛娱乐产业发展白皮书_ 游戏_ 腾讯网 http：//games. qq. com/a/20160307/052889. htm.

三、并购事件发展

（一） 借款、 收购与对赌

2016年5月27日，三七互娱发布公告，宣布将向中汇影视提供3亿元人民币借款。如之后的一年内，三七互娱以现金和发行股份的方式成功收购中汇影视，则中汇影视须在上述借款届满后还本付息。如上述收购未能在本协议约定期限内完成且各方未达成新的期限，则本公司将以对中汇影视提供的全部借款认购其定向发行的股票，且有权提名1名董事进入其董事会。仅从协议内容上看，三七互娱对中汇影视的收购意图已表达地十分明显。

（二） 并购布局中途遭"断臂"

2016年8月2日，三七互娱发布公告宣布：收购中汇影视100.00%股权作价12亿元；墨鹍科技68.43%股权作价11.1亿元；智铭网络49.00%作价2.548亿元，对三家公司进行收购。

2016年10月13日，三七互娱发布公告宣布：不再以100%股权对中汇影视进行收购，按照5月27日签署协议对中汇影视行驶债转股权利。

（三） 债权弥补并购遗憾

2016年12月9日三七互娱发布公告，公司拟将持有的新三板挂牌企业中汇影视的3亿元债权，以债转股方式取得中汇影视新增股本1760.56万股，对应债转股完成后持有中汇影视23.08%股份。

对于这次取消交易，双方的解释是所处行业市场环境发生变化，产品策略或需做出一些调整，经各方研究，此次并购并不是最佳时间点。这里我们就可以做出一些判断，既然三七互娱早就开始准备并购，肯定是对这次交易信心满满，但是最后取消并购，那最大可能就是有证监会的原因。

随着泛娱乐弥漫资本市场，出现了不少超高溢价收购案，收购对价与标的价值间的严重不对称性使得深交所、证监局对高资本溢价的“明星 IP”的监管开始收紧。此前，唐德收购范冰冰成立的“爱美神”高达 230 倍溢价被质疑借壳；稻草熊影业以 2015 年 2852.08 万元净利润对赌 2016—2018 年 3 年累计超过 4 亿元净利润也被深交所发出的问询函，最终暴风科技 15 亿元收购稻草熊影业 60%股权案流产；类似的资本溢价绑定明星 IP 并购案还有北京文化放弃收购聚合影联、共达电声放弃收购春天融合和乐华文化等有很多相似之处，起初都信誓旦旦，最后大资本泡沫破灭。

四、案例及亮点分析

（一） 标的选择，天选之配

三七互娱对于并购标的中汇影视的选择是很正确的。首先，三七互娱积极布局泛娱乐产业，进军影视业，中汇影视的 IP 开发与运营能力将助力三七互娱提升流量的覆盖范围、用户转化率及付费频率。实现对上市公司核心竞争力即娱乐产品开发、发行及运营能力的有效强化。另外，中汇影视手中有众多的核心 IP，超过 50 个 IP 的改编权，这也是三七互娱看中中汇影视的一大原因。不论是从行业布局，还是标的对于公司竞争力来看，中汇影视与三七互娱都是天造地设的一对。

（二） 提前布局，预防“婚变”

在并购公告发布前，三七互娱已经向中汇影视借出了 3 亿元的可转债，这有意无意的一笔，在后来的并购中起了很大的作用。由于触碰了监管红线，两个公司的并购事宜不得不告吹，但是仿佛是预料到了这场婚变，当初3亿元借款使得双方签订的协议让双方没有断绝联系，而是让三七互娱成为了中汇影视的大股东，也就是我们所说的不能结婚，成了朋友。相信有了这一步棋，后期三七互娱对中汇影视的并购会有心得进展，既然选择了布局影视、抢占IP，那么，三七互娱是不会放弃对中汇影视的并购的。

五、案例总结

不论从产业布局、还是并购前期的借债对赌，无不彰显着三七互娱对于此次并购的信心，而市场环境及监管重点的改变使得这场并购案的中途取消，不免令人唏嘘。其实，对于所有并购公司来说，不论某次并购对于公司战略的意义有多么重大，一旦错失商业时机或一旦触碰监管红线，其发展前景将黯然失色，甚至从此一蹶不振。

近年来，中国实体经济发展成为了政策关注的重中之重，疑似炒作概念的资本运作也成为了监管层面的重点与焦点。2016年5月，证监会已叫停上市公司跨界定增，涉及互联网金融、游戏、影视、VR四个行业[①]。同时，这四个行业的并购重组和再融资也被叫停，通俗地理解就是：科幻故事依然要有，但实际业务不能怠慢。6月17日，证监会就修订《上市公司重大资产重组管理办法》向社会公开征求意见，重点是从认定标准、监管配套、中介机构责任等多方面进一步规范“借壳上市”，严格限制虚拟资产注入。又赶上A股市场上挤泡泡的时

① 有消息称证监会叫停上市公司跨界定增，涉及互联网金融、游戏、影视、VR产业_网易财经. http://money.163.com/16/0511/13/BMPQLC2L00253B0H.html.

期，再加上近期娱乐影视股领跌的行情，使得这些类似的并购仿佛在刀尖上跳舞。

总 结

进入 2017 年，实体经济战略重要性进一步提升，金融去杠杆，提高实体经济回报率等一系列举措都在引导资金回归到实体经济中去。因此，新三板企业的并购标的或投资或转型方向朝着金融业、互联网业等重点监管行业都需要谨慎，承诺业绩也许要有扎实的基础，切不因过高估值让企业成为一碰即碎的泡沫。

第四节　智慧收购湘财证券——文过饰非，聪明反被聪明误

为搭乘“互联网券商”这辆大车，财经龙头大智慧拿到了一张车票，那就是与湘财证券达成协议，拟作价85亿元收购湘财证券100%股权。然而，大智慧为了不带上ST的帽子，粉饰财务数据，造出近一亿元的财务收入。最终证监会的一纸调查令，造就本案最大的转折。从抛出并购草案看，85亿元天价并购惹人眼目，加码互联网券商，并购案符合了当下最新最热的前沿概念，但是监管的大石，砸了还没有上车的脚，一朝回到解放前。

一、事件亮点

财务数据粉饰导致并购失败。财务问题导致天价并购案终止，这真实可叹又可惜。本次并购案交易对价85亿元天价，如此巨大的并购案不是因为并购的财力不够，而是因为财务问题触发监管，最终失败。

二、并购背景

并购方：大智慧

大智慧（601519）是一家以软件终端为载体，以互联网为平台，

向投资者提供及时、专业的金融数据和数据分析的高科技公司。公司主要产品包括金融资讯及数据PC终端服务系统、金融资讯及数据移动终端服务系统及证券公司综合服务系统等。公司是国家认定的高新技术企业、先进技术企业和软件企业，是国内最大的专业证券投资咨询公司之一。

作为炒股软件的龙头，大智慧最近几年的表现平平。从2015年，2016年报来看，大智慧已经连年亏损，被他的两个主要竞争对手东方财富，与同花顺远远落下。

表9-4 大智慧2015年年报披露财务数据表

	2015年	2014年	增减比例
营业收入（元）	651,341,061.02	820,451,544.82	-20.61
归属上市公司股东净利润	-456,016,604.74	106,924,126.07	-526.49

资料来源：全国中小企业股份转让系统。

他的两个竞争对手东方财富和同花顺，都已经处在业绩爆发期。东方财富2016年预计盈利在6.5亿~7.5亿元之间，2015年实现净利润约18.52亿元，同比增长逾10倍。而大智慧2015年前三季度的营业收入总共也才4.33亿元，两者间的差距十分明显。让人关注的是，东方财富业绩暴增的原因中，就包括增加了西藏同信证券2015年12月证券服务业务相关收入。这种业绩暴增肯定是令大智慧高层眼红不已，斥巨资收购湘财证券已经迫在眉睫。

而大智慧的另一位竞争对手同花顺，也在去年出现了爆发式增长。同花顺年报显示，2015年实现净利润约9.57亿元，同比增长约1483.35%。从增长点来看，同花顺的广告及互联网业务推广服务、电子商务业务同比增长都超过10倍。

标的方：湘财证券

湘财证券股份有限公司（430399）创立于1996年8月2日，1999年第一家获批增资扩股并成为中国首家综合类证券公司。公司总部在湖南长沙，现有营业网点53家。

湘财证券目前总股本约31.9亿股，自营投资业务和信用交易业务收入增长是推动公司营业收入增长的主要原因。于大智慧而言，这家老牌券商对自己的“互联网券商”之梦最为合适。早在2013年年底，湘财证券已经明显表露出主板上市意图。公司相关负责人毫不避讳表示，公司正在积极推进上市事宜。湘财证券一度传出谋求IPO主板上市的消息，但其与财富证券洽谈联手合并的事情拖慢了主板上市节奏，以及控股方新湖集团无意继续深耕湖南地区，湘财证券最终没有获得足够上市支持。在2016年1月24日，湘财证券转而投奔新三板，昔日大佬级别的券商只能委身登新三板市场。但是三板市场最近并购风已经刮起，不少公司更是借助并购事件一举登上主板，看来我们把湘财证券下嫁新三板看作是曲线上主板也是可以的。

行业背景

互联网券商概念的美丽前景与骨感现实对比是十分鲜明，大智慧收购湘财证券的失败并不是第一例在互联网券商概念上翻车的并购案例，之前腾讯，阿里等企业也有许多不愉快的并购案例发生。中山证券就是其中一个例子，但后边发生的高管集体离职事件也显示着，事情的落地并不是很好操作。但是也有成功的案例，例如前文提到的东方财富与同信证券的牵手，使得东方财富业绩暴增，双方完成了完美的融合，券商得到了强大的互联网数据与用户支持，而东方财富的巨大流量找到了便捷的变现通道，不过后边的融合到底有什么效果我们还请拭目以待。

不过目前金融市场上的许多互联网券商，互联网证券概念都是纸老虎，一捅就破，市场过于看中与炒作，会让好多投资者过山车，上天入地。我们看大智慧的股价就可以看出大智慧自2015年1月23日复牌后，公司股价从5.91元一路飙升至2015年4月21日的32元，涨幅高达441%。而现在大智慧的股价只有区区6.30元。

三、并购事件发展

（一） 首次抛出收购公告，85亿天价助力大智慧转型

2015年1月初，停牌半年的大智慧正式披露重组草案，公司拟以6.05元/股的价格向湘财证券股东发行13.5亿股，收购湘财证券96.5%股份；大智慧全资子公司财汇科技拟支付现金2.98亿元购买新湖控股持有的湘财证券3.5%股份。在此次交易中，湘财证券100%股份共作价85亿元。创造新三板收购历史上交易最大的收购案，大智慧转型互联网券商进入关键时期。

（二） 监管老司机叫停，立案调查大智慧

2015年4月30日晚间公告，公司4月30日收到中国证监会《调查通知书》。因信息披露涉嫌违反证券法律规定，根据有关规定，中国证券监督管理委员会决定对公司进行立案调查。最关键的审查时期遇上了立案调查，看来这个并购岌岌可危了。

（三） 粉饰数据，重组中止

2015年5月11日大智慧发出公告：根据《中国证券监督管理委员

会行政许可实施程序规定》第二十二条的规定："在审查申请材料过程中，有下列情形之一的，应当作出中止审查的决定，通知申请人"，包括"申请人因涉嫌违法违规被行政机关调查，或者被司法机关侦查，尚未结案，对其行政许可事项影响重大"，以及"申请人主动要求中止审查，理由正当"等情形。现证监会对公司发行股份购买资产并募集配套资金的申请中止审查。

大智慧于11月5日收到证监会下发的《行政处罚及市场禁入事先告知书》，经证监会查明，大智慧涉嫌违法的事实包括：2013年涉嫌提前确认有承诺政策的收入8744.69万元；2013年以"打新"等为名营销，涉嫌虚增销售收入287.25万元；涉嫌利用与广告公司的框架协议虚增2013年收入93.34万元；延后确认2013年年终奖减少应计成本费用2495.43元；涉嫌虚构业务合同，虚增2013年收入156.77万元；子公司涉嫌提前合并天津民泰，影响合并报表利润总额825.01万元，影响商誉433.13万元。

至此，大智慧的互联网券商可谓梦渐行渐远。

（四） 继续挣扎，却无济于事

2016年2月15日，大智慧通过了《关于延长发行股份及支付现金购买资产并募集配套资金暨关联交易的方案有效期的议案》，想延长半年时间继续为收购湘财证券做最后的努力，不过在大多数人严重，这份延长公告，在并购失败的面前，那么的苍白无力。

2016年3月8日晚间，大智慧发布公告，历时一年多的85亿并购湘财证券宣告失败。

四、案例及亮点分析

通常来说，导致并购案流产可能原因有双方公司并购决策层心态动摇、并购谈判的不通畅、并购估值、审批时间过长变数增多、政策变化、财力不足等，然而，相比于这些客观原因，因为并购方自身涉嫌违规的问题导致并购终止不免招人口舌。

大智慧这场声势浩大的收购案，因为粉饰财务数据而终成一场空似乎也在诉说着古往今来的口头禅：金钱诚可贵，诚信价更高。在企业的运营过程中，为了解决当下窘迫，出现病机乱投医的情况也不是不可体谅的，然而最终要的一点，无论如何，金融行业与资本运作，最重要的最贵的东西，就是诚信。不论是行业龙头还是新秀，监管的红线不能触碰；保证披露信息的及时性与正确性的立场不能变。否则无论多么好的噱头，也顶不住证监会的一纸调查令。

五、案例小结

总体来看，这个并购案例的失败让人有一种坐过山车的感觉。从惹人眼目的 85 亿元天价并购，加码互联网券商，这样金光闪闪的并购最后却落得一地鸡毛，不论是投资者，还是大智慧的股东，都会五味陈杂。从大智慧的角度来看，被监管层勒令停止并购是理所当然的，但从湘财证券的角度来说，不免有些冤枉。如此一来，并购中信息的对称性就成为了不可忽视的一大问题。此前在本书第一章中，我们强调了并购方了解标的方的财务信息、税务、法律问题的重要性，而本次案例又帮助我们从标的方来再次强调信息对称的关键作用。充分了解并购方财务信息、企业文化、品牌理念、核心团队是保障并购顺利实施的手段，也是保证并购后双方资源顺利整合的重要措施。

第十章

具怀青云志，逐级登阶——解析未挂牌借壳新三板

第一节　海文投资借壳天翔昌运——并购后华丽转型，可谓“偷天换日”

第二节　北京盛恒达并购尚远环保——现金支付，助力火速实现借壳

第三节　中盟控股并购尚洋文化——前后两步，间接取得控制权

水往低处流，人往高处走。随着不断地发展，企业也立足自身，不停向上向前看，前有新三板企业九鼎等并购主板借壳上市，现在，战略新兴板搁浅、监管趋严、新三板挂牌利好也让新三板壳资源越来越热，在未挂牌和新三板公司的博弈中，众多由未挂牌公司发起的并购都是奔着“借壳”去的，所以，在本章节中，将分享几个未挂牌并购三板公司案例，看看新三板如何被借壳。

第一节　海文投资借壳天翔昌运——并购后华丽转型，可谓“偷天换日”

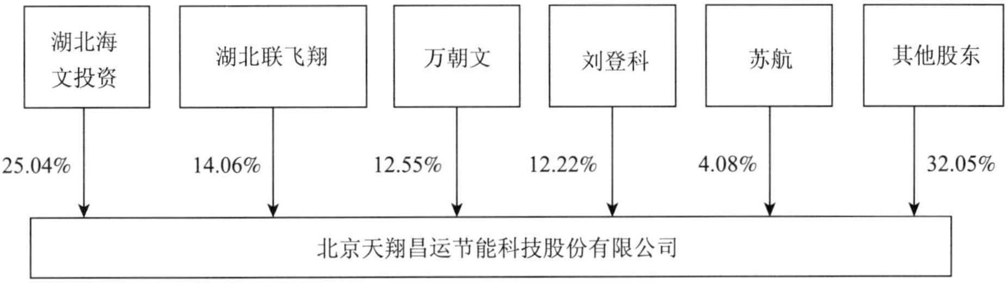

图 10-1　并购后天翔昌运股权结构

资料来源：全国中小企业股份转让系统。

海文投资通过受让股份和参与定增共持有天翔昌运 614 万股股票，占比 25.04%，是天翔昌运的实际控股股东。不到半年的时间，海文投资便从一个刚刚成立半年的公司成为控股新三板的公司。并购后对标的公司的业务处理进行了重新规划，对原有行业进行了重新审视，天翔昌运进入“转型”期，进入新业务领域——手机配套产品行业，天翔昌运《2016 年半年报》中，公司营业模式已经全部与电子设备相关。

经过四年的发展，新三板市场无论在数量上还是质量上都有了较大的提升，再也不是资本市场眼中的“婴儿”。相反，在中国的多层系资本市场上，占据着不可替代的地位，由此带来的“焦点效应”不但吸引了大批的投资者的关注，也让众多想要登陆新三板的企业家朝思暮想，其中不乏一大批急于求成的企业家，希望更早，更便捷的去早期的三板市场分一杯羹。借壳上市便是他们的“捷径”之一，但是大部分企业对于借壳上市三板也是不得已而为之，一方面现在新三板过热，排队企业多大上千家，虽然每天审批的速度近20家，但是这对于一个急于需要资本市场助力的成长型企业简直就是度日如年；另一方面，企业尚不满足《业务规则》规定的两个完整的会计年度，但是又希望通过借壳迅速参与到新三板资本市场中去，以免错过新三板火爆行情，此次海文投资借壳天翔昌运便属于这种情况。

一、事件亮点

（1）快速借壳，初创公司成功上三板。此次并购方海文投资是一个刚刚成立半年的“婴儿”公司，根据股转系统《业务规则》规定企业想要挂牌新三板需要有两个完整的会计年度。而海文投资是一个成立刚满半年的初创公司，通过快速借壳，成功进入资本市场。

（2）股份支付玩并购，分文未花得标的。此次案例无论是借壳还是并购都采用股权支付的方式对价交易，并没有花费一分钱便完成了整个并购重组，这也是众多资金紧张企业解决并购问题的惯用手法。

（3）华丽转型，行业跨界真赢家。海文投资控股天翔昌运之后积极寻求具有市场发展潜力的投资项目。经过充分的市场调研分析，最终通过并购重组进入手机配套行业。

二、并购背景

并购方：海文投资

收购人随州海文投资咨询中心（有限合伙）为天翔昌运的现有股东，其实缴出资总额超过 500 万元。海文投资的普通合伙人为陈海平，有限合伙人为陈北罗，陈海平与陈北罗系父子关系。陈海平担任海文投资的执行事务合伙人。陈海平除投资海文投资外，目前持有湖北联飞翔汽车科技有限公司 13.27%股份。

标的方：天翔昌运

北京天翔昌运节能环保设备工程有限公司成立于 2010 年，由北京联飞翔科技股份有限公司、北京天福昌运制冷设备安装有限公司，以及自然人陈柯含、刘斌以货币形式分别认缴出资 200 万元、150 万元、100 万元、50 万元，合计 500 万元共同设立。2013 年 11 月底，完成股份制改革并增资 100 万股，注册资本 780 万元。2014 年 5 月挂牌新三板。根据《公开转让说明书》披露，公司实际控制人万朝文持股比例为 49.1559%，当时公司股权架构如下。

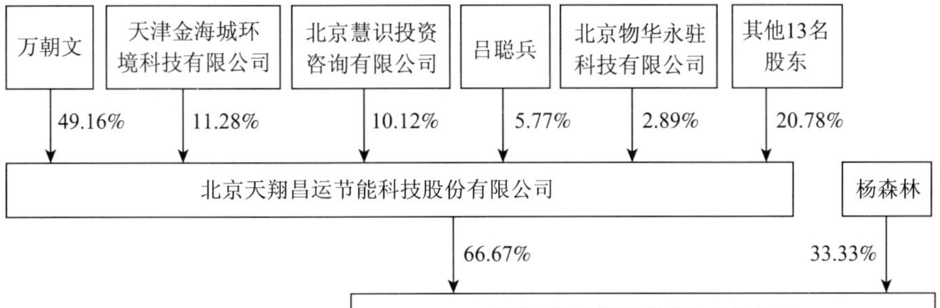

图 10-2　并购前天翔昌运股权结构

资料来源：全国中小股份转让系统。

公司主要定位于环境健康技术的研发及应用，包括人居健康环境技能改造及动物养殖环境改造。主营业务为环境健康技术的研发及应用，包括人居环境节能改造（地源热泵系统够工程）及动物养殖环境改造（畜禽饮用水活化、畜禽养殖通风系统改造）。

三、并购事件发展

在不到半年的时间里，海文投资作为成立仅半年的初创公司做到了：控股三板企业、为其引入新经营业务、同时改善其财务数据。这个看似简单迅速实则精细策划的过程还需从并购方海文投资实施对天翔昌运的并购开始。

（一） 并购“片头曲”

在正式并购之前，海文投资就已经和标的方取得了联系。根据天翔昌运发布的并购报告书显示，2015年1月14日，天翔昌运股东赵志平将其持有的公司股份250，000股转让给自然人股东陈北罗，交易价格为1.3元/股。2015年1月16日，天翔昌运股东万朝文将其持有755，000股转让给收购人海文投资，交易价格为1.3元/股。再加上陈北罗之前持有天翔昌运的150,000股，这样海文投资的控制人陈海平在收购还没开始便通过股权转让的方式合计持有天翔昌运的14.804%的股票。

（二） 并购“主旋律”

2015年2月17日，天翔昌运发布股票发行方案拟发行不超过1674万股，每股价格为1.30元/股，预计融资额不超过2176.2万元。“万事俱备，只欠东风”，此前海文投资已经做好各种准备，此次东风来得及时，更是不能错过，股票发行方案公布不到半月，2015 年 3 月 3 日，海文投资便与天翔昌运签订《股份认购协议》。双方就认购数量、认购价格、认购方式、认购时间、协议的成立和生效、违约责任、不可抗力、争议解决等事项做出了明确的约定。

海文投资在天翔昌运定向发行的 1674 万股中以现金认购 539 万股，认购资金总额 700.70 万元。本次收购完成后，收购人海文投资将持有天翔昌运 6,145,000 股股份，持股比例为 25.04%。海文投资此次认购后成为天翔昌运的控股股东，构成收购行为，海文投资将成为天翔昌运的控股股东，陈海平将成为天翔昌运的实际控制人。

2015 年 5 月 27 日，天翔昌运全称正式由“北京天翔昌运节能科技股份有限公司”变更为“北京天翔昌运科技股份有限公司”。

表 10-1　收购完成后公司主要股东及持股情况

股东名称	持股数量（股）	占总股本 比例（%）
湖北海文投资	6,145,000	25.04
湖北联飞翔	3,450,000	14.06
万朝文	3,079,163	12.55
刘登科	3,000,000	12.22
苏航	1,000,000	4.08
财通基金管理有限公司	1,000,000	4.08
廊坊科德仓储设备有限公司	1,000,000	4.08
天津金海城环境科技有限公司	879,602	3.58
北京慧识金投资咨询有限公司	789,387	3.22
陈柯含	525,539	2.14
杨柽	500,000	2.04
王金岭	500,000	2.04

资料来源：全国中小企业股份转让系统。

（三） 并购“片尾曲”

2015年6月，天翔昌运发布了《重大资产重组报告书》，公司拟以发行股票的方式购买深圳荣顺泰投资有限公司、深圳景顺泰投资有限公司、深圳欣顺泰投资有限公司等3名法人持有的深圳普瑞达电子有限公司100.00%股权和宁静、罗定清、刘敏、王盛菊、周震等5名自然人持有的惠州市天翔昌运电子有限公司100.00%股权，交易价格合计为30,160,000.00元，以每股1.30元的价格向交易对象发行股份23,200,000股支付作价。至此，天翔昌运成功集合了以电子业务为主的经营单元，天翔昌运开启了在新业务领域——手机配套产品行业的征程。

四、案例及亮点分析

本案例是典型的增发收购，海文投资通过参与天翔昌运定向发行，以现金认购发行的股份539万股，认购资金总额700.70万元，玩转股权并购，不花一分一毫并购成功。

其次，海文投资并购天翔昌运，取得控制权后，就对其原处行业进行了审视，开始谋划其“转型”之路：天翔昌运在并购前的主营业务是涉农领域产品和地源热泵，受外部环境的影响较大并存在一定的市场竞争风险，导致其在2014年年报中披露的营业收入较上年同期减少了71.31%，净利润也由半年报中披露的“大幅增长”变成了年报中的负值，由2,541,083.42变为-750,726.35，增减比例为-139.19%，而主营业务增长缓慢，盈利水平低甚至亏损也成为了天翔昌运寻求转型的主要原因之一。

而并购后，天翔昌运的公司战略及经营目标跟随转型方案也逐渐变更为电子设备，在公司《2016 年半年报》中，公司的营业模式就已经全部与电子设备相关。报告期内，企业的营业收入较上年同期增长 41,101.96%；归属于挂牌公司股东的净资产较去年年底增长 33.04%。

与此同时，天翔昌运积极收购和发展电子设备行业相关公司，2015 年年底，天翔昌运持有深圳普瑞达电子有限公司的 100.00%股权和惠州市天翔昌运电子有限公司的 100.00%股权。并且通过议案向全资子公司深圳普瑞达电子有限公司、惠州市天翔昌运电子有限公司分别追加投资 1050 万元、1610 万元。深圳普瑞达和惠州天翔昌运可以借助资本市场平台，实现其经营业务的快速扩张，从而实现业务规模及盈利能力的大幅提升，此次并购也帮助天翔昌运实现“屌丝”逆袭，华丽转型，从单一的环境健康技术行业向手机配套产品行业转型布局。

五、案例小结

出于对控股股东——海文投资在接下来对天翔昌运战略布局的好奇，我们于 2017 年 5 月对天翔昌运 2016 年年报进行了查看。报告显示，天翔昌运在 2016 年下半年又以现金支付方式取得了惠州市众业科技有限公司 60%股权，进一步完善消费电子精密结构件产业布局。

总 结

2017 年，天翔昌运进行了一次定增，此后，由于各股东持股分散，公司无控股股东。而针对天翔昌运控股股东，算上此次海文投资控股，天翔昌运已经有了 2 次易主经历。我们不禁怀疑，这到底是海文投资蓄谋登陆三板的系列动作？还是说在交易的背后，双方已达成某种协议，由于天翔昌运需要战略转型，又看重海文投资后续可能注入的优质资源，成就了最终海文投资以战略谋士的身份入驻天翔昌运？如果是前一种，我们借此向读者介绍企业借壳新三板一般通过以下两种途径：一是股权收购，也就是先行一步通过收购企业股权以取得控制权，再用资产和股份增发的方式买入新资产，反向并购借壳，将原有资产置出；二是增发收购，即先通过参与挂牌公司的股票增发，获得公司控股权，然后出售旧资产，购入新资产①。如果是第二种，我们也可以借鉴天翔昌运的办法，通过引入具有智囊作用的投资方，为企业发展出谋划策。

① 企业上市．新三板借壳上市案例全程指引．20150904. http：//mp. weixin. qq. com/s/Naray-gDqMiEzRoDwBxwYWg.

第二节　北京盛恒达并购尚远环保——现金支付，助力火速实现借壳

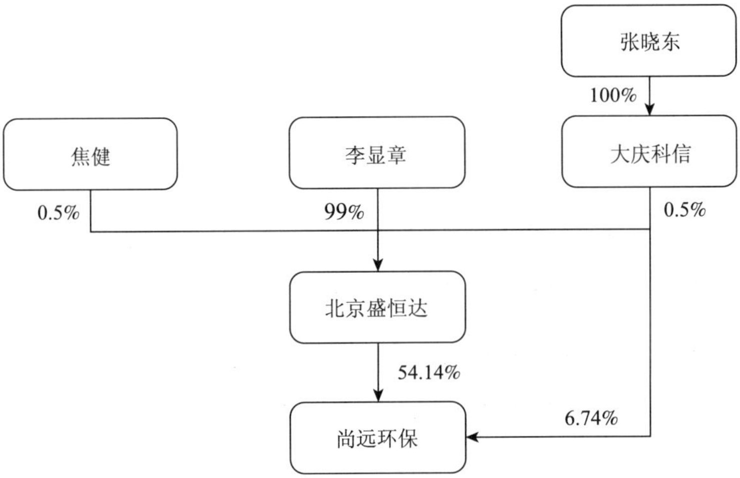

图 10-3　并购后北京盛恒达的股权结构

资料来源：全国中小企业股份转让系统。

2015 年，北京盛恒达以每股 3 元价格，受让共计 22,740,150 股，总支付现金 6,822.05 万元买入尚远环保 54.14%的股份，在接下来一年里，尚远环保成功拿到了宁夏锦河能源科技有限公司污水处理厂工程和宁夏大坝发电有限责任公司福利区水处理改造项目 EPC 总承包工程两个大项目，并实现 2015 年营业利润同比增长 194%的业绩。

全人类的环保意识越来越强，专注于环保行业公司也成为“绿色生活”话题下的潜力股。仅2016年上半年，我国环保行业并购金额就超过百亿。在此背景下，我们要分享的案例就是发生在2016年3月，由刚成立的北京盛恒达投资合伙企业斥资6800万元快速并购新三板环保企业尚远环保。

一、事件亮点

（1）典型股权收购。作为三板借壳的两种方法之一，股权收购的法律程序简单，在不改变标的公司各种权利、义务、债权债务的条件下，更能有效地保证了“壳”资源的质量和收购公司的风险。

（2）成立投资公司，纯现金支付，巧妙借壳登陆新三板。采取现金支付方式快速完成股权收购，标的公司资本快速退出，并购方步入新三板行列，运用新三板平台有效进行资本运作。当然，也是正是目前未挂牌企业进行资产证券化、融资的一种有效手段。

二、并购背景

并购方：北京盛恒达投资合伙企业

北京盛恒达投资合伙企业，成立于2015年2月6日，由焦健、李显章和大庆科信科技开发有限公司（以下简称：大庆科信）出资建立，最初的注册资本就已达到2000万元，其中李显章持有其99%的出资份额，是实际控制人。此时的大庆科信还由张晓东一人控制。

2015年3月，北京盛恒达完成的对武汉尚远环保股份有限公司（以下简称：尚远环保，股票代码：430206）的并购，是北京盛恒达登上中国资本市场舞台的首秀。

标的方：尚远环保

尚远环保是一家专注于环保水处理的高新科技企业，主要从事工业、市政污水处理和研发设计、系统集成、工程总承包及技术服务，由翁欲晓、李方敏和孙春生成立创建于2006年12月30日，最初的注册资本为50万元，并于2012年挂牌新三板市场。

在尚远环保进入新三板市场后，凭着自己环保事业的名片受到众多投资者的青睐，并且尚远环保也不负众望，销售业绩一路走高。

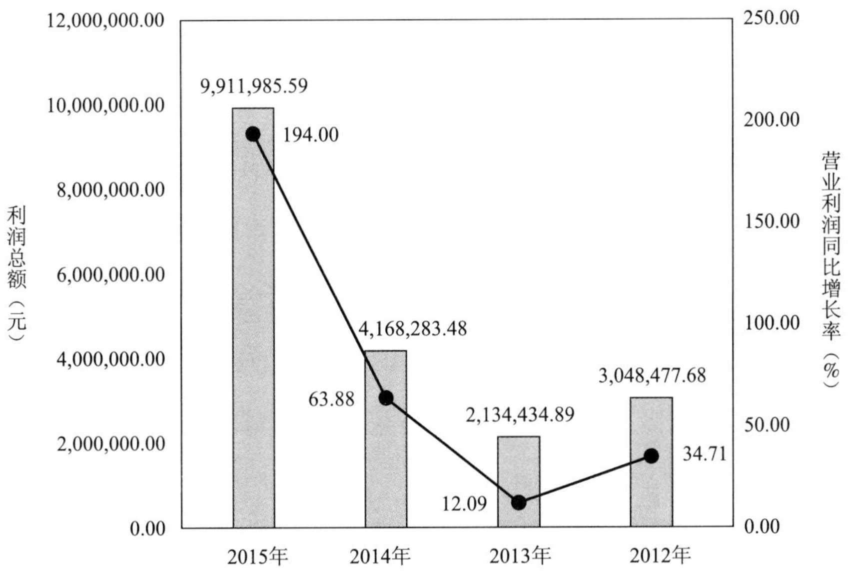

图 10-4　尚远环保成长能力财务分析图

资料来源：全国中小企业股份转让系统。

行业背景

2015年，国务院印发《水污染防治行动计划》（简称“水十条”），提出到2020年，全国水环境质量得到阶段性改善，污染严重水体较大幅度减少，饮用水安全保障水平持续提升，地下水超采得到严格控制，地下水污染加剧趋势得到初步遏制，近岸海域环境质量稳中趋好，京津冀、长三角、珠三角等区域水生态环境状况有所好转。这个千呼万唤始出来的“水十条”可谓是环保水行业的春风，给整个行业带来的勃勃生机。对于工业污水的处理，水十条特别将其放在了头等位置，提出要狠抓工业污染防治，并要以污水、垃圾处理和工业园区为重点，推行环境污染第三方治理。此外，水十条中还提出，市政污水的重点将从新增产能转变为升级改造、管网建设和污泥处置。

一个前景看好的行业，再加上一个在行业混的风生水起的企业，尚远环保受到越来越多的关注，自然也就成了投资者眼中的香饽饽，实际上早在2013年8月，大庆科信就开始持有尚远环保的股份。在多番因素的共同作用下，尚远环保被北京盛恒达选做开场秀的对象也就顺理成章了。

三、并购事件发展

没有留给我们更多遐想的空间，一夜之间尚远环保便改朝换代。

2015年3月27日，尚远环保在全国中小企业股转系统上接连发布《收购法律意见书》《权益变动报告书》《被收购方法律意见书》《收购报告书》以及《收购之财务顾问报告》，公告显示在3月25日，翁欲晓、李洪、王海峰等21位尚远环保的股东分别与北京盛恒达签订《股份转让协议》，更是于当日以每股3元的价格，受让了共计22,740,150股的股份，价款总额达到6,822.05万元。

此番并购，北京盛恒达可谓是下了大力气，一口气拿下了尚远环保54.14%的股份，一举成为尚远环保的控股股东，李显章也成了尚远环保的实际控制人。同样在25日，北京盛恒达召开第二次合伙人大会，同意以合伙企业自有现金，收购尚远环保的股份。

表 10-2　并购前后尚远环保前十大股东比较

并购前			并购后		
序号	股东名称	持股比例（%）	序号	股东名称	持股比例（%）
1	翁欲晓	10.58	1	北京盛恒达投资合伙企业（有限合伙）	54.14
2	武汉安达胜投资合伙企业（有限合伙）	10.33	2	翁欲晓	7.94
3	李洪	7.45	3	大庆科信科技开发有限公司	6.74
4	石河子安胜投资合伙企业（有限合伙）	6.74	4	新疆贞冠股权投资合伙企业（有限合伙）	6.74
5	新疆贞冠股权投资合伙企业（有限合伙）	6.74	5	大庆市紫玉物业管理有限公司	5.95
6	大庆科维建筑安装工程有限公司	6.74	6	李洪	5.59
7	大庆科信科技开发有限公司	6.74	7	大庆盈瑞科技开发有限公司	5.47
8	武汉东湖百兴创业投资中心（有限合伙）	6.54	8	王海峰	2.78
9	石河子慈隆股权投资有限合伙企业	5.95	9	高星	2.14
10	大庆市紫玉物业管理有限公司	5.95	10	吴贵凡	1.79
	合计	73.76		合计	99.27

资料来源：全国中小企业股份转让系统。

通过上面的表格不难发现，这次并购使得尚远环保股东持股的格局发生了较大的改变。据尚远环保的公告显示，与北京盛恒达签订股转协议的14名原尚远环保股东将不再持有公司股份，这占到了参与本次股转的三分之二股东的数量；而曾签订一致行动人协议的翁欲晓、李洪、王海峰和高星四人，虽然他们依旧持股，但一方面持股比例下降，另一方面一致行动人协议解除，这就意味着公司的实际控制权发生了更迭。此次并购中约定北京盛恒达表示在作为尚远环保股东期间，将保证尚远环保在业务、资产、财务、人员、机构等方面的独立性。

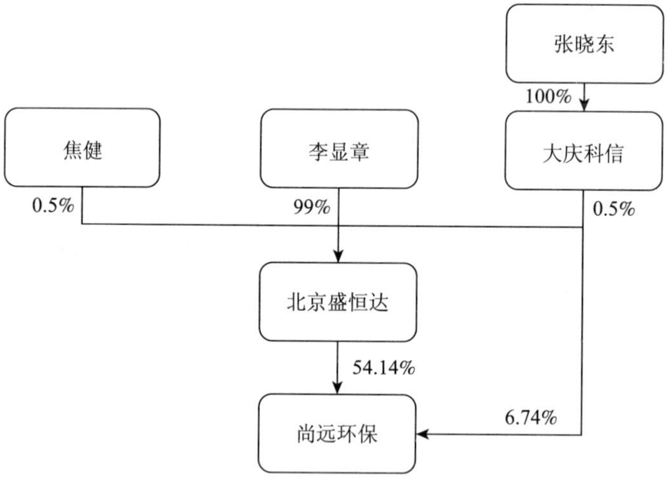

图10-5 并购后北京盛恒达的股权结构

资料来源：全国中小企业股份转让系统。

TIPS

一致行动人及协议

根据证监会《上市公司收购管理办法》（2008年修订）第83条的规定，一致行动人是指通过协议、合作、关联方关系等合法途径扩大其对一个上市公司股份的控制比例，或者巩固其对上市公司的控制地位，在行使上市公司表决权时采取相同意思表示的两个以上的自然人、法人或者其他组织[①]。

续表

TIPS
轰动一时的万科控制权之争，其中一致行动人正是焦点之一。在实际操作中，为了保证公司的控制权和决策权，股东通过签署一致行动协议，成为一致行动人。从而保证公司运营过程的科学性和高效性。并且，一致行动人与公司信息披露紧密相连，在并购等行为中占据重要地位。在上市公司收购中，收购人包括投资者及与其一致行动的他人。 一致行动人在上市公司的收购及相关股份权益变动活动中有一致行动情形的投资者，互为一致行动人。 然而，在一致行动人协议中，必须清楚地说明： 第一，明确参与一致行动的股东； 第二，精准合并计算一致行动人的持股数量，投资者计算其所持有的股份，应当包括登记在其名下的股份，也包括登记在其一致行动人名下的股份； 第三，签署协议的目的是为了稳定控制权，更高效地行驶决策权； 第四，清晰界定一致行动发生情况和范围，约定好一致行动的表达方式； 第五，约定一致行动协议时间范围； 第六，清楚表达或有的矛盾、争议解决方式； 第七，明确协议的变更、解除和法律效力②。

资料来源：

①百度百科及 MBA 智库关于“一致行为人”相关内容；

②《一致行动人协议》条款与释义深度解析！-搜狐财经!!! http：//business. sohu. com/20160830/n466678458. shtml.

四、案例及亮点分析

（一） 完全依靠自有资金，快速获取股权

与本章第一个案例非常相似，都是初成立企业，标的方都是环保行业，通过资本手段并购借壳新三板公司。与案例一不同的是，首先，并购方对标的公司业务处理不同，上个案例中，天翔昌运“转行”了，而尚远环保依然在原有行业中扎根，扩大盈利。其次，与海文投资玩

转股权支付不一样，北京盛恒达从现金支付的方便快捷出发，快速取得股权。

（二） 典型股权收购， 快速借壳新三板

本次北京盛恒达并购尚远环保还是典型的股权收购。根据转让协议，北京盛恒达全部以现金支付本次交易的金额6,822.05万元。北京盛恒达在协议签署当天就成功拿到股份，入驻尚远环保。其原因在于用于完成本次收购的资金来源全部是北京盛恒达的自有资金，并不存在利用本次收购股份向银行等金融机构质押取得融资的情形，也不存在直接或间接利用被收购公司资源获得其任何形式财务资助的情况，这对本次并购快速推进奠定了良好基础。

五、案例小结

2015年，北京盛恒达以6822.05万元买入尚远环保54.14%的股份，在这一年剩下的时间里，尚远环保成功拿到了宁夏锦河能源科技有限公司污水处理厂工程和宁夏大坝发电有限责任公司福利区水处理改造项目EPC总承包工程两个大项目，并实现2015年营业利润同比增长194%的业绩。也恰恰是在2015年，国务院颁布了水十条，为水处理公司带来福音。于是在一个正确的时间，北京盛恒达以正确的方式投资了一个正确的公司，如此这般为其带来了丰厚的回馈。

眼下，未挂牌公司借壳新三板的出发点来源于自身不能够满足挂牌条件，比如此案例中盛恒达经营不满两年，通过借壳尚远环保成功跻身于新三板热浪之中。不过，根据相关新闻，全国中小企业股份转让系统将针对“炒作新三板壳资源”颁布借壳规范，明确规定经营不满两年的企业将不再可能进行借壳运作。而且根据新三板借壳新规，

经营满两年的企业可以实行“借壳”。但是根据规定无论哪种借壳方式，注入壳资源的资产都必须是经营性资产，并且该经营性资产需要在原有控制人下运营两年，否则股转系统也会采取“劝退”处理[①]。

总 结

乍一看，这可能是对资源好、计谋高的初成立公司快速挂牌的阻碍。但从前资本市场整体来看，对“借壳”行为的监管趋严，将是公众公司对投资者的一种保护。长远来看，新三板必将慢慢成熟，审批加快，逐渐实现转板，摘牌通道更加成熟，越来越完善的资本市场必会使得壳资源的生存空间变小。

① 谷枫．新三板借壳新规：存续不满两年禁止借壳财经新闻_ 21 财经搜索（来源 21 世纪经济报道）http：//xinsanban. 21so. com/2015/hydt_ 625/1389452. html.

第三节　中盟控股并购尚洋文化——前后两步，间接取得控制权

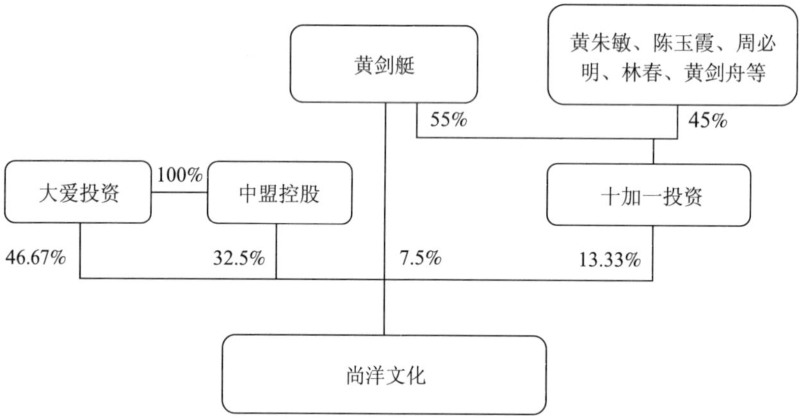

图 10-6　并购后股权结构变化

资料来源：全国中小企业股份转让系统。

在中盟控股认购尚洋文化定向发行股票的方案失败后，2016年8月30日，中盟控股与黄剑艇和曹雅洁达成协议，通过现金支付1000万元的方式取得了大爱投资100%的股权。尽管前一种方案中盟控股最终能得到80.15%的股权，后者仅得到79.17%的股权，但通过收购可以到达跟认购股票相同的目的，然而对比一下成本，后者却比前者低了320万元的现金对价。其次，收购人资金来源为自有资金，不存在利用本次收购的股份向银行等金融机构质押取得融资的情形，并且，此

次并购将补充标的公司流动资金、增强公司营运能力，同时收购人拟利用公司这一公众公司平台有效整合资源。

2016年，广东中盟控股集团（以下简称：中盟控股）通过现金支付的方式作价1000万元收购了广东市大爱投资有限公司（以下简称：大爱投资）100%的股权，相当于间接持有广东市尚洋文化股份有限公司（股票代码：832679，以下简称：尚洋文化）46.67%股权，加上此前协议转让获得的32.5%股权，中盟控股成功成为尚洋文化控股股东。此次事件并非一帆风顺，中盟控股又是如何一步步将尚洋文化收于囊中呢？并购背后又有怎样的曲折？（注：所有跟中盟控股有关的股权变动均计入并购计划）

一、事件亮点

（1）多招并施，夺得三板企业控制权。本案例中的广东中盟控股集团步步为营，通过多步同步进行，直接、间接获取新三板挂牌企业控制权。

（2）保持创新，持续优化并购方案，节约320万元交易成本。本案例通过巧妙地优化收购方案节省成本，也成就了本案的最大亮点。为了有效地控制并购成本，在交易环节，不断强调成本控制，强化预算控制，时刻保持谨慎性，保持持续创新，对并购方案进行不断优化；在中介机构选择上，要保证与中介机构的通畅沟通，和外聘团队的专业素质；最后也是最重要的一点，须将投后管理费用纳入并购成本中。

二、并购背景

并购方：中盟控股集团

中盟控股集团成立于2014年2月25日，注册资本为10,000万元人民币。公司的主营业务主要是以中盟集团及控股子公司深圳中盟商学控股有限公司为平台开展讲座、组织会议等并针对企业或其负责人进行管理咨询、管理服务和信息服务，此外还包括部分投资业务。公司实际控制人为李越梨和戴锦润。

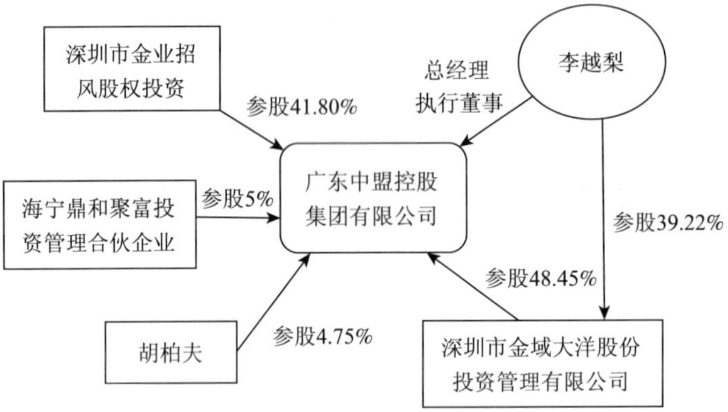

图10-7 中盟控股股权结构图

资料来源：全国中小企股份转让系统。

公司自成立起发生了几次信息变更，变更信息如下：

2015年7月27日，股东为金域大洋5100万元，51%；云南互生投资有限公司4900万元，49%。

变更为金域大洋5100万元，51%；金业兆丰4900万元，49%。

2015年9月16日，股东变为金域大洋5100万元，51%；金业兆丰4400万元，44%；胡柏夫500万元，5%。

2015 年 12 月 24 日，更名为广东中盟控股集团有限公司。

2016 年 1 月 26 日，股东变为金域大洋 5100 万元，48.45%；金业兆丰 4400 万元，41.8%；胡柏夫 500 万元，4.75%；海宁鼎和聚富投资管理合伙企业 526.3160 万元，5%，增资 526.3160 万（注册资本增加）。

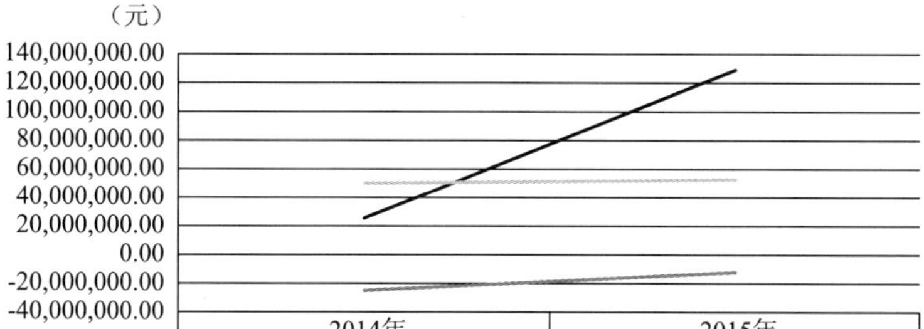

	2014年	2015年
资产总计	25,483,357.05	129,147,754.20
负债总计	49,955,792.76	52,798,543.90
净利润	-24,972,435.71	-12,178,354.99

资产总计 负债总计 净利润

图 10-8　中盟控股经营状况

资料来源：全国中小企股份转让系统。

标的方：尚洋文化

广州市尚洋文化股份有限公司（以下简称：尚洋文化）成立于 2006 年 8 月 17 日，2015 年 2 月 27 日在新三板挂牌上市。公司主要从事文化工程整体解决方案及专业技术服务两大板块业务，是广东省内知名的文化创意产业专业技术整体解决方案提供商，公司具有一批在文化创意领域长期实践过程中培养出来的专业设计人才，通过专业设计技术、项目概念策划及文化创意的实现，向房地产企业、政府、学校、博物馆、旅游景区、宗教、酒店以及相关企、事业单位提供专业设计服务以及文化工程整体解决方案。

文化工程整体解决方案，指根据客户所提供的空间及其定位，以公司设计和创作的城市雕塑、景观小品、异形工艺品、园林设施等为依托，从概念策划、陈设氛围及配套多媒体效果等各个方面，以表现既定的文化主题，营造独特的文化氛围的设计、施工一体化活动。

专业技术服务，指公司为客户提供包括环境艺术设计、文化旅游策划、建筑外观设计、雕塑设计、浮雕壁画创作、景观小品设计、环境公共设施设计，以及灯光设计、喷泉设计、数字多媒体设计、空间设计等服务。

公司先后荣获中国文联主办的奥运会景观雕塑大赛“五环奖”、中国室内设计年度评选之年度十佳酒店空间设计“金堂奖”、2013广州国际设计周推荐设计机构等国内多个专业奖项。

2016年1月，在中国房地产全行业领袖新年峰会上，尚洋文化被授予“‘十二五’中国旅游地产最具创新及发展潜力金牌服务机构”。

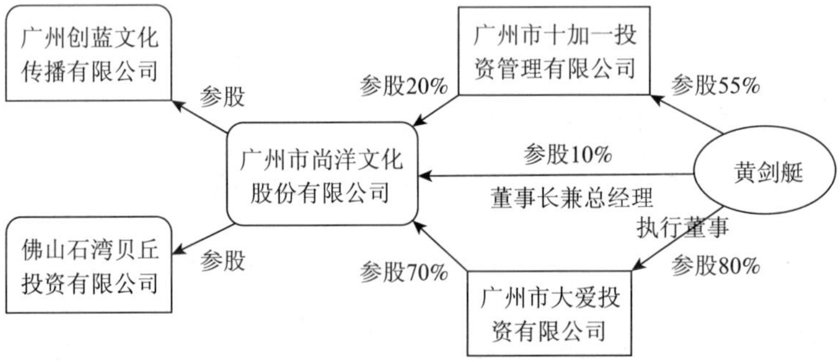

图10-9 并购事件前股权结构图

资料来源：全国中小股份转让系统。

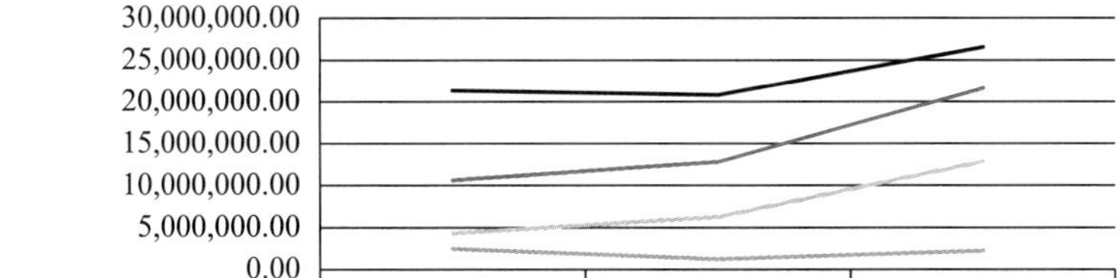

	2013年	2014年	2015年
营业总收入（元）	21,305,910.90	20,796,305.88	26,555,042.95
资产总计（元）	10,628,498.93	12,834,047.25	21,626,767.73
负债合计（元）	4,294,480.47	6,277,895.76	12,843,996.04
净利润（元）	2,487,184.60	1,222,133.03	2,226,620.20

营业总收入　资产总计　负债合计　净利润

图 10-10　尚洋文化 2013—2015 年经营状况

资料来源：全国中小股份转让系统。

不难看出，2015 年公司经营状况走势良好，但在 2016 年上半年，公司的营业收入为 612.83 万元，同比减少 41.44%；实际净利润 -13.56 万元，同比减少 125.38%主要是因为 2016 年整体经济下行，签约订单减少，在本期陆续确认收入减少所致。

行业背景

文化创意产业是将文化、创意和产业联系起来的一种新兴产业，我国《国民经济和社会发展第十二个五年规划纲要》中明确指出，到 2020 年要将文化创意产业发展成为国民经济支柱性产业，即文化创意产业产值将占 GDP 的 6%以上。

中国文化创意产业增加值逐年大幅度攀升，增速明显高于部分新兴产业的增长速度。2011 年，北京、上海、湖南、山东、广东等省市的文化创意产业增加值占当年 GDP 的比重已突破 4%，成为区域经济的战略性支柱产业，成为产业经济的新增长点。广东省是我国改革开放的“先行者”，经济发展取得全国瞩目的成绩。

2011年，广东文化创意产业增加值为2,529亿元，占当年GDP比重的4.8%，文化创意产业对整体经济发展的支撑作用显著增强。

三、并购事件发展

双方企业组织架构简单，然而此次并购事件虽未一波三折，也并非一帆风顺。收购过程中出现了一次方案变更，中盟控股改变了原有收购案达到了夺取尚洋文化控制权的目的。

首先，让我们看看尚洋文化的初始情况。

公司股东、实际控制人黄剑艇直接或间接合计持有公司77%的股份，股权高度集中。

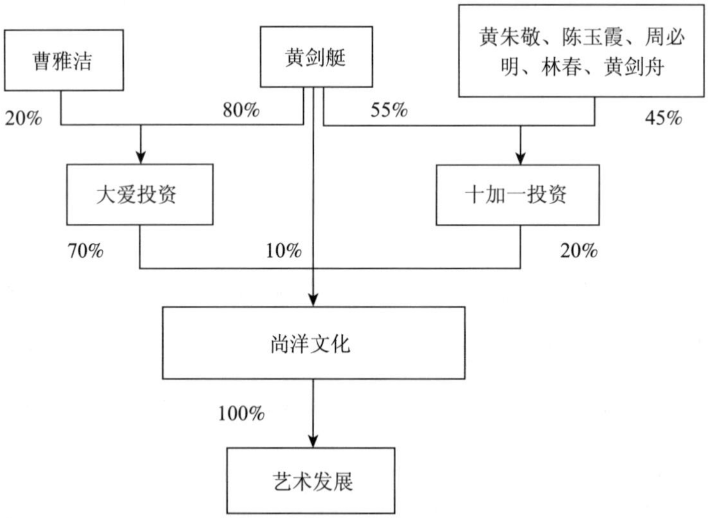

图10-11 尚洋文化初始股权结构

资料来源：全国中小股份转让系统。

（一） 交易前

2015 年 11 月 13 日，尚洋文化发布了股票解除限售公告，解除了 16,244,999.00 股，占公司总股本的 32.5%，可转让时间为 2015 年 11 月 16 日。

2015 年 12 月 5 日前后，公司高管离职现象层出不穷。2015 年 12 月 2 日董事王河和谭格非辞职，两人均不持有公司股份，对公司经营也不造成影响。由于辞职造成公司董事会成员不够，于是在 2015 年 12 月 5 日，梁俭波和欧五祥被选为公司董事。12 月 11 日，财务总监苏伟强辞职。12 月 17 日第一届董事会第九次会议决议聘请付尧为财务总监。

禁售期满刚刚 2 个月，这批解禁股份就迎来了第一次转让，海宁鼎和聚富投资管理合伙企业（以下简称：海宁鼎和）从各股东手中收走了可转让股份。这也可以解释为何中盟控股需要多走几步路取得控制权，而不是直接与各大股东协商协议转让。因为存在股票禁售的问题，中盟集团不能直接从尚洋文化股东手中取得股份，且最多能拿到 32.5%的股份。于是它选择了收购尚洋文化控股公司大爱投资公司，通过间接控股的方式控制尚洋文化。大爱投资与十加一投资管理公司属于自然人投资或控股，相比其组织结构较为简单，收购时程序较为简单。

公司高层的几番变动给人山雨欲来风满楼之感，尚洋文化是否会迎来重大事项？随之而来的两次权益变动（1 月 9 日一场权益变动，海宁鼎和夺得 32.5%股权；1 月 20 日第二场权益变动，海宁通过协议转让将拥有的股份售给中盟控股），不由令人猜测公司是否将出现控制权的变动？是否在向外界暗示着什么？

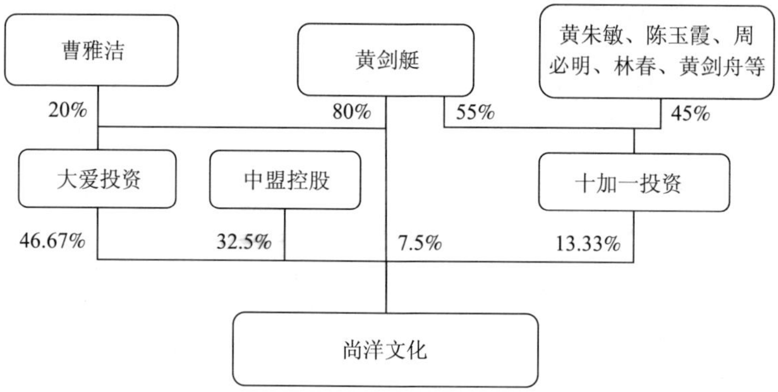

图 10-12　交易前股权结构图

资料来源：全国中小股份转让系统。

（二）　交易中之收购行动一

第一次收购时，收购人通过认购尚洋文化定向发行股票的方式实现对尚洋文化的收购。2016 年 1 月 21 日，尚洋文化召开第一届董事会第十次会议，审议通过了《关于广州市尚洋文化股份有限公司<股份发行方案>的议案》，决定向中盟控股集团定向发行 1200 万股，拟募集金额 1320 万元。本次募集金额主要用于补充公司流动资产、充实公司资本、开拓公司业务范围。

再让我们看看第一次收购中收购方动向，1 月 15 日，中盟控股集团召开临时股东会，同意收购人作为法人股东收购广州市尚洋文化股份有限公司定向发行的股票；1 月 19 日，收购人与尚洋文化签订附生效条件的《股票认购协议》。

若本次发行完成，中盟控股将持有公司 13,624,999 股（12,000,000 认购股和协议转让所得 1,624,999 股），即持有公司股份 80.15%，收购人通过现金方式认购尚洋文化定向发行的股票，将成为公司实际控制人。

通过本次收购，收购人将补充尚洋文化流动资金、增强公司营运能力，同时收购人拟利用尚洋文化这一公众公司平台有效整合资源。

方案一股权变化如图所示：

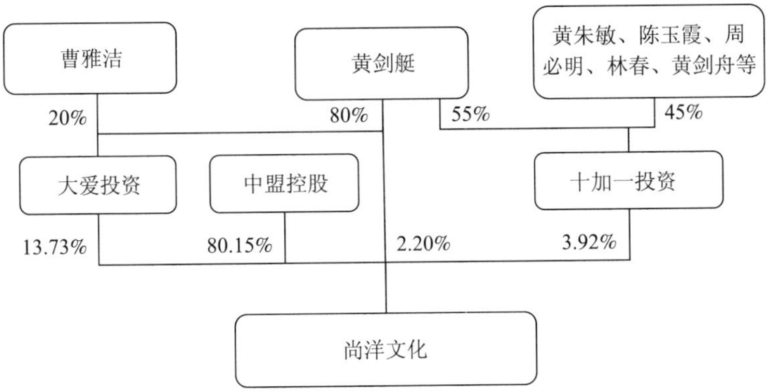

图 10-13　方案一股权结构变化

资料来源：全国中小股份转让系统。

（三）　交易中之收购行动二

股票发行收购方案风平浪静的进行了 7 个月。8 月 2 日，尚洋公司召开第一届董事会第十四次会议审议通过了《关于拟取消股票发行方案的议案》，终结原计划。

8 月 30 日，中盟控股与黄剑艇和曹雅洁达成协议，通过现金支付 1000 万的方式取得了大爱投资 100%的股权。中盟控股集团在收购大爱投资有限公司后对公司内部人员进行了大换血，公司由自然人投资变成了法人投资。

本次股权交易完成后，收购人将积极寻求具有市场发展潜力的投资项目并纳入公司，利用定向发行股份等方式融得公司业务发展所需流动资金，改善公司资产质量，增强尚洋文化的持续盈利能力和长期发展潜力，提升公司股份价值和股东回报。

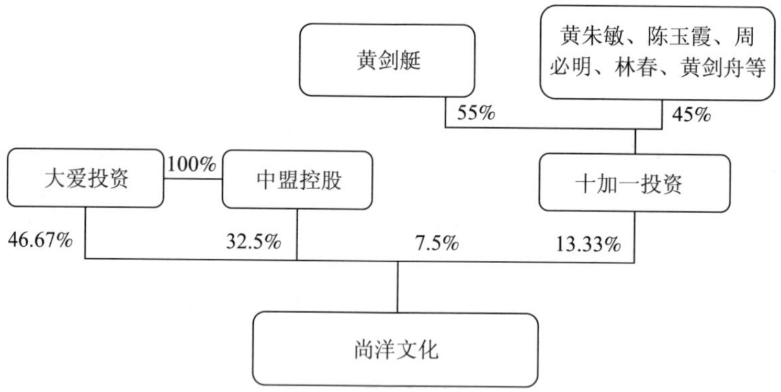

图 10-14　修改后股权结构变化

资料来源：全国中小股份转让系统。

此后，并购结束，在尚洋文化陆续披露公告显示，原尚洋文化监事、董事、董事长辞职，并任命李越梨女士、戴锦润先生等为公司董事同时推选戴锦润先生（通过广东中盟控股间接持有公司股份 1,249,376 股，占尚洋文化总股本 24.99%）担任董事长一职。

四、案例及亮点分析

（一）　步步为营，　非上市公司夺得新三板挂牌企业控制权

中盟控股作为一个成立两年的新生儿，通过两次持股实现了对尚洋文化的控制。在尚洋文化股票限售解禁的第一时间，其合伙企业海宁便购得尚洋文化股东的可转让股份，并迅速与中盟控股实现交接，将所得股份协议转让给中盟控股。第二阶段，中盟控股购买了原实际控制人用于间接控制尚洋文化的自然人投资控股企业大爱投资，实现了对尚洋文化的间接控股。

（二） 保持创新，持续优化收购方案，节省 320 万元交易成本

本次收购原意通过认购新发行股份进行，然而在 8 月份出现了转折，双方决定更换收购方式，改为间接持股最终控制。寻寻觅觅，中盟控股似乎发现了节省交易成本的契机。从最终获得的比例来看，方案一中盟控股最终能得到 80.15%的股权，方案二能得到 79.17%的股权，通过收购可以到达跟认购股票相同的目的，然而我们对比一下中盟控股的成本，方案二比方案一低了 320 万元的现金对价，这对中盟控股来说无疑是双赢之举。

五、案例小结

观察此次并购时间的发展，我们可以推定股票禁售是此次收购多步进行的导火索，其阻拦了中盟控股直接与股东进行协议转让，中盟控股不得不绞尽脑汁下盘棋。后期，通过巧妙地优化收购方案节省成本，也成就了本案的最大亮点。

总 结

在实际的并购行为中，影响并购成本的因素有信息不对称、税务、沟通、评估方法、融资方式和并购方式等。一些并购过程中，还需要和审计机构、律师事务所、券商、行业专家等产生联系，产生一笔不菲的支出，若公司团队缺少并购专业人才，就必须外聘，这又构成一笔不少的费用。并购后，双方企业的整合和管理同样需要耗费资金，而这些后期的成本常常被并购方忽视。因此，为了有效地控制并购成本，

在交易环节，要强调成本控制，强化预算控制，时刻保持谨慎性，保持持续创新，对并购方案进行不断优化；在中介机构选择上，要保证与中介机构的通畅沟通，和外聘团队的专业素质；最后也是最重要的一点，须将投后管理费用纳入并购成本中。

后　记

本书从2016年年中开始撰写，持续到2017年年中结束。在此期间，两会的开始与结束，雄安新区宣布成立，一带一路峰会，香港回归二十周年等相关主题，更是带来了关于我国经济发展的诸多话题。“房地产泡沫加大”成为大街小巷中人们热议的话题。在中国楼市成为人们茶余饭后的讨论话题时，阿里巴巴收购大麦网似乎成为了微博热搜中经济话题的一股清流。

在实体经济平淡无波，上市公司卖学区房挽救亏损业绩的时期，每个想要逃离“一业鼎盛，百业待兴”怪圈的企业，都只能奋力前行，将实体经济与资本相结合，玩得一手“资本运作”。

如何保持一杯水永不干涸，那就把它倒进海里去。若把企业比作一杯水，那么更广阔的资本平台就是这一汪大海，与资本市场的连接将保持企业资金血液的潺潺流动。企业间的兼并与收购恰是凝聚人、财、物的实战招法。并购之火与资本寒冬这两个既对立又统一的概念在新三板共生，成功的并购给企业带去了规模效应、优化资源配置，将企业从瓶颈拉向高处，同时也成为助力新三板市场发展的力量。

我们处在中国经济地位提升的时代，一带一路建设，结交了沙特，为国家资源战略提供机会；特朗普时代，美国宣言退出TPP，中澳经济关系将受益良多，将成为全球化的重要角色。

我们处在国内多层次资本深化改革的时代。2017年，两会报告首次提到新三板，用了“积极发展”的同时，在字里行间咬文嚼字，新三板与创业板并列出现在政府报告中。一方面，在“深化多层次资本市场改革的”的2017年，IPO排队时间较2016年有明显缩短，创业板改革力度加大。另一方面，作为创业板的下一层，新三板发挥着重要的哺育与传递作用。新三板作为支持服务实体经济的有力资本市场，未来将发挥更大的作用。

2017年2月26日，由国新办召开的新闻发布会上，进一步明确了新三板分层管理的改革重点，接下来，新三板还将在做市商、监管上做出质的提高。时值“中国资本市场改革”时期，2017年是政策红利鼓励创新创业的一年，也是监管力度越严谨的一年。在股市低迷时期，市场及监管将综合考验企业的产品研发制造实力和资本运作能力。

因为工作原因，我们接触到了许多全心全意做产品的企业。然而，仅做产品的公司怎样才能发展壮大。我们说，企业的价值，小在资本增资最大化，大在向社会传递服务。科学家的发明创新需要企业家运营与放大，以至于向整个社会供应服务。社会需要的是同时具备科学家和企业家特点的人才。企业坚持工匠精神的同时还需要具备资本眼光，这样才能抓住中国经济改革、供给侧时代赋予我们的机遇。写这本书的目的就是希望通过简单的并购运作案例带给大家关于新三板上资本运作的点滴思考。退潮后暴露出裸泳者；岁寒，然后知松柏之后凋也。企业的身板硬了，能力强了，资本市场的一切运作就真的如十里春风一般渡人心了。

在这个马不停蹄的、心高决定身高的时代，我们要做的唯有博观而约取，厚积而薄发！谨以此书献给在奋斗路上的企业，以及每一位努力工作和生活的人！

编者

2017年7月

天津·天津科技金融中心